21世纪经济管理新形态教材
金融学系列

高青松 著

证券投资学

清華大学出版社
北　京

内 容 简 介

本书涵盖了当下市场上实用的理论、分析方法和操盘技术，其凝练的"趋势第一、结构第二、形态第三、信号第四"狙击法，结合"金主"辨识、"靠山柱"风险设置与控制、市场热点跟踪和市场情绪周期把握，并配合个股的基本面审查的分析框架，既吸纳了西方发达国家较为经典的证券交易理论和技术方法，也融入了中国本土具有中国特色的证券交易理论和技术方法。本书同时介绍证券交易模型，根据混沌与分形理论，结合人类思维结构和行为结构的自相似性，力图在高度不确定性的证券市场中寻找到相对确定性的规律，以供学习者练习和模拟操作。

本书可作为高等院校金融学等经济管理类专业相关课程的教材，也可作为政府机关、企事业单位相关人员学习证券投资知识的参考书，还可作为广大投资者提高自身证券投资理论素养的基础材料。

图书在版编目 (CIP) 数据

证券投资学 / 高青松著 . —北京：清华大学出版社，2023.1（2024.8重印）

21 世纪经济管理新形态教材 . 金融学系列

ISBN 978-7-302-62160-7

Ⅰ . ①证… Ⅱ . ①高… Ⅲ . ①证券投资－高等学校－教材 Ⅳ . ① F830.91

中国版本图书馆 CIP 数据核字 (2022) 第 213241 号

责任编辑：胡　月
装帧设计：方加青
责任校对：宋玉莲
责任印制：沈　露

出版发行：清华大学出版社
　　网　　　址：https://www.tup.com.cn，https://www.wqxuetang.com
　　地　　　址：北京清华大学学研大厦 A 座　　　　　邮　　编：100084
　　社 总 机：010-83470000　　　　　　　　　　邮　　购：010-62786544
　　投稿与读者服务：010-62776969，c-service@tup.tsinghua.edu.cn
　　质 量 反 馈：010-62772015，zhiliang@tup.tsinghua.edu.cn
印 装 者：三河市铭诚印务有限公司
经　　销：全国新华书店
开　　本：185mm×260mm　　　印　　张：15.75　　　字　　数：319 千字
版　　次：2023 年 1 月第 1 版　　　印　　次：2024 年 8 月第 3 次印刷
定　　价：79.00 元

产品编号：096653-01

序言

INTRODUCTION

　　证券，包括股票、债券、期货和金融衍生品，因其特定的投资价值和投机价值而充满了无穷的魅力。随着时代的进步和社会经济的发展，证券投资与交易已不仅仅是专业机构和职业操盘手的事情，事实上，它已经成为普通家庭和个人必备的财富管理工具。

　　受湘潭大学商学院谭燕芝教授的委托，要我从专业实战的角度看看高青松教授的这本书。说实在的，拿到书稿后，任其放在家里一个星期也没有翻动。这个周末，恰得空闲，翻开来看，居然一口气读完了。很多年了，难得遇到这样一本好书，把我牢牢地吸引住。

　　尽管当下已出版的证券投资类教材版本较多，其中也不乏上乘之作，尽管市场上各种证券投资技巧的书籍琳琅满目，其中也有诸多的真知灼见，但拜读了高青松教授的这本书后，我突然有一种"空山新雨后"，"清泉石上流"，心旷神怡的感觉。

　　证券市场自诞生以来，林林总总的理论灿若星河，但真要与实战交易结合起来，总觉得差那么一点儿。无论是站在专业的角度，还是站在职业的角度，本书既有理论深度，又有实战价值，而且把理论和实战结合得如此紧密与妥帖，不敢说"前无古人，后无来者"，但至少在我看来，本书把理论和实战做到了比较完美的结合。

　　整体而言，本书是在价值投资理论、道氏趋势理论、混沌与分形理论、缠论和新资金流派理论的基础上的一次重大理论创新和实战技能的升华，不仅融入了当今市场上最实用、最前沿的理论，而且汇入了当下顶尖的机构操盘手和职业游资操盘手的实战经验。其系统性思维、概率思维和样本思维，不仅是高等学校培养高素质证券交易人才所需的好书，也是各大专业机构员工技能提升所需的好书。

在我看来，本书最大的贡献是对趋势的定义及判断（高氏趋势定理）、对技术走势结构的定义和区分、对市场主流资金的分类和刻画、对实战模型的构建与应用。尤其本书"趋势第一、结构第二、形态第三、信号第四"的分析框架，辅以金主辨识、题材热点把控、市场情绪周期、风险控制的执行等，把证券市场的本质和价格波动背后的逻辑讲得通透，是高等学校证券投资学教材从象牙塔走向实战的标志性著作。

不确定性是证券市场的固有本质，参与证券交易需要一些基本的认知和技能。历史照亮未来，知识改变命运，希望读者有了本书的赋能，再加上刻意的实战训练，力争早日能够见证财富自由的光荣与梦想。

平安证券首席经济学家　钟正生

2023 年 1 月

前言

PREFACE

当下，国内的证券投资学教材版本较多，但内容侧重点都放在基本概念、基本框架、基本理论等方面，在交易理论的实用性、技术方法的实战性等方面比较简略，特别是在实盘交易操作技能及动手能力的训练方面，涉及甚浅。

针对现有教材在实战交易理论、实战交易技术、实战动手能力训练等方面的不足，本书立足证券交易实战技术的传授和实战交易能力的培养，联合多位具有多年实战交易经验的教师，以及多名资深公募基金经理和顶尖一线游资操盘手，针对中国特色的证券市场，以培养学生的实战动手能力为编写目标。全书内容涉及从主力类型甄别、选股方法、趋势和结构研判、交易信号识别、仓位控制，到资金管理、风险控制等全过程操作技能，既有理论深度，又有实战价值。

本书分上下两篇，上篇为证券交易通识，下篇为证券交易定量模型。

上篇为通识部分，涵盖了当下市场上最实用的理论、分析方法和操盘技术，其凝练的"趋势第一、结构第二、形态第三、信号第四"狙击法，结合"金主"辨识、"靠山柱"风险设置与控制、市场热点跟踪和市场情绪周期把握，配合个股的基本面审查的分析框架，既吸纳了西方发达国家较为经典的证券交易理论和技术方法，也融入了中国本土具有中国特色的证券交易理论和技术方法。

下篇主要介绍定量模型，根据混沌与分形理论，结合人类思维结构和行为结构的自相似性，力图在高度不确定的证券市场中寻找到相对确定的规律，以供读者练习和模拟。与市场上同类型的证券书籍不同，本篇中的定量模型是经过多年的市场检验之后优选出来的，具有较高的确定性和胜算把握。读者经过一定时间的学习和训练，实战操作技能可以得到迅速提升。

全书以培养一流人才、服务国家战略需求为导向，以传播社会主义核心价值观为准则，以传递正能量、讲授真技术为核心，力图用最简单的语言呈现实用的技术，为广大读者赋能。

为便于教师教学和读者自学，我们针对各章节重要的知识点录制了讲解视频，辅以相应的知识点测试，读者扫码即可收看视频和进行练习测试。

本书既适合高等学校的本科生和研究生作为教材使用，也适合作为公募、私募操盘手及各大券商营业部投资顾问上岗前的培训教材，还适合股民用于知识扫盲和快速进阶。

高青松

2023 年 1 月

"证券投资学"
课程简介

目 录
CONTENTS

上篇　证券交易通识

下篇 证券交易模型

第七章

均线思维模型 160

第八章

游资模型 193

第九章

相对底部常见模型 224

上篇 证券交易通识

本篇为通识部分，涵盖了当下证券交易市场上最实用的理论、分析方法和操盘技术。

其中，理论基础部分重点介绍了价值投资理论、趋势投资理论、混沌与分形理论、缠论、新资金流派理论。这五大理论，既有经过市场长期检验至今仍然有效的西方理论，即价值投资理论、趋势投资理论、混沌与分形理论；也有正在崛起和成长的具有中国特色的缠论和新资金流派理论。同时，我们把这五大理论融会贯通，凝练成"趋势、结构、形态、信号、金主、题材、情绪、靠山"16字分析框架，这是以往任何一部教材都不曾有过的尝试。

在分析方法与交易策略部分，一是重点介绍趋势与周期、结构与形态、支撑与压力、热点题材与板块轮动的分析框架，二是对股票、债券、期货、基金等品种的交易策略分别进行阐述，梳理了选边站队、交易的确认步骤和交易节奏、资产配置、主力操盘意图的识别。

本书与其他通用教材的不同之处在于：学之能用，用之能战，战之能胜。当然，这个"胜"指的是大概率的"胜算"。因为不确定性是证券交易市场的本质属性，任何理论方法，都只有在满足某些确定边界条件下才有作用，谁也无法保证某个理论或某个战法模型具有普遍的适应性。

理论必须为实战交易服务，编写本书的目的就是让读者通过学习掌握相关理论、技术方法、交易策略，并通过模拟实战训练，快速提高交易实战技能。因此，实用性、可操作性是贯穿全书的主线。从某种意义上说，本书是理论与实战之间的桥梁，通过这个桥梁，能够帮助读者快速跨越理论与实战之间的鸿沟。

第一章
证券投资交易基础

第一节　交易品种、交易平台、交易资格与交易流程

一、交易品种

证券投资就是用资金参与股票、债券、基金、期货及金融衍生工具等有价证券的交易，并借以获取收益的行为。

本节视频课程

扫码学习

当下，在中华人民共和国境内，合法的证券投资交易品种主要有以下几个大类：股票、债券、基金、金融衍生工具等。

（1）股票，是股份公司为筹集长期资金而公开发行的一种有价证券，是股份公司发给股东的持股凭证。我们通常讲的股票交易中的股票，指的是股份公司上市以后可以在二级市场正常流通的股票。

投资者参与股票交易，是一种所有权的交易，理论上所有权有来自两个方面的收益：一是股份公司派发的股息和红利；二是通过市场价格的波动获取的价差。股份公司是否派发股息和红利，以及派发多少，一般由股份公司的董事会决议，经过股东大会的法定程序同意后实施。而能否获取市场价格的波动差价，其影响因素较多，其中与投资者的认知水平和交易技术水平的高低有密切关系。

（2）债券，是发行者为筹集资金发行的，在约定时间支付一定比例的利息，并在到期时偿还本金的有价证券。按照发行主体的不同，债券可以分为中央政府债（国债）、地方政府债和企业债。债券的收益主要来自利息，但在二级市场流通的债券，投资者也可以通过价格的波动来获取差价。

（3）基金，是一种大众化的信托投资工具，是由基金管理人把众多投资者的资金集中起来，根据一定的投资组合原则，投资于股票、债券及其他金融衍生工具。基金涉及基金管理人（基金管理公司）、基金托管人（一般为银行）、基金持有人（投资者）三方当事人。

根据基金规模是否可变，可以把基金分为封闭式基金和开放式基金。封闭式基金是指基金的资本总额和发行份数在基金存续期内保持不变的基金，一般在证券交易场所上市交易，投资者可以通过二级市场进行买卖。开放式基金是指基金的资本总额和发行份数在基金存续期内可以随时变动的基金，一般不上市交易，只通过基金管理人设立的直销中心或者基金管理人委托的证券公司、商业银行等销售代理人进行申购或者赎回。但也有一些开放式基金可以在证券交易所进行交易，如交易型开放式指数基金。交易型开放式指数基金简称 ETF（exchange traded fund），如上证 50ETF（交易代码：510050），主要投资于上证 50 指数的成分股。

（4）金融衍生工具，是在 20 世纪 70 年代以后全球金融创新浪潮中出现的金融产品，是在传统原生金融工具（股票、债券、存单、票据、贷款凭证等）的基础上衍生出来的，是通过预测股价、利率、汇率等未来行情走势，采用支付少量保证金或权利金、签订远期合同或互换不同金融商品等交易形式的新兴金融工具。简单地说，金融衍生工具包括期货、期权和互换市场。

期货是指协议双方同意在约定的将来某个日期按照约定的条件（包括价格、交割地点、交割方式等）买入或者卖出一定标准量的某种金融资产或者实物资产的标准化协议。期货市场有两大作用：一个是"风险管理"，以远期合同来转移价格波动风险；另一个是"发现价格"，也称"掌握定价权"。按照交易标的物的不同，期货可以分为金融期货和商品期货。金融期货，如 IF（沪深 300 股指）、IH（上证 50 股指）、IC（中证 500 股指）等。商品期货，如原油、大豆、棉花、小麦、铜、铝、铁矿石等。通常情况下，期货集中在期货交易所进行交易，以标准化合约进行买卖；但也有部分期货合约可透过柜台交易进行买卖，称为场外交易合约。期货交易，既可以用来与现货市场进行对冲，以规避现货市场的价格波动，也可以用来进行投机。投机的收益主要来自价格波动的差价。

至于其他金融衍生工具，如期权、权证等，都是通过交易所进行交易的，投资者可以根据期权价格波动而获取价差。

二、交易平台

（一）证券交易所

中国大陆有三家证券交易所，即深圳证券交易所、上海证券交易所和北京证券交易所。

（1）深圳证券交易所（简称深交所），是实行自律管理的会员制法人，于 1990 年 12 月 1 日开始营业，是经国务院批准设立的全国性证券交易场所，受中国证券监督管理委员会（以下简称中国证监会）监督管理。目前，深圳证券交易所拥有主板、中小板和创业板融资及交易平台，可以交易的品种大类有股票、债券、基金、金融衍生品。其主要职能是为证券集中交易提供设施和服务，审核证券上市并对上市公司和会员进行监管，实时监控市场交易。

（2）上海证券交易所（简称上交所），成立于1990年11月26日，同年12月19日开始营业，受中国证监会监督和管理。目前，上海证券交易所拥有主板和科创板融资及交易平台，可以交易的品种大类有股票、债券、基金、金融衍生品。其主要职能与深圳证券交易所大体一致。

（3）北京证券交易所（简称北交所），成立于2021年9月，其前身为新三板交易系统（全国中小企业股份转让系统）。它是继上交所、深交所之后第三家全国性证券交易场所。

（二）期货交易所

中国大陆目前有五个期货交易所：中国金融期货交易所、上海期货交易所、大连商品交易所、郑州商品交易所、广州期货交易所（分别简称为中金所、上期所、大商所、郑商所、广期所）。五个期货交易所的交易品种各有侧重：郑商所的交易品种主要是小麦、棉花、白糖等农作物；大商所的交易品种主要是大豆、玉米等粮食品种；上期所的交易品种主要是有色金属、燃料油、天然橡胶等；中金所（上海）的交易品种主要是股指期货、国债期货等；广期所是2021年成立的，涵盖科技、绿色、金融、环保等新兴产业。

（1）中金所是经国务院同意，中国证监会批准设立的，专门从事金融期货、期权等金融衍生品交易与结算的公司制交易所，于2006年9月8日在上海正式挂牌成立。中金所的主要职能是：组织安排金融期货等金融衍生品上市交易、结算和交割，制定业务管理规则，实施自律管理，发布市场交易信息，提供技术、场所、设施服务，以及中国证监会许可的其他职能。

（2）上期所是受中国证监会集中统一监管的期货交易所，宗旨是服务实体经济。上期所目前已上市交易的品种有铜、铝、锌、铅、镍、锡、黄金、白银、螺纹钢、线材、热轧卷板、原油、燃料油、石油沥青、天然橡胶、纸浆、20号胶、不锈钢、低硫燃料油、国际铜等20个期货品种，以及铜、天然橡胶、黄金、铝、锌等5个期权品种。上期所挂牌交易的产品中，原油期货是我国首个国际化期货品种，铜期权是我国首个工业品期权。铜期货市场已成为全球影响力最大的三大铜期货市场之一，并与铝、锌、铅、镍、锡期货形成了完备的有色金属品种系列。

（3）大商所成立于1993年2月28日，并于同年11月18日开始营业。大商所目前已上市交易的品种有玉米、玉米淀粉、粳米、黄大豆1号、黄大豆2号、豆粕、豆油、棕榈油、鸡蛋、生猪、纤维板、胶合板、线型低密度聚乙烯、聚氯乙烯、聚丙烯、乙二醇、苯乙烯、焦炭、焦煤、铁矿石、液化石油气等21个期货品种，以及豆粕、玉米、铁矿石、液化石油气、聚丙烯、聚氯乙烯、线型低密度聚乙烯等7个期权品种，并推出了17个期货品种和 7 个期权品种的夜盘交易。目前，大商所是全球最大的农产品、塑料、煤炭、铁矿石期货市场。

（4）郑商所成立于 1990 年 10 月，是国务院批准成立的首家期货市场试点单位，由中国证监会管理。郑商所目前已上市交易的品种有普通小麦、优质强筋小麦、早籼稻、晚籼稻、粳稻、棉花、棉纱、油菜籽、菜籽油、菜籽粕、白糖、苹果、红枣、动力煤、甲醇、精对苯二甲酸（PTA）、玻璃、硅铁、锰硅、尿素、纯碱、短纤、花生等 23 个期货品种，以及白糖、棉花、PTA、甲醇、菜粕、动力煤等 6 个期权品种，范围覆盖粮、棉、油、糖、果、能源、化工、纺织、冶金、建材等多个国民经济重要领域。

（5）广期所是我国唯一一个混合所有制交易所，于 2021 年 4 月 19 日正式挂牌成立。广期所的定位为"创新型期交所"，主要涵盖科技、绿色、金融、环保等新兴产业，"碳排放"是首个创新型交易品种。

三、交易资格

参与证券交易，必须通过一定的程序获取相应的交易资格。股票、债券、基金、金融衍生品等，由于其风险等级不同，因此对投资者的资产规模、交易经验和风险承受能力等，分别设置不同级别的门槛。

比如，要获得科创板股票交易的资格，投资者须满足 20 个交易日证券账户及资金账户内的资产日均不低于 50 万元，同时拥有不少于 24 个月的证券交易经历，并通过科创业务知识测评等条件。

中国期货市场监控中心有限责任公司（简称中国期货市场监控中心）负责客户开户管理的具体实施工作。期货公司为客户申请、注销各期货交易所交易编码，同时为客户修改与交易编码相关的客户资料，投资者要通过中国期货市场监控中心开户。期货客户分为个人客户和单位客户两类。期货公司在接受客户开户申请时，必须向客户提供"期货交易风险说明书"，客户在阅读并理解之后签字或者盖印。期货公司在接受客户开户申请的同时，双方必须签订"期货经纪合同"。其他金融衍生品的交易也需要办理相关手续，这里不再细述。

至于非中华人民共和国公民的境外投资者，要获得中国证券市场的交易资格，也需要办理相应的手续。我国目前对境外投资者实施 QFII（合格的境外机构投资者）机制，对外国专业投资机构到境内投资实施资格认定制度。由于目前我国的人民币与外币没有实现完全自由兑换，资本项目尚未完全开放，因此境外投资者若要进入中国证券市场，必须符合一定的条件，必须得到我国有关部门的审批通过后，才能汇入一定额度的外汇资金，并转换为我国货币。同时，该资金账户必须接受我国政府的监管，其交易行为和资金进出必须遵守我国的法律法规。

四、交易流程

证券交易的流程包括开立账户、委托买卖、交易时间、竞价方式、资金转入与转出、交易制度安排。

（一）开立账户

开立账户也称开户，即开立交易账户和开立资金账户。自然人要带身份证到证券登记结算公司及其代理点开立证券账户；法人单位则持营业执照到证券登记结算公司及其代理点开立证券账户。有了证券账户之后，投资者还需要携带身份证和银行卡，或者营业执照和法人单位银行账户到证券公司（一般为证券或者期货交易所的会员单位）开立证券交易结算资金账户。同时，投资者在办理开户手续的时候，按照合规要求，还需要通过风险承受力考核测试，合格者方可获得开立账户的资格。首次开立账户，还须与证券公司签订证券交易委托协议。

资金结算账户分为普通证券账户和信用证券账户两种。投资者要进行融资融券交易，就应当按照规定开立信用证券账户；不需要进行融资融券交易的，则开立普通证券账户即可。融资融券交易，是指投资者向交易所的会员单位（一般为证券公司）提供担保物，借入资金买入证券或借入证券并卖出的行为。

（二）委托买卖

委托买卖是投资者通过交易软件实施具体的买进或者卖出的行为。每个证券公司都拥有各具特色的交易软件，投资者登录对应的证券公司交易软件之后，输入资金账号和交易密码，即可登录交易系统，在规定的交易时间内进行正常的买卖操作。

1. 选择报价方式

大多数交易软件都设置了两个档位供投资者选择，即限价委托与市价委托。限价委托就是按照投资者限定价格参与竞价，价格是不能变动的；市价委托则是按照随行就市的原则来报价，以达到快速成交为目的，是随市场价格的波动来动态报价，价格是可以变动的。也有一些交易软件设置了五个档位：限价委托、对手方最优价格申报、本方最优价格申报、五档即时成交剩余撤销、五档即时成交剩余转限价。参与者可以根据自己的需要选择其中任何一个档位。

一般来说，设置限价委托指令，有可能当时成交，也有可能延后成交，还有可能全天都不能实现成交。如果投资者需要实现成交，则必须先撤销前面的限价指令，重新设置新的限价后再度参与竞价。如果投资者想实现快速即时成交，则最好选择"市价委托"。

2. 申报数量

关于申报数量，上海证券交易所和深圳证券交易所的规定略有不同。

（1）上海证券交易所证券交易申报数量的限制

主板：股票交易单笔申报最小数量为一手，即100股，最大数量应当不超过100万股。

风险警示板：风险警示股票单笔买入申报最大数量应当不超过50万股，单笔卖出申报最大数量应当不超过100万股；退市整理股票单笔申报最大数量应当不超过100万股。

科创板：通过限价申报买卖科创板股票及存托凭证的，单笔申报数量应当不超过10万股；通过市价申报买卖的，单笔申报数量应当不超过5万股；通过收盘定价申报买卖的，单笔申报数量应当不超过100万股。

通过竞价交易买入股票或基金的，申报数量最小单位应当为100股（份）。卖出股票或基金时，余额不足100股（份）部分，应当一次性申报卖出。科创板股票单笔买入申报数量应当不低于200股，余额不足200股部分，应当一次性申报卖出。

（2）深圳证券交易所证券交易申报数量的限制

通过竞价交易买入债券，应当以10张或其整数倍进行申报。买入、卖出债券质押式回购以10张或其整数倍进行申报。卖出债券时，余额不足10张部分，应当一次性申报卖出。债券以人民币100元面额为1张，债券质押式回购以100元标准券为1张。本所另有规定的除外。

股票（基金）竞价交易单笔申报最小数量应当不少于100股（份），最大数量不得超过100万股（份），债券和债券质押式回购竞价交易单笔申报最大数量不得超过100万张。

股票交易的计价单位为"每股价格"，基金交易的计价单位为"每份基金价格"，债券交易的计价单位为"每百元面值的价格"，债券质押式回购交易的计价单位为"每百元资金到期年收益"。

3. 撤单

在委托未成交之前，客户有权变更或者撤销委托。已经成交的部分，不能撤销。

（三）交易时间

交易日为每周一至周五。国家法定假日和证券交易所公告的休市日为市场休市时间。证券采用竞价交易方式的，每个交易日的9:15—9:25为开盘集合竞价时间，9:30—11:30、13:00—14:57为连续竞价时间，14:57—15:00为收盘集合竞价时间。

（四）竞价方式

以股票交易为例，证券交易所的股票竞价方式分为集合竞价和连续竞价两种，其中集合竞价又分为早盘集合竞价和尾盘集合竞价两大类。

（1）集合竞价是将某一时段内的全部委托报价集中在一起，根据不高于申买价和不低于申卖价的原则产生一个成交价格，且在这个价格下成交的股票数量最大，并将这个价格作为全部成交委托的交易价格。集合竞价过程中，个股的委托买卖遵循"时间优先、价格优先、数量优先"的原则。高于集合竞价产生的价格的买入申报全部成交；低于集合竞价产生的价格的卖出申报全部成交；等于集合竞价产生的价格的买入或卖出申报，根据买入申报量、卖出申报量的多少，按少的一方的申报量成交。

在早盘集合竞价阶段，9:15—9:20 可以接收申报，也可以撤销申报；9:20—9:25 可以接收申报，但不可以撤销申报；9:25—9:30，交易主机只接受申报，但不对买卖申报或撤销申报做处理。在收盘集合竞价期间，即 14:57—15:00，投资者不能撤掉申报单，只能进行买进和卖出操作。早盘在 9:25 由集合竞价规则所确定的价格为当天的开盘价；尾盘在 15:00 由集合竞价规则所确定的价格为当天的收盘价。

（2）连续竞价不同于集合竞价，连续竞价阶段每一笔买进或者卖出委托进入计算机自动撮合系统，能够成交者即时成交，不能成交者则等待机会，部分成交者则让剩余部分继续等待。因此，投资者发出的买卖委托竞价的结果可能有三种：全部成交、部分成交、完全不成交。

（五）资金转入与转出

这里的"资金转入与转出"特指在银行账户和证券资金账户之间的资金流动。买进证券的时候，必须把银行账户的资金转移到证券资金账户，才能进行交易。而投资者如果需要使用资金，则需要把证券资金账户的资金转移到银行账户。对资金转入与转出，各个交易所都有不同的要求和规定。资金转移的时间一般限定在证券交易日的开盘和收盘之间这段时间。休市期和非交易时间则不能进行资金转移。证券卖出之后变成现金，一般需要隔日才可以从证券资金账户转移到银行账户。

（六）交易制度

我国现有的证券市场交易制度是根据中国特色设置的，与西方国家的证券市场交易制度略有差异。不过，我国的证券市场交易制度还处于不断改革和不断发展完善的过程中。

1."T+1"与"T+0"交割制度

什么是"T+1"交割制度呢？这是上海证券交易所和深圳证券交易所对 A 股股票、基金、债券等品种实行的一种交割方式，即当日买进的股票，要到下一个交易日才能卖出；达成交易后，所得资金回到投资者资产账户，该笔资金当天就可以用来买股票，但是不可以当天提取现金，必须等到第二个交易日才能提取。也就是说，相应的证券交割与资金交收在成交日的下一个营业日（"T+1"日）完成。

什么是"T+0"交割制度呢？这是对期货、期权等金融衍生品实行的一种交割方式，即当天买入的标的可以当天卖出，并且当天可以频繁、反复地进行不限次数的买卖交易。

A 股市场在历史上曾实行过"T+0"交易，但由于当时股票市场各方面条件都不成熟，监管缺乏经验，以及股市过度投机现象比较严重，因此管理层决定自 1995 年 1 月 1 日起开始取消"T+0"交易，改为"T+1"交易。

2.涨跌停板制度

涨跌停板制度是一种为了抑制过度投机、避免价格的暴涨暴跌而设置涨跌幅限制的制度。我国证券市场现行的涨跌停板制度是自 1996 年 12 月 26 日开始执行的。该制度规定，除上市首日外，股票和基金类证券在一个交易日内的交易价格相对于上一个交易日收盘价的涨跌幅度不得超过 10%。对于特别警示的"ST"股票，则涨跌幅不得超过 5%。科创板和实施注册制的创业板股票，首次公开发行上市的，上市后的 5 个交易日不设价格涨跌幅限制，其后涨跌幅限制为 20%。

2021 年，北京证券交易所开始营业，规定股票单日涨跌幅不得超过 30%。

但是，发生以下几种情况时，股价不受涨跌幅限制：①新股上市首日（价格不高于发行价格的 144%，且不得低于发行价的 64%）；②股改股票（S 开头，但不是 ST）完成股改，复牌首日；③增发股票上市当天；④某些重大资产重组股票复牌当天；⑤退市股票恢复上市首日；⑥交易所规定的其他情形。

3.交易保证金

交易保证金是指会员或客户在其专用结算账户中存入一定数量的资金，用以确保其持仓合约履行的资金。投资者在参与股票交易的融资融券业务时，需要开立专门的信用账户。通过该账户，投资者可以用股票或者现金做抵押，按账户资产总市值的一定比例借用证券公司的资金用来买入股票或者借入一定数量的股票进行卖出。如果市场波动不符合预期，股票市值或者账上现金达不到抵押的最低标准，则投资者必须追加保证金。期货交易有特定的保证金制度，按照成交合约价值的一定比例向买卖双方收取保证金，通常是合约价值的 5%～15%，远期交易是否收取或收取多少保证金由交易双方商定。

第二节 K线图、成交量、分时结构

一、K线图

K线图又称"蜡烛图"，用来表示股票或者其他交易品种当天的价格波动信息，一般用柱状图来表示。按照时间周期来划分，K线图可以分为年K线、季K线、月K线、周K线、日K线；如果划分得更细，则有60分钟K线、30分钟K线、15分钟K线、5分钟K线、1分钟K线。日K线就是用一根蜡烛图表示当天的开盘价、最高价、最低价、收盘价。月K线就是用一根蜡烛图表示当月的开盘价、最高价、最低价、收盘价。周K线、季K线等以此类推。

本节视频课程

扫码学习

如图1-1所示，一根日K线一般包含的基本信息有当天的开盘价、收盘价、最高价、最低价。

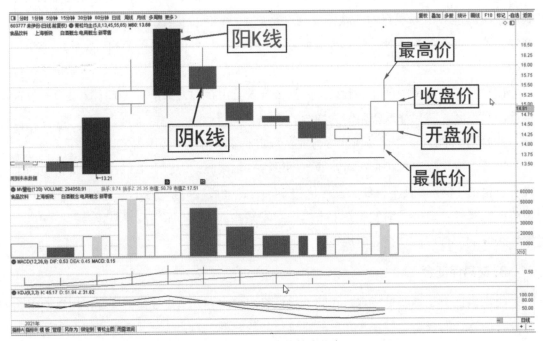

图1-1 日K线的基本信息

同时，日K线还有阴、阳的区分，以及红、绿、黑三种颜色的区分。一般来说，如果当天的收盘价低于开盘价，则价柱显示为绿色，称为"阴K线"；如果当天的收盘价高于开盘价，则价柱显示为红色，称为"阳K线"；如果当天的开盘价等于收盘价，则价柱显示为黑色（图1-2）。

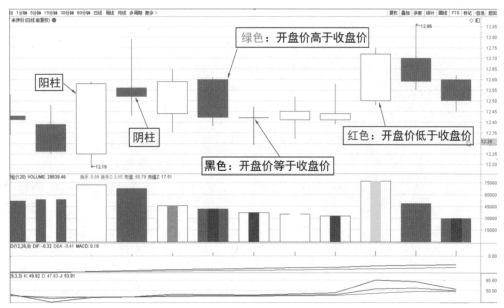

图 1-2　日 K 线的分类

开盘价与收盘价之间的距离一般用实体柱子表示，叫作价柱的"实体"，而收盘价和开盘价与当天的最高价和最低价之间的距离，用"上影线"和"下影线"来表示。

以图 1-3 中的 A 柱为例，其收盘价与当天的最高价之间的距离，即"上影线"。以图 1-3 中的 B 柱为例，当天的收盘价与最低价之间的距离，即"下影线"。

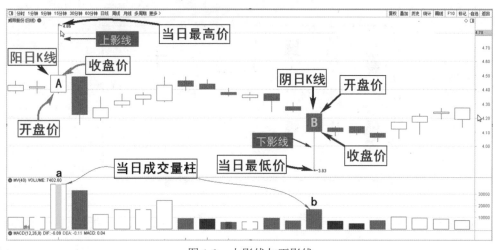

图 1-3　上影线与下影线

以日 K 线为例，由于当天的开盘价、最高价、最低价、收盘价的不同，可以把 K 线分为以下 13 种（图 1-4）。

（1）饱满阳 K 线，即开盘价就是当天最低价，收盘价就是当天最高价。

（2）带上、下影线的阳 K 线，即收盘价高于开盘价且当天有高于收盘价的高点，也有低于开盘价的低点。

（3）带下影线的光头阳 K 线，即收盘价为当天最高价，但当天有低于开盘价的低点。

（4）无腿单枪阳 K 线（又名"宝莲灯"），即开盘价就是当天最低价，当天冲高回落，收盘价高于开盘价。

（5）倒 T，即开盘价为当天最低价，盘中冲高回落，但收盘时收盘价等于开盘价。

（6）T 字板，即当天涨停开盘，但盘中打开，收盘之前又重新封住涨停。

（7）十字星，即当天的开盘价也是收盘价，但当天上下震荡。

（8）一字板涨停，即当天开盘就封住涨停，盘中没有打开，收盘时股价仍然在涨停板上。

（9）饱满阴 K 线，即当天收盘价低于开盘价，且开盘价就是当天最高价，收盘价就是当天的最低价。

（10）带上、下影线的阴 K 线，即当天收盘价低于开盘价，且当天震荡出现了比开盘价高的高点和比收盘价低的低点。

（11）带下影线的阴 K 线，即当天开盘价是当天最高价，且收盘价低于开盘价，当天最低点低于收盘价。

（12）带上影线的阴 K 线，即当天收盘价低于开盘价，且当天有高于开盘价的高点。

（13）一字板跌停，即开盘就直接跌停，且盘中没有打开，直至收盘时也是跌停的。

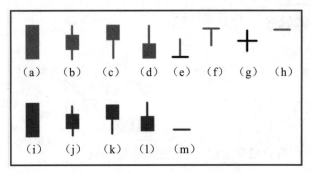

图 1-4　K 线的分类

（a）饱满阳 K 线；（b）带上、下影线的阳 K 线；（c）带下影线的光头阳 K 线；（d）无腿单枪阳 K 线；（e）倒 T；（f）T 字板；（g）十字星；（h）一字板涨停；（i）饱满阴 K 线；（j）带上、下影线的阴 K 线；（k）带下影线的阴 K 线；（l）带上影线的阴 K 线；（m）一字板跌停

依据阴阳转换的原理，还有两种比较特殊的价柱 K 线形态，即"假阳"和"假阴真阳"。

看盘软件一般根据当天开盘价与收盘价的高低顺序来决定价柱、量柱的阴阳标识。当天，若收盘价高于开盘价则用阳柱（红色）来表示，若收盘价低于开盘价则用阴柱（绿色）来表示。若当天收盘价与前一个交易日的收盘价相比实际上是上涨的却被表示为绿色，这种价柱就是"假阴"；若当天收盘价与前一个交易日的收盘价相比实际上是下跌的却被表示为红色，则这种价柱就是"假阳"。

（1）假阳。如图 1-5 中 B 柱所示，当天低开高走，收盘价高于开盘价，因此价柱显示为红色；但当天的收盘价与前一个交易日的 A 柱的收盘价相比要低。这种当天低开高走且收盘价高于开盘价的 K 线，虽然颜色显示为红色，但收盘价与其左侧紧邻的 A 柱的收盘价相比要低，就是"假阳"，坊间也将之戏称为"假阳鬼子"或者"假阳真阴"。

（2）假阴。如图 1-5 中的 D 柱和 F 柱，其颜色是蓝色（也有些交易软件标识为绿色），因其当天的收盘价低于开盘价，因此颜色显示为阴。假阴有两种情况：

①当天高开低走，收盘价高于前一个交易日的收盘价，收盘价在 0 轴之上，且当天分时的成交均价收盘时在 0 轴之上，说明当天实际上是上涨的，则把这种形态叫作"显性假阴真阳"，图 1-5 中的 F 柱就是"显性假阴真阳"。

②当天高开低走，其收盘价在 0 轴之下，也就是收盘价低于前一个交易日的收盘价，但当天分时的成交均价收盘时在 0 轴之上，则把这种形态叫作"隐性假阴真阳"，图 1-5 中的 D 柱就是"隐性假阴真阳"。

假阳和假阴这两种价柱形态，内涵非常丰富，在实战中容易被忽略，因此必须引起高度的重视。

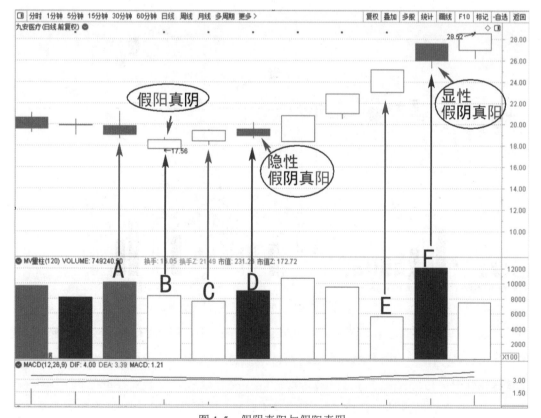

图 1-5 假阴真阳与假阳真阴

二、成交量

成交量一般用柱状图表示，价柱下面的一档就是成交量柱（简称量柱）。如果当天的收盘价低于开盘价，成交量柱状图一般用绿色或者蓝色来表示，如图 1-3 中的价柱 B 对应的量柱 b；如果当天的收盘价高于开盘价，成交量柱状图一般用红色来表示，如图 1-3 中的价柱 A 对应的量柱 a。原则上，红色为阳，为积极；绿色为阴，为消极。

量柱是由资金堆砌而成的，其阴阳的变化与价格运行的涨跌方向有关，其量能的增减与资金流进与流出相连。量柱的阴阳变换与量能的增减变化，对证券交易技术分析而言，具有不可替代的作用。

为便于学习后续章节中涉及的定量模型，我们在这一节中根据量价阴阳变换和量能增减的外在形态，对量柱进行简单的分类。

如图 1-6 所示，以 300355 蒙草生态在 20210121—20210315 的一段截图为例，结合量价阴阳的关系，说明量柱的分类。

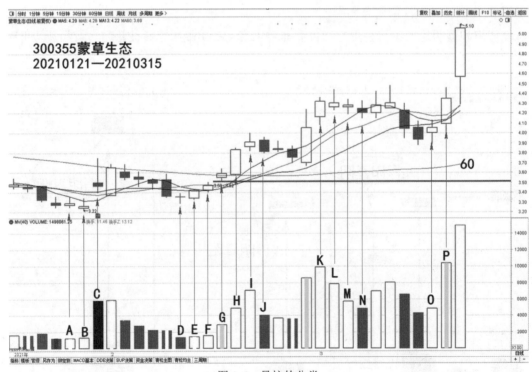

图 1-6　量柱的分类

（1）有序递增量柱组。图 1-6 中，D、E、F、G、H、I 连续 6 根量柱的量能有序递增，像上楼梯一样，一步一个台阶。这种有序递增的量柱组（至少连续 3 根），叫作"有序递增量柱组"。

（2）有序递减量柱组。图 1-6 中，K、L、M、N 连续 4 根量柱的量有序递减，像下楼梯一样，一步一个台阶。这种有序递减的量柱组（至少连续 3 根），叫作"有序递减量柱组"。

（3）倍增量柱与倍缩量柱。图 1-6 中，量柱 P，与其左侧紧邻的量柱 O 相比，成交量增加一倍。凡是与左侧紧邻的量柱相比，成交量增加一倍或者一倍以上的量柱，都叫作"倍增量柱"。与此对应，凡是与左侧紧邻的量柱相比，成交量减少一半或者一半以上的量柱，都叫作"倍缩量柱"。

（4）首跌缩量柱。图 1-6 中，J 柱是在 E、F、G、H、I 五根量柱连涨之后的首次下跌，且下跌的当天，其成交量与左侧紧邻的 I 柱相比是减量的。因此，凡是连续上涨（至少 2 天）之后出现下跌，如果下跌当天对应的量柱是缩量的，就叫作"首跌缩量柱"。

（5）高量柱与低量柱。与左右两侧紧邻的量柱相比更高的，叫作"高量柱"，如图 1-6 中的 I 柱和 K 柱。与此对应，与左右两侧紧邻的量柱相比更低的，就叫作"低量柱"，如图 1-6 中的 D 柱、N 柱。"高量柱"与"低量柱"都是相对的，是与左右两侧紧邻的量柱相比较而言的。

三、分时结构

分时结构是用来记录一天的价格波动和成交量变化的。如图 1-7 所示，分时结构图的信息包括开盘价、收盘价、价格曲线、成交均线、价格零轴线、成交量柱状图、早盘集合竞价形态和收盘集合竞价形态。

其中，价格曲线就是当天价格波动的实际走势图。成交均线就是当天某个阶段的即时平均成交价。价格零轴线是前一个交易日的收盘价。成交量柱状图表示每分钟的成交量，因此每分钟一根，其颜色有红色、绿色和白色三种。成交量柱状图的颜色是由每分钟最后一笔成交量的性质决定的。在最后这一笔价位上，主动挂单买入，或是先下买单买入，然后才是卖家挂单或实时出货而成交的，一般用红色线柱标示。红色柱表示主动性买盘占优势。在最后这一笔价位上，主动挂单卖出，或实时出货在先，然后才有买家接货的，一般用绿色标示。绿色柱表示主动性卖盘占优势。在最后这一笔价位上，卖单和买单是同时挂上的，在同一时间正好有投资者在这个价位上买货和卖货，一般用白色标示。白色柱表示买卖双方处于暂时的均衡状态。

早盘集合竞价和收盘集合竞价形态中包含以下几个信息：价格折线为匹配价，成交量下部柱线为匹配量，上部倒挂柱线为未匹配量。如果买进的量多于卖出的量，则匹配量显示红色；如果卖出的量多于买进的量，则匹配量显示绿色。

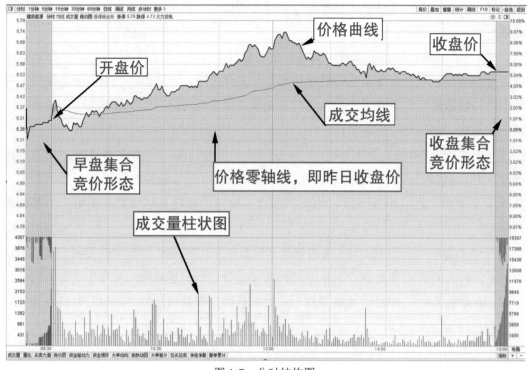

图 1-7　分时结构图

第三节　MA、KDJ、MACD 与筹码分布

本节视频课程

扫码学习

一般的专业看盘软件，无论是通达信、东方财富，还是同花顺、指南针，都会自带一些指标，如趋向指标（移动平均线 MA、平滑异同平均线 MACD、动向指标 DMI）、超买超卖指标（随机指标 KDJ、顺势指标 CCI、变动速率指标 ROC）、强弱指标（相对强弱指标 RSI、威廉指标 W%R）、停损指标（抛物线指标 SAR）、压力与支撑指标（麦克指标 MIKE、布林线指标 BOLL）等。

近年来，有一些专业看盘软件推出了市场情绪指标、赚钱效应指标、资金风向指标等。这些指标原则上都是根据价格变动、成交量、时间周期、空间位置、量价阴阳转换等要素组合而来的，其中最基础的两个要素是价格和成交量。

有些刚入门的交易者恨不得把所有指标都用上，但实践证明，贪多反而导致"艺多不养身"，不仅造成决策效率低下，而且容易导致思维混乱。因此，本节只把目前市场上应用最多的，也最为有效的指标展示出来，如移动平均线 MA、随机指标 KDJ、平滑异同平均线 MACD，以及筹码分布。这些指标看起来简单，但在实战交易时，最为实用、有效。如果能够熟练应用这些指标，对于一般的交易操作，就可以做到游刃有余了。

一、移动平均线 MA

移动平均线 MA，简称均线，是用连续若干个交易日的收盘价的算术平均值作为预判未来股价运行趋势的一种方法。"若干个交易日"指的是时间参数。一般的交易软件都默认 5 日、10 日、20 日、30 日、60 日、120 日等作为时间参数，但投资者可以根据需要对参数进行修改。在实战交易中，既可以用默认的数值，也可以取斐波那契数列作为参数值。比如，将 5 日、8 日、13 日、21 日、34 日、55 日、89 日、144 日等作为时间参数。常用的短期均线组就是由 5 日均线（MA5）、8 日均线（MA8）、13 日均线（MA13）组成的。

均线是目前市场上应用最普遍的技术指标之一，它的理论基础是道氏理论，在一定程度上可以帮助交易者确认目前股票价格处于什么阶段，如趋势下跌、趋势上涨、盘整等。由于趋势不容易形成，而且趋势形成之后又具有一定的惯性，因此均线不仅具有助涨助跌的作用，还对价格运行具有支撑和阻力的作用。

在实战交易中，一般用若干根均线组成一个均线系统。例如，短期趋势均线组就是用 5 日均线、8 日均线、13 日均线这三根均线来预判或者确认股价运行的短期趋势；中长期趋势均线组就是用 45 日均线、55 日均线、65 日均线这三根均线来预判或者确认股价运行的中长期趋势。当然，也可以单根使用，如 60 日均线。60 日均线之所以可以单独使用，是因为它被公认为是牛市和熊市的分界线。

中长期趋势朝上预判。以 002646 青青稞酒为例（图 1-8），该股在 A 区域完成大乾坤转折，也就是短期趋势均线组（5、8、13 日均线）上穿中长期趋势均线组（45、55、65 日均线），这是一个趋势朝上的客观信号。此时，5 日均线、8 日均线、13 日均线朝上发散，在实战交易时，可以择机买进并持股待涨。

中长期趋势朝下预判。以 600070 浙江富润为例（图 1-9），该股在 B 区域进行了乾坤倒转，也就是短期趋势均线组（5、8、13 日均线）下穿中长期均线组（45、55、65 日均线）。此时，可以预判 B 区域向右的区域开始进入下降趋势，不可以持股，更不可以买进，直到再次出现大乾坤转折点。

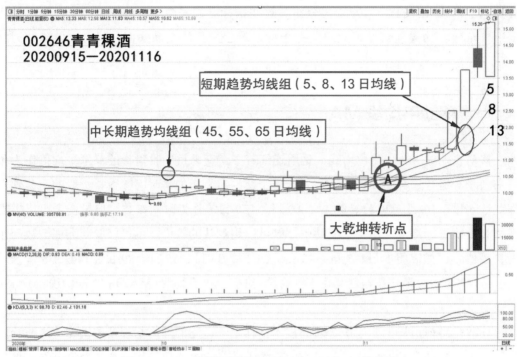

图 1-8   002646 青青稞酒 20200916—20201116 均线组

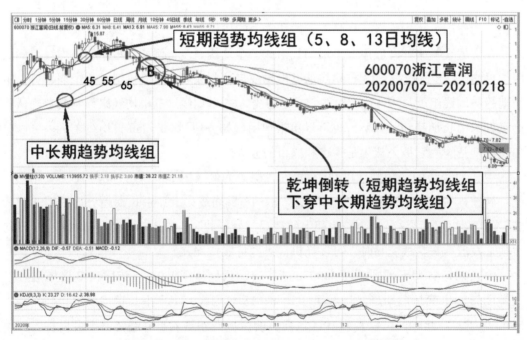

图 1-9   600070 浙江富润 20200702—20210218 均线组

在某些时候，单条均线也可以派上大用场。以 300552 万集科技为例（图 1-10），该股在 A 点完成乾坤转折，趋势朝上的信号出现。其后，股价每一次调整到 60 日均线附近时，包括 B、C、D、E、F、G 这几个点都是强烈的买点信号。在 H、I 两点有股价跌穿 60 日均线的情况，此时为战略性减仓信号。而在 J 点，短期趋势均线组已经下穿 60 日均线，在 J 点右侧的区域，既不能持有，更不能买进。

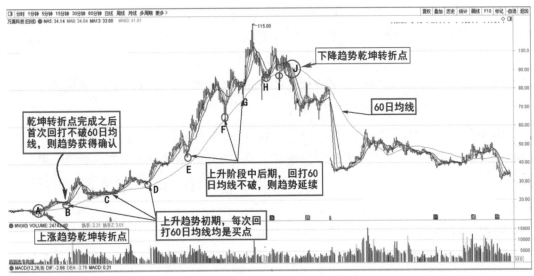

图 1-10 300552 万集科技 20181226—20210226 牛熊分界线——60 日均线

从这个案例可以看出，以 60 日均线为依托，进场信号和撤退信号明确。所谓"线上的世界很精彩，线下的世界很无奈"，这个线上线下，指的就是股价在 60 日均线上方和下方的不同境遇。看来，坊间把 60 日均线作为牛市和熊市的分界线是有道理的。

二、随机指标（KDJ 指标）

KDJ 指标俗称随机指标，最早主要应用于期货市场，后来广泛应用于股票市场、债券市场及各种金融衍生品的交易。以特定区间走势内的最高价、最低价及最后一个计算周期的收盘价为基本数据进行较为复杂的计算，得出的 K 值、D 值和 J 值分别在指标的坐标上形成一个点，连接无数个这样的点位，就形成一个完整的、能反映价格波动趋势的 KDJ 指标。KDJ 指标的计算比较复杂，这里不做具体介绍。KDJ 指标的时间周期参数是可以调整的，投资者可以根据需要对参数进行调整。原则上，我们使用默认的参数即可。其参数的设置一般默认为 9、3、3，这个"9"是指一周半的交易周期，第一个"3"代表 3 个交易日，第二个"3"则代表前一个平滑后的 3 日均线。

作为交易者，知道怎么使用即可，就如同一个驾驶员，只要学会驾驶车辆的技术，能够驾驭好车辆，就没有必要花时间去搞清楚车辆发动机是如何制造的。由于 KDJ 指标反应比较敏感快速，故将其应用于中短期趋势波段分析和研判，尤其对期货、权证等金融衍生品市场有一定的指导价值。

如图 1-11 所示，KDJ 指标包括 3 条线，即 K 线、D 线和 J 线。其中，K 线移动速度快，对价格变动最为敏感；D线移动速度较慢，对价格波动的反应较为迟缓；J线是对买卖信号进行确认的信号线。

KDJ指标中3个指标的数值在0～100这一区间内可以划分为3个子区间。一般来说，K、D的值在20以下为超卖区，在80以上为超买区，在20～80这个区间则为徘徊区。J的值在0以下为严重超卖区，在100以上为严重超买区。需要说明的是，当数值到达超卖区间和超买区间时，并非代表股价运行方向马上会转折，因此不能单独使用超买或者超卖这个数值指标来预判行情的发展方向。

KDJ指标是一个非常有用的短线操作指标，因此对期货、期权等金融衍生品的短线操作有一定的参考价值。对于股票操作者来说，在趋势单边连续上涨或者趋势单边连续下跌的过程中，KDJ指标非常有效；而在盘整或者非连续上涨和非连续下跌的过程中，KDJ指标基本上没有什么参考价值。

如图1-11所示，当K值在20左右，且K线上穿D线时，此时称为"金叉"，为短线买进信号。当K值在80左右，且K线下穿D线时，此时称为"死叉"，为短线卖出信号。

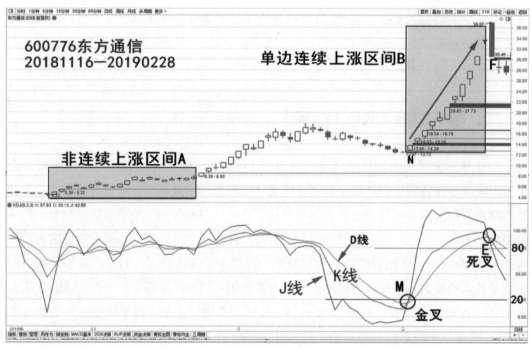

图1-11　600776东方通信20181116—20190228 KDJ指标图

以600776东方通信（20181116—20190228）为例（图1-11），在非连续上涨区间A内，KDJ三条线相互缠绕，股价运行也相当纠结，趋势不明显。而在单边连续上涨的区间B内，KDJ三条线则呈现多头发散的现象。其中，在M点，K值为20左右，此时出现"金叉"信号，对应的价柱N为买进时机；而在E点，K值为80左右，此时出现"死叉"

信号，对应的价柱 F 为卖出时机。

需要说明的是，并非出现"金叉"信号，就是安全稳妥的买进时机。以 600776 东方通信（20210104—20210204）为例（图 1-12），其在价柱 A 的这一天收盘前，对应的 KDJ 三条线已经出现"金叉"信号，而且当时的 K 值也在 20 左右，如果在价柱 A 的这一天收盘前买进，或者迟一天在价柱 B 这一天买进，那么接下来的 C、D 阴跌会让投资者很难受的。

因此，在实战交易中，一般不单独使用 KDJ 指标，而是结合趋势与结构，参考移动平均线、MACD、筹码分布等其他指标进行综合研判。

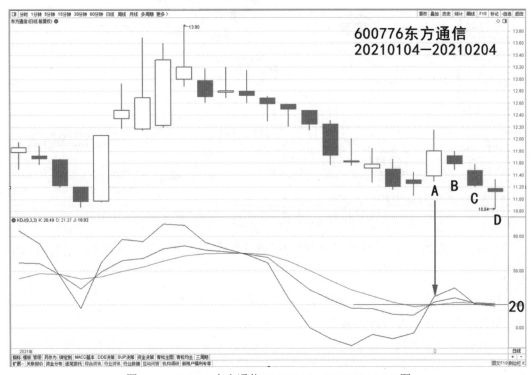

图 1-12　600776 东方通信 20210104—20210204 KDJ 图

三、平滑异同平均线 MACD

平滑异同平均线 MACD，是从双指数移动平均线发展而来的、利用收盘价的短期（常为 12 日）指数移动平均线与长期（常为 26 日）指数移动平均线之间的聚合与分离状况，对买进、卖出时机做出研判的技术指标。具体而言，由快的指数移动平均线（EMA12）减去慢的指数移动平均线（EMA26）得到快线 DIF，再用快线 DIF 与 DIF 的 9 日加权移动均线 DEA 之差乘以 2，即可得到 MACD 柱。一般软件默认的 MACD 数值为 12、26、9。

为方便起见，一般把 DIF 叫作快线，把 DEA 叫作慢线（图 1-13）。快线和慢线之间的垂直距离一般用柱状图表示。

图 1-13　MACD 快线、慢线，金叉、死叉

快线在慢线以下时，对应的柱状图一般用绿色表示。快线在慢线以上时，对应的柱状图用红色表示。

相应地，当绿柱由短不断变长时，表示下跌继续；当绿柱由长不断缩短时，表示下跌之后有所反弹，也有可能由此出现趋势的反转。

当红柱由短不断持续地加长时，表示上涨趋势大概率将持续；当红柱由长变短时，表示上涨趋势暂时处于纠结状态或者可能出现趋势的反转。

以零轴为中心，当快线和慢线在零轴以上时，大概率为多头市场；当快线和慢线在零轴以下时，大概率为空头市场。

当快线上穿慢线时，称为"金叉"；当快线下穿慢线时，称为"死叉"。在零轴之上的"金叉"，称为"水上金叉"；在零轴之下的"金叉"，称为"水下金叉"。

当行情单边快速上涨或者大趋势处于上涨通道时，快线 DIF 一般会把红色的柱状图踩在脚下；当行情单边快速下跌或者大趋势处于下降通道时，绿柱一般会在快线 DIF 的头上。

MACD 的最大价值在于可以根据其引发的"背离"信号，及时预判趋势可能出现的短期或者中长期趋势反转。

当价格连续两次或者 3 次创新高,但快线 DIF 或者对应的红柱并不配合创新高时,称为"顶背离",行情可能由此滞涨,并由此引发短期或者长期趋势反转。

以 399006 创业板指数为例(图 1-14),A、B、C 三点,是明显的 3 个区域性的高点,价格不断创新高,对应的 MACD 红柱 a、b、c 也同步创新高,此为上下配合,相互匹配,预判大趋势将延续。而 C、D、E 三点,价格创了新高,但对应的 MACD 红柱 c、d、e 却并未同步创新高,因而发生"顶背离"现象。D 点为第一次背离,E 点为第二次背离。E 点之后,引发指数价格持续下跌。这种连续的"顶背离"现象发生之后,引发短期或者中长期趋势由上涨演变为下跌是一个大概率事件。

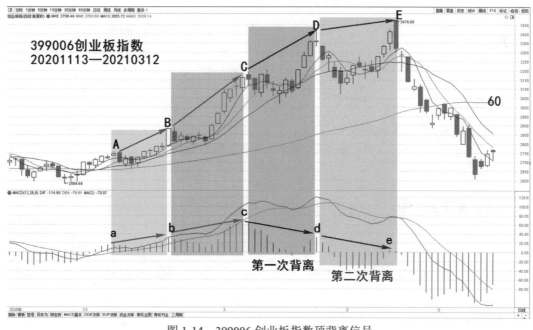

图 1-14 399006 创业板指数顶背离信号

相反,由图 1-15 可以看出,价格①区对应绿柱 A 区,价格②区对应绿柱 B 区,价格③区对应绿柱 C 区,①、②、③价格不断下挫,但绿柱的面积越来越小,绿柱的高度越来越短,这就是"底背离"。同时,当①、②、③价格连续下挫时,对应的快线 DIF(图中的 a、b、c 三点)却不再创新低,这也是"背离"。为以示区别,我们把价格和对应 MACD 的绿柱的面积和高度的背离叫作"单背离";如果 MACD 的快线 DIF 所在的点位也同时发生背离,则叫作"双背离"。

因此,当价格连续两次或者 3 次创新低,但对应的绿柱或者快线 DIF 并不配合创新低时,称为"底背离",行情可能由此止跌,并引发短期或者长期趋势反转。

理论上,出现"双背离"的现象时,其反转的力度比出现"单背离"的现象时更大。

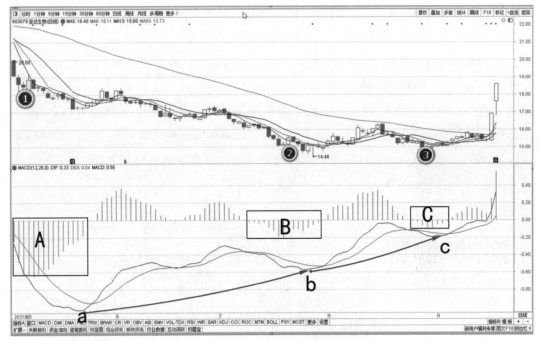

图 1-15　圣达生物底背离信号

四、筹码分布

筹码分布，是指不同价位上投资者的持仓数量的一种结构，简称"筹码分布"。筹码分布能够比较直观地反映市场上所有投资者在某个时点对某一只股票的建仓成本和持仓数量的结构形态。

由于交易的持续性，筹码分布是动态变化的。只要交易持续，筹码的分布就会发生变化。筹码分布结构分析的主要用途是对市场参与者的持仓成本进行分析。

行情发展都是由成本转换开始的，又因成本转换而结束。换句话说，成本转换就是筹码搬家，是指持仓筹码由一个价位向另一个价位搬运的过程。它反映的不仅是股价的变化，更重要的是持仓筹码数量的转换。股票的走势在表象上体现了股价的变化，而其内在的本质却体现了持仓成本的转换。

因此，成本分析在实战交易中有一定的参考作用，特别是"筹码低位密集"与"筹码的高位密集"的作用不可小觑。

筹码峰的移动，对于交易有一定的指导价值。一旦筹码从相对底部大部分上移到相对高位，说明在相对较高的价格完成了大部分筹码转换，做多的主力已经把手中的筹码卖掉了，接下来的股价大概率会有回调。以002110三钢闽光为例，图1-16显示了其在20170616—20171218的一段走势。在相对底部，当股价运行到A柱（2017年7月7日）时，其筹码峰（图上顶格处）在A柱收盘价（6.87元）的下方，说明此时主力基本上完成建仓，接下来可能开始拉升。

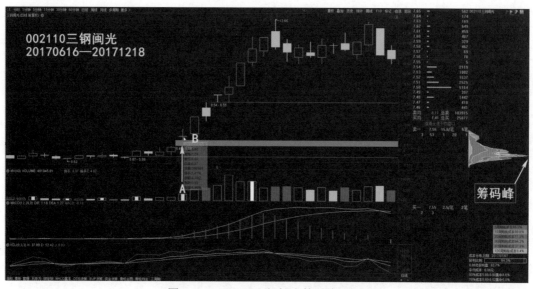

图 1-16　002110 三钢闽光筹码峰（1）

而当股价运行到C柱（2017年12月14日）时（图1-17），筹码峰完全上移至11.5元的上方，说明主力已经把筹码交换给散户，散户的成本高企，接下来股价可能开始下跌。

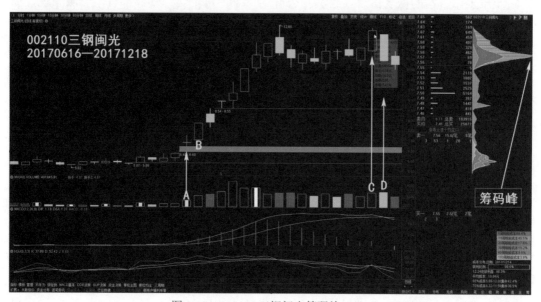

图 1-17　002110 三钢闽光筹码峰（2）

第四节　信息查询与实地调研

证券投资交易是一项高度复杂的工作，临盘买进与卖出的操作非常简单，但要做出正确的交易决策，则需要大量的信息支撑。为做到正确决策，不仅需要对政治、经济的大环境进行密切的关注，也需要对相关产业的中观环境进行不间断的跟踪，更需要对标的企业或标的产品的微观变化了如指掌。

宏观方面的信息，如国际国内的政治、经济和相关政策的变化，对证券市场的影响非同小可。因此，要做一个合格的交易者，就必须及时了解宏观信息以及中观的产业信息的变化。专业的操盘机构可以设立专门的部门或者安排专业人员收集相关信息，并对相关信息进行挖掘研究，从而发现对证券市场的利好与利空消息，并对利好与利空消息进行级别分类，为操盘人员的实战操作提供战略或者战术参考。一般的交易者虽然无法与机构相比，但也要培养自己关注新闻、关注相关产业的习惯，业余时间也可以对相关产业的现状和发展前景进行调查研究。

不过，同样一条新闻消息，不同人的理解和执行力是有差异的。有些人对新闻消息非常敏感，有些人则缺乏把新闻消息与证券市场价格波动连接起来的能力。不过，一般人可以通过学习和训练，来提高自己的"联想"水平。

至于上市公司的微观信息，也就是公开的信息，每个交易软件都有，一般来说，更新的速度也非常快。例如，通达信软件，打开某只股票的日 K 线界面，点击右上角的 F10，就可以看到以下栏目：最新提示、公司概况、财务分析、股本结构、股东研究、分红融资、高管治理、交易大事、重大事项、热点题材、公司公告、经营分析、行业分析、价值分析等。再如，东方财富经典版交易软件，其"资讯中心"栏目包括全球 7×24（每周 7 天，每天 24 小时滚动发布全球资讯）、上市公司、经济数据、地区资讯、全球央行、全球股市、商品资讯、外汇资讯、债券资讯、基金资讯等子栏目。读者可以根据自己的需要对了解信息的渠道和媒体进行个性化选择。

实地调研，一般是机构交易者参与市场必须要做的基础功课。对绝大多数机构而言，凡是能够进入其备选池的股票，一般都是经过实地调研，撰写了调研报告并通过会议决策程序的。虽然各家机构进行实地调研的侧重点不一样，但基本内容大同小异。简单来说，调研内容主要包括以下几个方面：公司的区位优势、产业生命周期情况、国家产业政策、公司的产品和服务在整个行业中所处的地位及市场竞争力、主要客户及其类型、产业链上下游的渠道情况、主要竞争对手的情况、公司的治理水平、领导班子的战略领导力、公司的核心竞争力、营销与销售情况、公司财务状况、现金流与债务情况等。

第五节 法律法规与交易监管

对于证券市场的参与者而言，进行证券交易，是自主决策、自负盈亏的一种自由性行为。但是，这种自由性行为必须以遵守国家法律法规和相关行政条例的规定为前提，并接受国家相关部门和机构的监管。

一、法律法规

与证券市场有关的法律法规有五个层次。

第一个层次是法律，指由全国人民代表大会或全国人民代表大会常务委员会制定并颁布的法律。现行的证券市场法律主要包括《中华人民共和国证券法》《中华人民共和国证券投资基金法》《中华人民共和国公司法》及《中华人民共和国刑法》等。此外，《中华人民共和国民法典》《中华人民共和国反洗钱法》《中华人民共和国企业破产法》等法律也与资本市场有着密切的联系。

第二个层次是行政法规，指由国务院制定并颁布的行政法规。现行的证券行政法规中，与证券经营机构业务密切相关的有《证券、期货投资咨询管理暂行办法》及 2008 年 4 月 23 日国务院公布的《证券公司监督管理条例》《证券公司风险处置条例》。

第三个层次是部门规章，指由国务院各组成部门、直属特设机构，中国证监会等国务院直属事业单位制定并颁布的部门规章，包括《证券发行与承销管理办法》《首次公开发行股票并在创业板上市管理办法》《上市公司信息披露管理办法》《证券公司融资融券业务试点管理办法》《证券市场禁入规定》等。

第四个层次是规范性文件，指由有关部门或具有行政管理职能的机构制定并颁布的规范性文件，包括《证券公司内部控制指引》《证券公司开立客户账户规范》《证券公司治理准则》等。

第五个层次是自律性规则，指由证券交易所、中国证券业协会及中国证券登记结算有限公司制定的自律性规则。

对于具体法律条款，这里就不一一列举了，读者可以通过网络查询或者购买相关法律法规的文本单行本或者法律集进行了解。证券从业人员资格考试中，法律法规是必须考的科目。非证券从业者在进行实战交易之前，必须学习和研读这 5 个层次的法律法规，以免在交易过程中触犯法律。

二、交易监管

中国证券交易监管的法定机构为中国证券监督管理委员会（以下简称中国证监会）。中国证监会是国务院直属正部级事业单位，依照法律法规和国务院授权，统一监督管理全国证券期货市场，维护证券期货市场秩序，保障其合法运行。

中国证监会总部设在北京。其中，在各省、自治区、直辖市和计划单列市还设立36个证券监管局，以及上海、深圳证券监管专员办事处。

依据有关法律法规，中国证监会在对证券市场实施监督管理中履行下列职责：

（1）研究和拟订证券期货市场的方针政策、发展规划；起草证券期货市场的有关法律法规，提出制定和修改的建议；制定有关证券期货市场监管的规章、规则和办法。

（2）垂直领导全国证券期货监管机构，对证券期货市场实行集中统一监管；管理有关证券公司的领导班子和领导成员。

（3）监管股票、可转换债券、证券公司债券和国务院确定由证监会负责的债券及其他证券的发行、上市、交易、托管和结算；监管证券投资基金活动；批准企业债券的上市；监管上市国债和企业债券的交易活动。

（4）监管上市公司及其按法律法规必须履行有关义务的股东的证券市场行为。

（5）监管境内期货合约的上市、交易和结算；按规定监管境内机构从事境外期货业务。

（6）管理证券期货交易所；按规定管理证券期货交易所的高级管理人员；归口管理证券业、期货业协会。

（7）监管证券期货经营机构、证券投资基金管理公司、证券登记结算公司、期货结算机构、证券期货投资咨询机构、证券资信评级机构；审批基金托管机构的资格并监管其基金托管业务；制定有关机构高级管理人员任职资格的管理办法并组织实施；指导中国证券业、期货业协会开展证券期货从业人员资格管理工作。

（8）监管境内企业直接或间接到境外发行股票、上市及在境外上市的公司到境外发行可转换债券；监管境内证券、期货经营机构到境外设立证券、期货机构；监管境外机构到境内设立证券、期货机构，从事证券、期货业务。

（9）监管证券期货信息传播活动，负责证券期货市场的统计与信息资源管理。

（10）会同有关部门审批会计师事务所、资产评估机构及其成员从事证券期货中介业务的资格，并监管律师事务所、律师及有资格的会计师事务所、资产评估机构及其成员从事证券期货相关业务的活动。

（11）依法对证券期货违法违规行为进行调查、处罚。

（12）归口管理证券期货行业的对外交往和国际合作事务。

（13）承办国务院交办的其他事项。

【即测即练】扫描书背面的二维码，获取答题权限。

第二章
证券投资交易理论

证券投资交易的基础理论是一个庞大的体系，自证券市场诞生以来，新的理论不断产生，如价值投资理论、趋势投资理论、江恩理论、波浪理论、威科夫量学理论、洛氏霍克结构理论、均线理论、混沌与分形理论、亚当理论、K 线图理论、切线理论、形态学理论、箱体理论、资产组合理论、斐波那契理论、主控理论、缠论、资金流派理论、周期理论等，浩瀚繁杂，刚入门的交易者学起来比较耗时费力。

秉承"去繁就简，好用实用"的原则，本书选择了当前市场上较为常用且非常有效的价值投资理论、趋势投资理论、混沌与分形理论、缠论与新资金流派理论作为重点介绍，对于其他理论，读者如果有兴趣，可以通过延伸阅读的方式去获得相关知识。

第一节　价值投资理论

一、价值投资的由来

价值投资，既是一种哲学思想，也是一种投资策略，其重点是透过基本面分析去寻找并投资于一些价值被低估的股票（股票的价格低于其内在价值）。价值投资的概念最初于 1934 年由本杰明·格雷厄姆和多德在《证券分析》一书中提出，随后本杰明·格雷厄姆在其《聪明的投资者》一书中对价值投资做了更深的阐述。后来，其学生巴菲特把价值投资推上了一个前所未有的高度，形成了一套完整的价值投资理论体系。

本节视频课程

扫码学习

巴菲特被誉为"华尔街股神"。他从 1965 年接手主政伯克希尔公司至今，没有出现过亏损年度，1965—2020 年，伯克希尔每股市值的复合年增长率为 20.0%。1963 年，该公司的股价在 8 美元左右，2021 年 3 月 10 日最高成交价为 407750 美元，成为世界上每股最贵的股票。如图 2-1 所示，伯克希尔哈撒韦 A 在 1980—2021 年的年 K 线图，从图上可以清晰地看到，2008 年国际金融危机和 2020 年新冠肺炎疫情对其股票走势的影响还是较大的。

巴菲特先后长期持有的股票有美国运通、可口可乐、吉列、华盛顿邮报、富国银行等。由于巴菲特长期保持骄人的业绩，因此被称为"当代最伟大的投资者"和"价值投资的教父"。

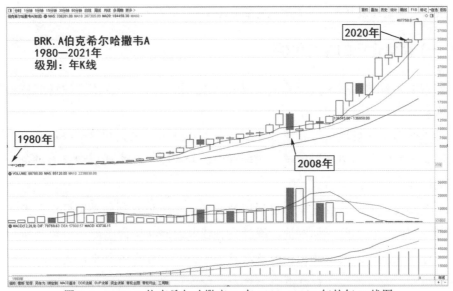

图 2-1　BRK.A 伯克希尔哈撒韦 A 在 1980—2021 年的年 K 线图

巴菲特也投资中国企业的股票，2008 年 10 月巴菲特以每股 8.03 港元的价格，认购了比亚迪公司 2.25 亿股的股份。如图 2-2 所示，2020 年 12 月 30 日，比亚迪股票的收盘价为 203.2 港元；2021 年 1 月 25 日，最高价为 278.4 港元。不算最高价，仅以 2020 年 12 月 30 日的收盘价 203.2 港元来计算，与 2008 年 10 月投入的每股 8.03 港元相比，12 年时间增加了 24.3 倍。所谓"守得住时光，看得见辉煌"，正是价值投资的精髓所在。12 年的守望，终于迎来了比亚迪股份的暴涨。这就是巴菲特异于常人之处。

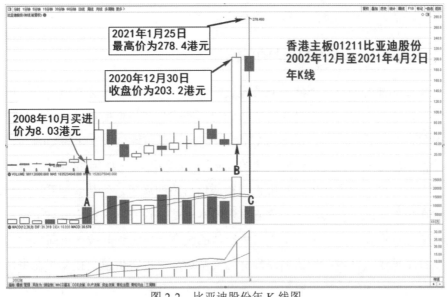

图 2-2　比亚迪股份年 K 线图

二、价值投资理论的核心思想

价值投资理论经过几十年的发展，内涵非常丰富。其核心思想主要体现在以下三个方面。

（一）聚焦企业的内在价值

内在价值不易被发现，需要通过大量的分析才能在一定程度上近似地确认。股票的内在价值主要由七大因素构成：

一是优秀的企业管理层。企业管理层的能力和品质在很大程度上决定着该企业的发展走向和竞争优势。其中，管理层的竞争意识、专业能力和沟通协调能力对企业的内在价值影响较大。

二是核心竞争力。核心竞争力包括资产或者产品不可复制、不可模仿、无法替代，或者拥有专有保密技术及专利保护，或者具有行业垄断、资源垄断、消费垄断的性质。

三是分红派息比例。持续稳定派息，且高于银行同期存款利率，说明公司有良好的现金流和明朗的业务前景；分红派息不稳定，突然过高或者突然过低，说明公司缺乏长远打算或者业务前景不明朗。

四是盈利能力。有价值的公司，其净利润和每股的盈利水平应该是持续、稳定地增长。

五是资产价值。以上市公司的资产净值来衡量，即资产总值中剔除负债的部分。负债比例是否合理，是衡量资产结构、营运效率、财务风险和经营风险的主要标准。

六是市盈率。即 P/E 值，指普通股每股市价同每股盈利的比例。市盈率的高低能够在一定程度上反映公司的盈利水平、股价、行业吸引力和市场成熟度等。

七是安全边际。短期资产价值，通常以净资产衡量。买进股票时，若股价大幅低于每股的资产净值，则认为风险较低，安全边际较大。

（二）买进价值被严重低估的股票

由于存在认知的差异，因此不同的投资者对同一股票的估价会有所不同。所有股票的价格波动都取决于买卖双方对该股票估价的不同。价值投资的重点在于透过股价短期波动的表象，发现其内在价值。短期而言，股票的价格受市场供求变化的影响，长期而言，股票的价格本质上是由其内在价值决定的。股价的短期波动无法预测，经常偏离其价值，一家质地很好的公司，也会出现股价长期在低位盘整的现象，但从长期看，股价会回归到与其内在价值大致一致的水平。价值投资的本质是寻找股票内在价值与市场价格的差异。正确的交易原则是：买进价值被严重低估的股票，持有到其被严重高估时卖出。

股票价格低于资产内在价值的差额称为安全边际。内在价值是指公司在生命周期中可产生现金流的折现值。如果股票的市场价格越低于其对应的内在价值，则安全边际就越大。安全边际是对投资者自身能力的有限性、股票市场波动的巨大的不确定性及股市发展的不确定性的一种预防和扣除。如果忽视安全边际，即使你买入的标的企业的股票非常优秀，买入价格过高，也很难盈利。因此，价值投资者的最大任务是寻找具有较大安全边际的股票。

（三）在自己认知能力和理解力允许的范围内投资

在自己认知能力和理解力允许的范围内投资，即投资易于了解的行业，不在技术与流程过于复杂的领域里投资，只专注于那些易于了解的行业，专注于那些自己认知范围以内的企业。同时不让市场波动左右自己的情绪，长期持有至不再符合投资标准。价值投资者不看股价的短期波动，不做技术分析，也不看大盘指数的起伏，因为过度关注这些东西，会动摇投资者长期投资的理念。但长线投资最终是要卖出股票兑现利润的，当股价远远偏离其内在价值，并且上升势头遇到阻力，或者标的公司出现对其长远稳定发展的利空时，应当果断卖出。

三、对价值投资理论的评价

在中国，价值投资也得到了广泛的认可。特别是机构投资者，无论是社保基金、保险基金，还是公募与私募基金，都是价值投资的奉行者。由于优质标的公司数量有限，以至于这些机构投资者持有的股票高度趋同，形成"机构扎堆抱团"现象。比如，贵州茅台，2020 年 12 月 31 日机构数量为 2180 家，持股数量为 9.9 亿股，占全部流通股的 78.85%，2021 年 2 月 18 日最高股价为每股 2627.88 元，成为 A 股中股价最高的股票。

"机构扎堆抱团"现象的产生，并非机构之间相互串通的结果，而是由于价值趋同造成的路径和赛道趋同。这种路径和赛道趋同，有时也会造成严重的泡沫，当价格严重偏离价值时，也会发生高位踩踏的现象，对股票市场的健康运行有一定程度的危害性。

而对于普通的公众投资者（俗称散户）而言，虽然对价值投资也能够理解和认同，但要真正做到，事实上是很难的。原因主要有以下两个。

（1）通常，普通投资者获取信息的渠道有限，缺乏对股份公司的透彻了解；对行业生命周期的把握需要专业认知，对企业未来的发展前景进行理性的评估也需要智慧与远见，这不是一般大众个体所能够胜任的。

（2）中国 A 股市场上市公司质量良莠不齐，财务造假、产品造假、坑蒙拐骗现象时有发生，曾经不少被誉为"白马"的蓝筹公司，皆因东窗事发而黯然离场。仅 2020 年，中国证监会就披露了 10 起严重造假案，涉案公司有康得新、康美药业、天翔环境等。例如，康得新在 2015 年至 2018 年累计造假利润 122 亿元，股价从 2017 年 11 月 24 日的 26.71

元跌到 2019 年 7 月 5 日退市时的 3.71 元；千亿市值白马股康美药业在 2016 年至 2018 年虚增利润 39.36 亿元，股价从 2018 年 5 月 29 日的 27.99 元跌到 2021 年 2 月 9 日的 1.66 元。还有更厉害的，长生生物因疫苗造假于 2019 年 11 月宣告破产。

从长期来说，价值投资应该是股票市场的一个主流形态，但要做到巴菲特那样长期地稳健，并非易事。中国有句古话，"早知三日事，富贵万万年"，能够提前预见的，才叫"远见"。投资者要使自己成为有远见的人，不仅需要投资天赋，更需要系统的学习和长期经验的积累。

第二节　趋势投资理论

一、趋势投资理论的由来

趋势投资理论的创始人是美国人查尔斯·亨利·道，因此又称道氏理论。趋势投资理论是技术分析的基础理论。为了反映市场的整体趋势，查尔斯·亨利·道与爱德华·琼斯一起合作创立了著名的道琼斯指数。虽然查尔斯·亨利·道在 1899—1902 年先后在《华尔街日报》发表了一系列有关证券市场的文章，但其生前并未形成系统的理论。后人将其散见于报纸中的道氏文章进行系统整理，形成了道氏理论。

本节视频课程

扫码学习

道氏理论在形成之初并未引起人们的注意，但 1929 年 10 月 23 日《华尔街日报》刊登了以道氏理论为基础的文章，成功预测了股市的大跌，才使道氏理论名声大噪。文章发表之后，短短两个月，股市跌幅达到 48%。

二、趋势投资理论的核心思想

（一）平均价格指数包容消化一切

截至 2021 年年底，道琼斯成分股总计有 30 只股票，包括大家熟悉的苹果、波音、思科、美国运通、微软、迪士尼、英特尔、可口可乐、麦当劳、宝洁、沃尔玛等，这30 只股票的平均价格指数是美国市场总体趋势的"晴雨表"。换句话说就是，平均价格指数是市场总体趋势的"晴雨表"。市场上所有的利好或者利空，或早或迟都会影响市场的供求关系，而供求关系直接带动价格的波动。

（二）牛市和熊市可以根据客观信号来辨识

道琼斯指数的形态可以用来判断市场的走势究竟是牛市还是熊市。判断方法：在一个有限的时空范围内，道琼斯指数的波动，其高点 G1、G2、G3 一个比一个高，而低点 D1、D2、D3 同样一个比一个高，那就是上升趋势，也就是"牛市"；反之，如果指数的高点 G1、G2、G3 一个比一个低，而低点 D1、D2、D3 同样一个比一个低，便是下降趋势，也就是"熊市"。该判断方法称为道氏理论趋势图，如图 2-3 所示。

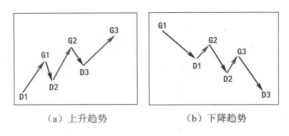

（a）上升趋势　　　　　　（b）下降趋势

图 2-3　道氏理论趋势图

（三）股价的运动趋势可以分为 3 类

股价的运动趋势包括主要趋势、次级趋势、短期趋势。主要趋势好比潮汐，次级趋势好比海浪，短期趋势好比海面的涟漪或者水花。海水的所有形态一起构成了潮汐。

（1）主要趋势。它是指股价全面上升或者下跌的变动情形，持续时间在一年以上，股价的累计涨（跌）幅达到20%以上。主要趋势持续上升即为牛市，也称为多头市场。多头市场的平均时长在 27 个月左右。反之则为空头市场，即熊市。空头市场的平均时长为 15 个月左右。这是投资者需要重视和关心的趋势，尽可能在多头形成信号发出之时买进股票，而在空头形成信号出现之时卖出股票。

图 2-4 所示为钢铁板块指数在 2021 年 6 月至 11 月的走势，从 A 点到 B 点，股票价格上涨了 60%，为上升趋势；从 B 点到 C 点，股票价格下跌了 34%，为下降趋势。AB、BC 就是主要趋势。

（2）次级趋势。它与主要趋势的运动方向相反，并对其产生一定的牵制作用，因此又被称为股价的修正趋势。在多头趋势中，它是中级的下跌或者调整行情。在空头趋势中，它是中级的上升或者反弹行情，持续的时间为 2 周到 2 个月不等，股价上升或者下跌的幅度一般为股价主要趋势的1/3或者2/3，大多数情况下为1/2，很少有不到1/3的。图 2-5 所示为钢铁板块指数在 2021 年 7 月初至 8 月初的走势，其中 BC、DE、FG 就是上涨趋势中的回调，我们称 BC、DE、FG 为次级趋势。

图 2-4　880318 钢铁板块指数主要趋势图

图 2-5　880318 钢铁板块指数次级趋势图

（3）短期趋势。它是股价每天的波动或者几天内的波动，由 3 个或者 3 个以上的短期趋势组成。图 2-6 所示为钢铁板块指数在 2021 年 10 月 11 日、12 日和 13 日的分时结构短期趋势图。这种短期波动对判断市场走势无足轻重，但有一定的干扰性，是 3 种趋势中唯一可以被操纵的。

（四）两条平均指数必须相互验证

工业和运输两条平均指数的走势，需要将它们同时纳入考量，仅由其中一条平均指数的价格波动得出结论，而结论未得到另一条指数走势的验证，则很可能造成误判。

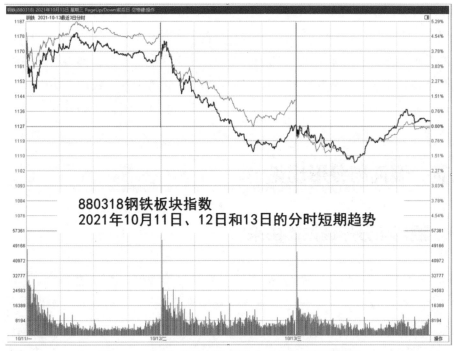

图 2-6 880318 钢铁板块指数分时结构短期趋势图

三、对道氏理论的评价

当时，查尔斯·亨利·道与爱德华·琼斯创设道琼斯指数的目的在于提供一个展现市场和经济状况的窗口。至于查尔斯·亨利·道的继任者威廉·汉密尔顿以道琼斯指数为基础总结归纳的关于市场趋势的理论，并非查尔斯·亨利·道的初衷。但其继任者将其言论及发表的文章进行归纳总结并形成系统的道氏理论，开创了技术分析的先河，为投资者提供了一种简单实用的辨识股价运行趋势的工具。在预测股价的中长期走势方面，该理论历经 100 多年的市场考验，至今仍然被证明有效。

但是，道氏理论与证券市场上的其他理论一样，只能解释证券市场上的一部分现象，揭示证券市场上的一部分规律，因此有其自身的缺陷，主要体现在以下 3 个方面。

一是对中长期趋势的反转信号的确认有一定程度的延误。将两个相邻的高点和低点作为判断趋势延续或者反转的信号，对熊市结束和牛市终结的反应不够敏感，需要一段时间后才能确定，因此会错过最佳买点和最佳卖点。

二是平均股价指数对个股指导的价值有限。道琼斯指数主要是对整个股市走势进行预测，而对具体个股的交易操作不一定有效。个股的走势千差万别，被"平均"了的指数无法体现个股的走势，有时，个股的走势甚至与整体的走势截然相反。

三是道琼斯工业和运输平均指数也有失真的现象。用来核算指数的标的有限，无法体现整个市场发展的不平衡状态，因此也会存在指数上涨而市场上大多数股票反跌的情形。

尤其是近年来，在 A 股市场出现了"结构性牛市"和"结构性熊市"并存的现象：大盘指数上涨，不妨碍部分板块和个股下跌；反之，大盘指数下跌，不妨碍部分板块和个股上涨。如果照搬道氏理论，不知道变通，那就是刻舟求剑，死板教条了。

第三节　混沌与分形理论

一、混沌与分形理论的由来

本节视频课程

扫码学习

20 世纪六七十年代，一些学者提出了混沌与分形理论，并陆续在人口移动、化学反应、气象变化、社会行为等领域得到了一系列的研究成果。

该理论认为，在自然界，因时间与空间的混乱而产生了一种貌似混乱无序的复杂运动形态，使得很多事情不可重复、不可预测，这就是混沌。但混沌不表示混乱，混沌是一种高层次的秩序。混沌的背后往往有着精细的结构。如图 2-7 所示，细胞的结构和蕨类植物的叶型，都具有整体和局部的自相似性。结构的有序性是万物内部元素在时间和空间里的排列形态，称为分形。分形既包括比例的自相似性，即部分与整体具有某种形态的相似性，也包括历史、现在和将来在某个局部的自相似性，即在看似杂乱无章的复杂现象中，可以找到许多出乎意料的秩序和规律。这个规律，就是结构的有序性。

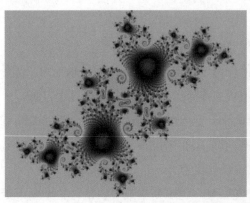

图 2-7　细胞的结构与蕨类植物的叶型的自相似性

最初把混沌与分形理论应用到证券市场并发表了研究成果的是美国人比尔·威廉斯，

1995 年出版的《证券混沌操作法》和 1998 年出版的《证券交易新空间》两本书，是其主要代表作。

二、混沌与分形理论的核心思想

金融市场既是混沌的，又是分形的；既有随机性，又有确定性。具体表现在以下几个方面。

（一）金融市场宏观无序但微观有序

从宏观上看，金融市场不是单纯由供给与需求构成的一种简单的机械性结构，而是由人类互动所产生的一种混乱的非线性系统，是一种混乱行为的集合体，呈现为一种非线性现象。但从微观上看，复杂的金融市场又具有某种特定的秩序，这种秩序往往会重复出现，表现为分形的结构，因此证券市场未来的走势具有某种程度的可预测性。

（二）市场能量永远会沿着阻力最小的方向流动

就像河流会沿着阻力最小的路径流淌一样，商品期货或者股票市场也是如此。市场每一分钟的波动，价格都会沿着阻力最小的方向发展。人的行为也是如此。

（三）通常不可见的根本结构决定了阻力最小途径

许多交易者不断重复着导致亏损的交易行为。无论其参加多少次研究会，阅读多少本专业书籍，接受多少次交易培训，但最后体现在交易行为上还是以惯性思维为主，新的思维结构并未形成。原有的思维结构，因为习惯而导致阻力最小，因此很难改变。只要其根本的思维结构不发生变化，那么亏损就还会继续。不论你是否察觉到这个结构存在，它都会决定你的行为及你对市场走势的反应。通常情况下，交易者自身的行为背离阻力最小途径时，就会立即感受到生理上的紧张与心理上的压力，从而就会继续回到自己熟悉的路径，因为这种路径不会导致其紧张，尽管这种行为会导致其继续亏损。

（四）要想在交易中取得成功就必须突破原有思维定式的掣肘

由于人的根本的思维结构难以改变，所以只能通过开拓视野、站到更高的高度，在更开阔的架构下，使原有的结构变得不重要。拥有一个更加开阔的视野和分析框架，其重点不是解决原有的问题，而是通过创造力突破原有框架的掣肘。比如，19 世纪末的伦敦，交通工具方面，几乎都由马匹负责动力输出，因此城市的主干道上，每天每英里大约会产生 4 吨马粪。解决马粪的堆积成为伦敦当局最为头疼的问题。直至后来交通工具的创新，才使得困扰多年的街道马粪问题迎刃而解。如果当年的英国不超越马粪问题的本身去创造新的交通工具，相信至今马粪问题依然是困扰政府当局的一件难事。

（五）交易者的思维结构与市场结构达成某种程度的默契是交易成功的必要条件

交易的成功不在于增添武器装备，取得更多的指标、更多的报告或者更多的书籍。思维结构决定行为方向，转换思维模式才是解决问题的核心。只要交易的过程和交易的结果让你感觉到痛苦，那就说明你的思维结构与市场的结构没有达成默契，或者说你的思维结构违背了市场的结构。市场永远是对的，如果市场没有按照你预期的方向运行，并不是市场的错，而是你没有看到市场真实的一面。当一个人的根本思维结构与市场的根本结构彼此契合时，盈利就会变成阻力最小的途径。一旦了解何为市场的根本结构，并与市场的行为融合为一体，你就会"像蝴蝶自然飞舞，像蜜蜂悠然采蜜"。这种始终存在的根本结构通常不可见，但可以被发现并利用。

市场是一种持续变动的复杂过程，理性解决不了问题。经济学家是理性的，但经济学家在证券市场从来不曾准确预测出市场的走势。要把握市场的根本结构，必须具备与之匹配的三要素，即洞察、直觉与灵感。市场上发生的很多事情都是我们不能预测和控制的，交易的结果最终取决于你对市场走势的认知，有了正确的认知，你就能感受市场的震动，并与市场产生共鸣。要想找到共鸣的洞察、直觉与灵感，必须有一个空灵的心境。如果你每天都投入战斗，而不是完成一场战役就撤出来进行休整，那你就像一辆永不熄火的赛车，虽然只是偶尔参与比赛，但引擎始终没有熄火。疲惫与急躁，是心灵平静的大敌。如果你能够在某段时间让自己的心灵处于空灵状态，那么洞察力、直觉与灵感就会不期而至，市场就是你的"提款机"，顺应市场去操作，就不会被纷繁熙攘的表象所迷惑。

（六）市场就像航行，正确的地图是必须要装备的

最简单的地图就是"鳄鱼线"和"顶底分形"。

（1）鳄鱼线是一种简单有效的图形分形方法。如图 2-8 所示，该图形是由 3 根价格移动平均线组成的，这 3 根线分别是 5 日均线、8 日均线和 13 日均线，分别代表鳄鱼的上唇、舌头和下唇，日 K 线则代表鳄鱼的食物。

当 5、8、13 日均线缠绕在一起时，我们把这种图形称为"沉睡的鳄鱼"，而把 5、8、13 日均线多头发散或者空头发散的状态叫作"张嘴的鳄鱼"。

当鳄鱼沉睡时，市场陷于整理区间，没有明显的方向，此时交易者应该在场外等待；当鳄鱼苏醒后朝上张嘴时，是参与多头交易的信号；当鳄鱼苏醒后朝下张嘴时，是参与

空头交易的信号。

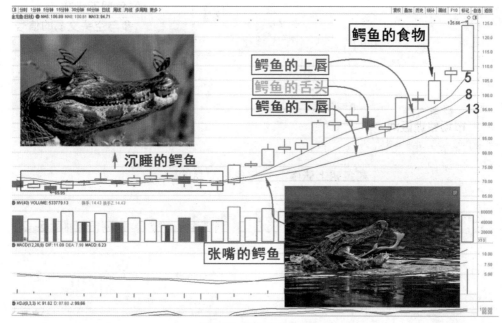

图 2-8　鳄鱼线的构成

如图 2-9 所示，在整个上升趋势中，鳄鱼朝上张嘴，价格几乎一直保持在鳄鱼的上唇之上，交易者就没有任何离场的理由，可以一直持有多头仓位。而当鳄鱼朝下张嘴时，此时为做空良机，只要食物一直在鳄鱼的下唇之下，就可以一直做空。而在鳄鱼沉睡时，交易者最好不要打扰鳄鱼，应该耐心地等待鳄鱼苏醒。如果在鳄鱼沉睡阶段强行参与交易，则市场就会变成一台"绞肉机"。

鳄鱼沉睡的时间越长，苏醒之后就越饥饿。当鳄鱼在长眠后醒来，就会张嘴进食，食物离开上唇越远，鳄鱼的嘴巴就会张得越大。一旦张嘴时间够长，吃掉足够的食物之后，鳄鱼就会失去进食的欲望，渐渐地闭上嘴巴（已经吃饱准备休息），此时，交易者应该及时获利了结。

（2）分形至少需要 5 根连续的价柱（图 2-10）。顶分形为最高的高点左右分别有两根较低的高点（次高点）。底分形为最低的低点左右分别有两根较高的低点（次低点）。最好的视觉化方法就是，举起你的一只手，放在眼前，手指伸开且中指朝上。你的 5 根手指就是连续的 5 根价柱，你的中指指尖就是最高的高点，这就是顶分形。分形形态在价格走势图中随处可见，顶分形和底分形均具有结构的自相似性。顶底分形对于做多或者做空信号相对比较敏感，但顶底分形形态出现后，并非必然导致一轮趋势行情的结束或者开始。判断是否发生趋势行情的转折，还需要结合其他信号来进行综合研判。

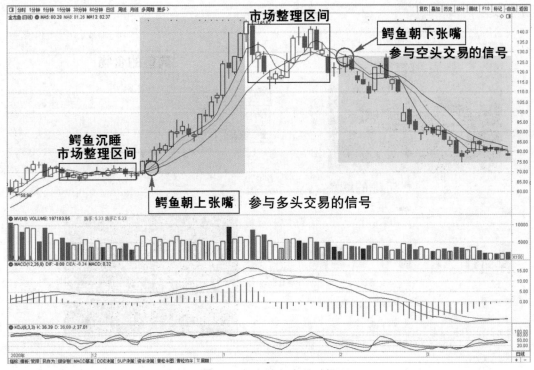

图 2-9　鳄鱼线与交易时机

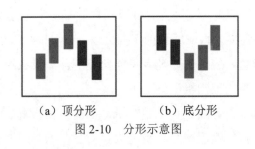

（a）顶分形　　　　（b）底分形

图 2-10　分形示意图

三、对混沌与分形理论的评价

不确定性是证券市场的本质属性，但混沌与分形理论为我们在证券市场高度不确定的情况下，利用其结构的自相似性找到相对的确定性，并利用这个相对的确定性做确定性的交易，提供了理论依据，同时也为我们从另一个角度来理解技术分析的三大假设（价格包容一切、价格沿趋势运动、历史会重复）提供了方法和思路。

鳄鱼线是混沌与分形理论落实到具体交易的"导航地图"，虽然简单，但有效，并且好用。交易者如果能够充分理解鳄鱼线的构成及工作原理，并顺着鳄鱼指引的方向做交易，应该是可以显著提高盈利概率的。当然，不是所有的证券走势都有标准的"鳄鱼沉睡"或者"鳄鱼张嘴"形态，因此，读者不要试图用一个理论来解释整个市场所有个股的走势。交易者可以寻找具有明显鳄鱼线结构特征的标的来做交易，而对没有明显鳄鱼线结构特征的标的则可以忽略或者寻找其他理论的支撑。

除鳄鱼线外，混沌与分形理论还涉及背离柱、动量震荡指标、顶底分形突破等交易方法，但这些微观信号的有效性为15%~30%，只有少数职业交易者才能驾驭。总体而言，混沌与分形理论的核心在于根据"结构的自相似性"来寻找相对的确定性，但《证券混沌操作法》一书对量价形态的自相似性描述稍有不足，对部分和整体的自相似性，过去、现在和未来的自相似性，均未涉及，这无疑是一大遗憾。

第四节 缠论

一、缠论的由来

缠论来源于新浪博主"缠中说禅"的博文。博主从2006年6月7日到2008年8月29日，一共发表108篇"教你炒股票"的博文。据不完全统计，当今世界上有超过100万人在学习和研究缠论。缠论的中枢结构和级别背驰对研判大盘指数有极高的准确性；对具有典型缠论中枢结构的个股而言，也有较高的指导价值。

本节视频课程

扫码学习

二、缠论的核心思想

在股市中，缠，即价格重叠区间，买卖双方展开阵地战的区域；禅，即破解之道。缠论的核心思想包括结构，动力和买点买、卖点卖交易系统。

（一）结构是以中枢为中心的

股票走势可以分为上涨、下跌、盘整3种类型。上涨和下跌就是趋势；盘整就是多空双方开展拉锯战而形成的中枢，中枢没有趋势。趋势与结构是以中枢为核心的，离开了中枢，就无法理解结构。

中枢是买卖双方反复较量的过程，是多空双方开展拉锯战的阵地。图2-11中，A区所示，至少被多空双方拉锯形成3个连续重叠的部分，称为缠中说禅走势中枢。换句话说就是，有价格重叠的"下、上、下"3笔即可形成中枢。其中，a为进入中枢的一笔，b为离开中枢的一笔，A区为中枢，A区中包含价格重叠的"下、上、下"3笔。

类似于"a+A+b"的结构具有自相似性，换句话说，这种结构在同一只股票的不同历史时期、在不同的股票走势类型上，可能会反复重现。结构的自相似性与技术分析三大基石之一"历史会重演"属于同一性质。正因为类似于"a+A+b"的结构不断重演，才为我们捕捉买点或者卖点的信号提供了依据。

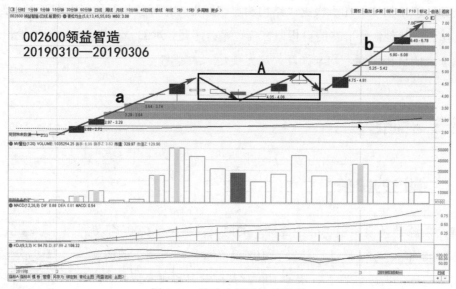

图 2-11　缠论中枢结构示意图

中枢是有级别的，其级别由小到大依次为 1 分钟级别、5 分钟级别、30 分钟级别、日线级别、周线级别、月线级别、季线级别、年线级别。中枢的级别导致结构也有级别，也就是从微观、中观到宏观不同层次的级别结构。

中枢结构有中枢新生、中枢扩张和中枢延伸 3 种类型（图 2-12）。

（1）中枢新生，也称缠中说禅趋势，即在任何级别的任何走势中，某完成的走势类型中至少包含两个或两个以上依次同向的缠中说禅走势中枢。

（2）中枢扩张，即一个缠中说禅走势中枢在完成之前，其走势波动触及上一个走势中枢或延伸的某个瞬间波动区间，由此产生更大级别的走势中枢。

（3）中枢延伸，也称缠中说禅盘整，即在任何级别的任何走势中，某完成的走势类型中只包含一个缠中说禅走势中枢，多空双方在同一箱体内的拉锯超过"下、上、下" 3 笔。

中枢结构越简单，证明其中的一方力量越强大。中枢结构的复杂程度，是考察市场最终动向的一个很重要的依据。一个很复杂的中枢结构过后，就算一方赢了，其后走势也是经常反复的。

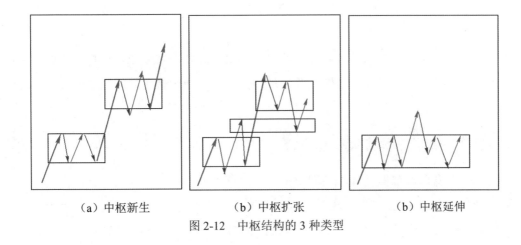

（a）中枢新生　　　　　　　　（b）中枢扩张　　　　　　　　（b）中枢延伸

图 2-12　中枢结构的 3 种类型

（二）动力来源于 MACD 背驰

股价的运行是多空双方能量的变化造成的。多方或者空方的能量大小，决定股价运行的方向和运行动力的强弱。动力的大小可以通过 MACD 是否产生背驰及背驰的强弱来进行表达和衡量。

如图 2-13 所示，价格 B 点相对 A 点而言，已经创出新高，但 B 点对应的 MACD 红柱缩短了，这就是日线级别产生了背驰。同理，C 点相对 B 点而言，也发出了背驰信号。连续 2 次背驰，最终导致价格持续下跌。换句话说，背驰其实就是攻击力度衰竭的表现。

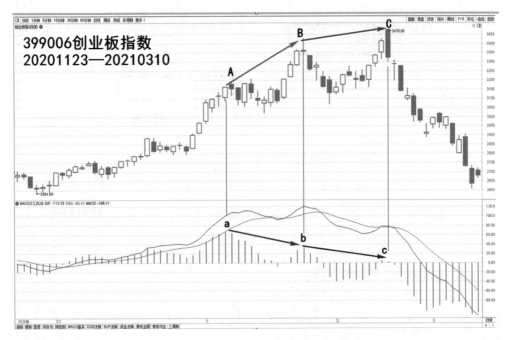

图 2-13　399006 创业板指数的背驰信号

缠论认为，任意背驰都必然制造某级别的买卖点，从图 2-13 可以看出，B 点与 C 点都发出了卖出信号。

背驰是分级别的，级别越大，走势的可持续性就越强。背驰也可以传导，在阶段性的底部或者顶部，一个 1 分钟级别的背驰足够引起日线级别甚至周线级别的转折。背驰可以分为趋势背驰和盘整背驰两大类型。

（三）买点买、卖点卖交易系统

缠论是一套以客观信号为基础的交易系统。这个客观的信号系统，就是借助以中枢为框架结构的趋势力度比较，通过 MACD 背驰发出的信号来确认买点与卖点的，即：买点买、卖点卖。买点买、卖点卖交易系统，又称"傻瓜式"交易系统。不同级别的一、二、三类买卖点的信号是有限的，也是唯一的。

如图 2-14 所示，第一类买点一定是在中枢之下产生的；第三类买点一定是在中枢之上产生的；第二类买点根据具体情况，可能出现在中枢之上，也可能出现在中枢之下。无论哪类买点，都是在下跌或回调的过程中形成的，对应的 MACD 的信号原则是：第一类买点都是在零轴之下背驰形成的，第二类买点都是在第一次上零轴后回抽确认形成的。在牛市里，第三类买点的爆发力是最强的。

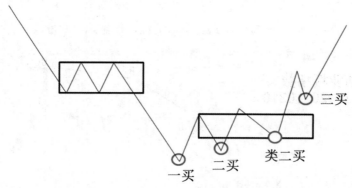

图 2-14 "缠中说禅"之买点信号

与买点信号对应的，则为卖点信号（图 2-15）。第一类卖点一般是根据趋势背驰发出的信号来判断的；第二类卖点为一卖信号出现之后，股价回踩反弹不创新高；第三类卖点为股价跌破中枢，反弹的最高点不再进入中枢。

（四）客观信号与风险控制

缠论认为，技术分析最核心的问题就是分类。市场只有两种：能操作的市场和不能操作的市场。市场不是慈善场所，而是狩猎场，一个好的猎手，需要有一双明亮的眼睛，

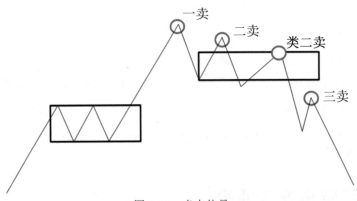

图 2-15 卖点信号

以便捕捉信号。猎物不是你想到的，也不是分析得到的，而是你眼睛所看到的。要相信自己的眼睛。客观信号中最重要的是结构，只有看清楚结构才能找到买点和卖点。如果市场是一部提款机，那么只有时机到了，才能去提款，时机不到就一定要忍耐。也就是说，要懂得持有上涨段，回避盘整段和下跌段。炒股，就是投机，就是要通过市场的波动赚取利润，而不是投资，要投资的话就去办实业好了。

缠论认为，不加风险控制的操作不是好的操作。风险控制的启动与盈亏无关，不是因为亏多少就要斩仓，而是因为技术形态由以前的可以操作演变为不可以操作了。任何一种确定的信号，都不可能保证完全符合预期。不确定性是股票市场固有的特性，股价的运行受多重因素的影响，因此会出现确定会上涨的股票却突然"掉链子"的情况，而且这种情况是常见的。这种情况出现在熊市里的概率在 80% 以上，出现在牛市里的概率为 30% 左右。

三、对缠论的评价

由于缠论的理论基础来源于混沌与分形理论，同时也借用了均线与 MACD 等传统技术分析指标，因而缠论并非百分之百的原创性理论。缠论的最大贡献在于提供了一套以中枢结构和动力来源为核心的分析框架。缠论的中枢结构和 MACD 背驰对研判大盘指数有极高的准确性；对具有典型缠论中枢结构的个股而言，也有较高的指导价值。

缠论的缺陷主要体现在以下 3 个方面。

（1）新浪博主"缠中说禅"试图用一个理论解释股票市场上的所有技术现象，试图用一个分析框架解决所有问题。正因为如此，博文中多处出现自相矛盾的断语，很难自圆其说。其实，股票市场是一个多元化的市场，只有一部分股票的走势具有典型的缠论结构，缠论也只能解释股票市场上的一部分现象。

（2）博主"缠中说禅"创造了诸多概念、原理和定理，如 K 线、笔、线段、级别、走势类型、区间套、走势的递归性、走势的结合律、走势的多义性等，这些概念、原理和定理常常把读者搞得晕头转向。

（3）缠论忽视了成交量这一关键因素。任何忽视成交量的理论，都是存在问题的。

当然，任何理论都有其长处和短处，我们在实际操作中可以借用其他理论来丰富和完善缠论的分析框架。任何理论都无法包罗万象，因此我们只选择那些具有明显的缠论结构的标的来操作即可，对那些明显看不出缠论结构的标的，我们没有必要非要套用缠论。

第五节　新资金流派理论

一、新资金流派理论的由来

确切地说，新资金流派理论是一种实战交易理念，是具有中国特色的市场操作理论。与以往的价值投资、技术分析等流派迥然不同，新资金流派认为应该"永远只关心市场上最赚钱的一部分资金，永远只研究和跟随市场上最赚钱的一小群主力"，然后学习他们的操盘手法，观察各种盘中异动，辨识其建仓、洗盘、拉升和派发的形态结构，一旦确定是自己所要依傍的"目标"，便择机搭上便车，享受快速拉升或者长期慢牛带来的差价红利。

本节视频课程

扫码学习

新资金流派通过对参与 A 股市场的资金进行分类，把那些对个股具有相对控盘能力、能够显著影响个股走势的主力，称为"聪明的资金"。统计研究显示，一周之内上涨 30% 的个股，平均每年差不多超过 200 只。只要一年中在这 200 只个股当中逮住哪怕一两只，资金的收益率就可超过绝大多数人。

二、新资金流派理论的核心思想

（一）股票的涨跌与资金的流向及金主操盘的习性有关

新资金流派认为，既然股市的"一赚二平七亏损"定律不变，那么就说明市场上总有一小部分精英在赚大多数人的钱。因此必须重视研究这一小部分精英的投资策略，研究他们的投资标的，识别他们建仓、洗盘、拉升与派发的行为习惯和运动规律，从而选边站队，及时介入。

新资金流派认为，交易者应该把主要精力用于跟踪资金的流向，特别是跟踪市场上最活跃的那一部分金主。所谓金主，就是我们平时所说的主力。不同的主力，操作手法是不一样的，因此捕捉盘面资金异动和结构形态的变化，是参与市场交易的主要依据。

新资金流派宣称："不关心大盘，不关心热点，不关心政策，不唯阴谋论，不听小道消息；能够睡到早上 9 点起床，就绝不 7 点起来看财经新闻。"他们之所以不关心大盘、不关心热点，是因为有市场上最活跃的主力、最聪明的团队在帮助他们关心，在帮助他们甄别股票的优劣。专业的工作交给专业的人去做，自己要做的就是跟随。

（二）对市场资金主力进行分类甄别

新资金流派认为，市场上只有三大主流资金可以左右个股的涨跌，即机构（含公募基金、部分私募基金和 QFII 等）、游资和庄股。散户虽多但没有力量，只能起到助涨助跌的作用。这三大类型资金的投资目的、投资限制、决策机制、信息披露原则、分配机制、操盘手法、外在表现形态有着巨大的差别。

机构属于价值投资性质的资金集团，以长期持有某些个股为显著特征。如图 2-16 所示，大多数机构操作的股票都具有"均线思维"的痕迹，股价沿着某条均线徐徐上行，即使回踩也是以不跌破某些重要的均线为前提，偶尔有涨停板，但很少有连续的涨停板，即便有连续的涨停板，一般也不超过 3 个。当股价严重偏离其内在价值时，股价就会

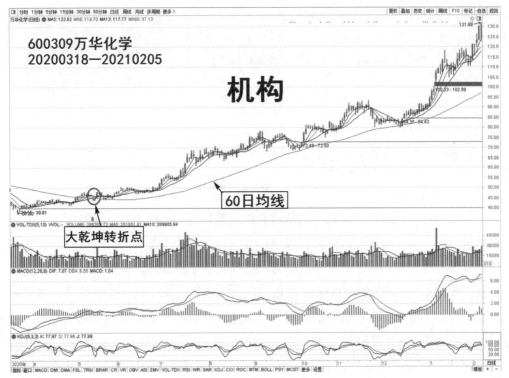

图 2-16　机构抱团操作的标的

下跌，但一般不会瀑布式地下跌，高位震荡之后，也会沿着某条均线徐徐阴跌，直至其股票价格远远偏离其内在价值才会慢慢回升。

游资属于自由组合性质的资金集合体，是为追逐高额利润而在各金融市场之间流动的热钱。游资是证券市场上一股来无影去无踪的强大力量，江湖上流传着温州帮、山东帮、佛山系等多家派系，各派系手法各异，有凶悍的，有温柔的，其操作手法的共同点是：利用热点事件突击拉升，不断用增量资金拉升涨停板，而且是连续的涨停板。如图2-17所示，2020年7月底至9月初，300313天山生物就是典型的游资操作的标的。

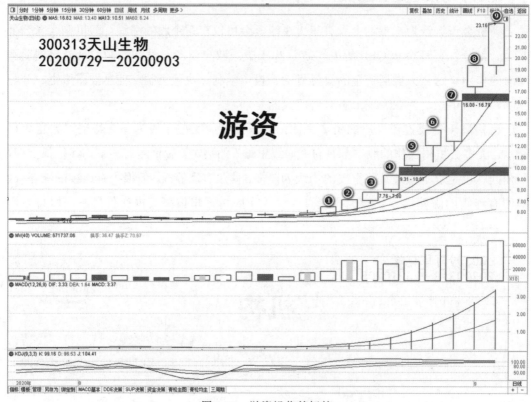

图 2-17 游资操作的标的

庄股指的是以绝对控盘某只个股从而获得超额利润的一股力量。庄股有两类：一类为"狼狈为奸"型，即长期入驻某只股票，与股份公司的主要负责人有着特殊的关系。股份公司负责策划利空消息或者利好消息，庄家负责股价操作，赚钱之后按照约定的比例分成。如图2-18所示的603988中电电机，就是因资产重组而一字板拉升，属于典型的"狼狈为奸"型庄股操作的标的。另一类为"人弃我取"型，专找市场上那些"绩差股""ST个股"，在"千山鸟飞绝，万径人踪灭"的情况下入驻。不论哪种类型的庄股，其典型的特征都是：完成建仓后，一般用连续的一字板拉升，然后在相对高位派发。图2-19所示的002323ST百特就是"人弃我取"型庄股操作的标的。

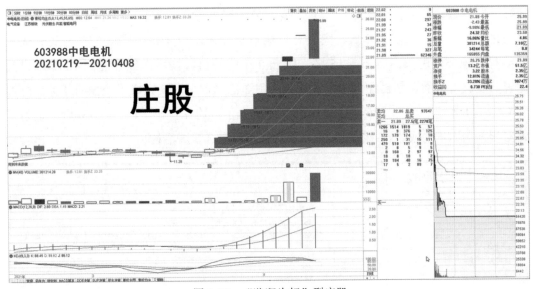

图 2-18 "狼狈为奸"型庄股

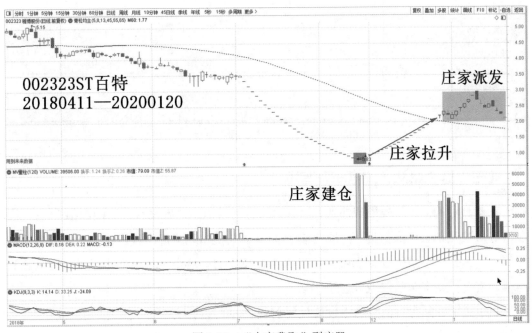

图 2-19 "人弃我取"型庄股

　　一般而言，查阅十大流通股东的信息，对于识别机构、游资及庄股有一定的帮助。凡是游资或者庄股控制的个股，十大流通股东大多为"自然人"。在图 2-20 中可以清晰地看到 002323ST 百特的十大流通股东中有 8 个是"自然人"。机构持股的数量仅有 0.48 万股，这个数量几乎可以忽略不计。该股因涉嫌造假、信披违规、连续亏损等原因在 2018 年连续出现 27 个跌停。从 2016 年 4 月 8 日最高价 57.78 元（中间有除权），跌到 2018 年 8 月 14 日的 1.19 元，可谓是非常惨烈。大家看着它，仿佛见着瘟疫病毒一样，躲得远远的。但就是这样一只烂股，被庄家搞得风生水起。在连续跌停27个一字板之后的2018年8月14日，突然有巨额资金介入，当天换手率达33%，其后两天继续有巨额资金进入，14日、15日、16日3个交易日，换手率累计达到100%。也就是说，能够出货的，都已经倒出来了。主力用2亿元资金，就完成了控盘的任务。既然货都到了庄家手中，那么就可以肆无忌惮地拉升了。连续拉出17个一字板后，主力开始出货。主力平均成本在1.2元左右，平均出货价在3.2元左右。

指标/日期 机构持股	2019-12-31
基金家数(家)	1
基金持股(万股)	0.48
占流通A比(%)	0.00
QFII家数(家)	—
QFII持股(万股)	—
占流通A比(%)	—
保险家数(家)	—
保险持股(万股)	—
占流通A比(%)	—
券商家数(家)	—
券商持股(万股)	—
占流通A比(%)	—
社保家数(家)	—
社保持股(万股)	—
占流通A比(%)	—

002323ST百特

十大流通股东

●十大流通股东 截止日期:2019-09-30
前十大流通股东累计持有: 1.49亿股，累计占流通比:47.03%，较上期变化

股东名称	股东类别	持股数(万)	占流通股比%
季銮余	自然人	7325.77	23.06 A股
瑞都有限公司	其他机构	6021.60	18.96 A股
景昊	自然人	381.29	1.20 A股
上海华敏置业(集团)有限公司	其他机构	240.29	0.76 A股
李国琼	自然人	232.60	0.73 A股
毛瓯越	自然人	199.98	0.63 A股
陆永	自然人	158.81	0.50 A股
吕伟	自然人	132.96	0.42 A股
黄桂英	自然人	130.01	0.41 A股
孙权	自然人	115.30	0.36 A股

图 2-20 002323ST 百特十大流通股东与机构持股数量

（三）选边站队，"搭车"有术

无论是机构，还是游资或庄股，"各村有各村的地道，各家有各家的绝招"。因此，在做好辨识甄别工作的前提下，根据自己的资金规模和风险好恶程度找准自己的定位，才能"上车"，不是随便什么金主都可以"搭车"的。这个工作也并不轻松，因为稍有不慎，就会掉入多头陷阱或者空头陷阱。

新资金流派认为，机构属于价值投资的资金，一般会有均线思维的特征，操作稳健，稳打稳扎，适合安全第一的大资金"搭车"；游资属于职业投机资金，一般会使用市场最极致的打法，在高风险中获取高额利润，是小规模资金短线"搭车"的最佳对象；而庄股有吃独食的习性，几乎不给人"搭车"的机会。

新资金流派还认为，市场上大部分散户是搞不清楚这三大主流资金的，更不知道这三大主流资金的操盘模式和操盘模式体现出来的外在表现——股价运行的结构形态，因此选边站队的问题也就无从谈起。即使部分散户知道这三大主流资金，但有时候辨别不清楚，错把游资当公募、把庄股当游资的现象也时有发生。一旦辨别错误，就会带来操

作思路的混乱。操作思路混乱，就容易造成"今天跌停割肉，明天涨停追击"，结果是两面挨耳光。因此，大部分散户就成为股票市场上天然的"韭菜"。这些"韭菜"为数众多，大部分没有经历过学习和培训，都是怀着发财梦冲进股票市场的。

三、对新资金流派理论的评价

股价的波动首先应该是由市场资金流动的变化引起的。新资金流派抓住了资金性质与资金流向这个证券市场的核心问题，抛开了诸如价值投资、技术分析等复杂而又烦琐的分析手段，直接面对市场的"血液"——资金，因而具有稳、准、狠的特征。在实战交易中，一旦真正识别了金主的性质及抓住了资金异动信号，就会对实战交易具有较高的指导价值。

但是，对资金的性质进行甄别，看起来简单，实际上是一项专业技术，对一般的投资者而言，要掌握这门技术是有一定难度的。因此，新资金流派理论自从诞生以来，未被大规模流传。

随着中国 A 股市场法律的完善和监管的趋严，游资和庄股打法律擦边球的活动空间将会不断缩小。

【即测即练】扫描书背面的二维码，获取答题权限。

第三章
证券投资分析方法

第一节 趋势与周期

一、趋势

（一）趋势的概念

趋势即事物发展的方向。对证券市场而言，特指股价或者其他交易品种价格运行的方向，包括短期运行方向和中长期运行方向。价格运行的方向，要么上涨，要么下跌。横盘震荡是没有方向的，横盘之后，一定会选择一个方向，要么趋势上涨，要么趋势下跌。这个"方向"，某种程度上，是可以用均线系统来进行测量的。比如，均线系统"多头排列"就是趋势上涨；均线系统"空头排列"就是趋势下跌。

本节视频课程

扫码学习

（二）如何确认趋势

如何确认趋势？一般来说，任何一个中长期上升趋势的形成，一般会有3个先后出现的确认信号。如果3个信号全部到齐，一个中长期的上升趋势或者中长期下跌趋势的雏形就开始了。

是哪3个信号呢？

第一个信号是底分形或者顶分形。

中长期上升趋势一定是从底分形开始的。底分形之后，并非一定会扭转原来的下跌趋势，但下跌趋势扭转时，一定会出现底分形信号。底分形有4种类型，由强至弱依次为：超级底分形、强底分形、一般底分形、弱底分形。

反过来，中长期下跌趋势一定是从顶分形开始的。顶分形之后，并非一定会扭转原来的上涨趋势，但上涨趋势扭转时，一定会出现顶分形信号。顶分形有4种类型，由强至弱依次为：超级顶分形、强顶分形、一般顶分形、弱顶分形。

如何对分形做分类？分类的标准是什么？原则上参考四柱之间的包含关系以及参考是否有跳空缺口来进行强弱的分类。

如图 3-1（a）所示，图的上半部分 A、B、C、D 四柱组合为超级顶分形，图的下半部分 E、F、G、H 四柱组合为超级底分形。

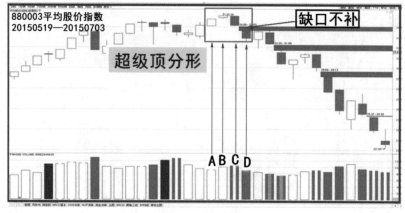

（a）超级顶分形

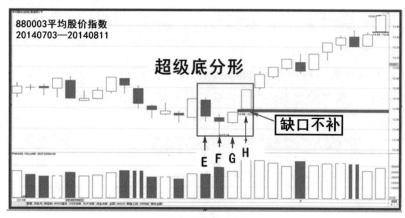

（b）超级底分形

图 3-1　超级顶分形与超级底分形

如图 3-1（b）所示，E、F、G、H 组合为超级底分形，这种分形形态中 4 根柱子互不包含，并且第三柱或者第四柱之后有筹码交换断层（跳空实缺）。

I、J、K、L 组合（如图 3-2）为强底分形，这种分形形态中 4 根柱子互不包含，并且第三根或者第四根柱子有跳空高开的行为但无筹码断层（有跳空但无筹码断层，为虚缺）。

一般底分形就是 4 根柱子虽然没有相互包含的形态，但第三根和第四根柱子之后没有跳空高开的行为。

A、B、C、D 组合（如图 3-2）为弱底分形，因为 C 柱完全被 B 柱包含了。

弱底分形后走势比较纠结，很可能会继续原有的下降趋势。一般底分形后走势一般，有可能转折为上升趋势，也有可能继续走下降趋势。强底分形后走势较强，转折为上升趋势的可能性较大。超级底分形后走势一般比较凶猛，大概率成为下跌趋势的扭转点，并开启一轮上升趋势。

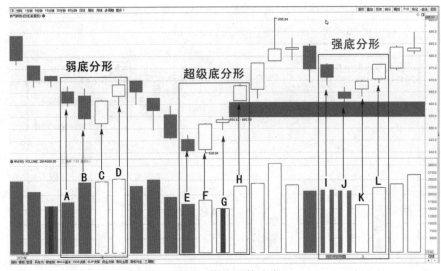

图 3-2　底分形的分类

不过，不管出现哪种底分形，都不能确认趋势已经转折。要继续确认上升趋势，还得借助乾坤转折信号。

第二个信号是小乾坤转折或者小乾坤倒转。

下面以 880455 供气供热板块指数为例进行介绍，如图 3-3 所示。

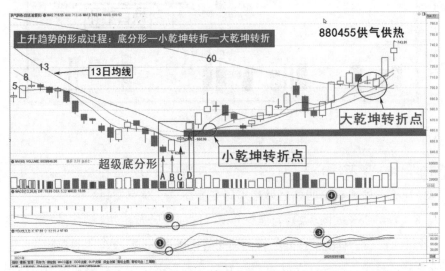

图 3-3　趋势形成的三部曲

小乾坤转折是指完成底分形后，5 日均线上穿 8 日均线，8 日均线上穿 13 日均线，即短期均线组（5、8、13 日均线）呈现多头发散的形态。小乾坤转折出现，意味着短期上涨趋势得以确认。

小乾坤倒转是指短期趋势朝下的信号，即 5 日均线和 8 日均线下穿 13 日均线。小乾坤倒转出现，意味着短期下跌趋势得以确认。

第三个信号是大乾坤转折或者大乾坤倒转。

大乾坤转折是指完成底分形和小乾坤转折之后，短期均线组（5、8、13 日均线）上穿中长期均线组（45、55、65 日均线），并且股价上去之后，回踩的时候，13 日均线不跌破中长期均线组。为方便起见，我们一般用 60 日均线这一根线代替中长期均线组的 3 根线。大乾坤转折的出现，意味着中长期上涨趋势得以确认。

反过来，大乾坤倒转是指中长期趋势朝下的信号，即 5、8、13 日均线组下穿 60 日均线。大乾坤倒转的出现，意味着中长期下跌趋势得以确认。

当然，还可以借助 KDJ 和 MACD 指标进行协助判断。如图 3-3 所示，在小乾坤转折和大乾坤转折处的附近，都会有 KDJ 金叉出现。大乾坤转折完成时，MACD 的快慢线都会上穿零轴，MACD 的红柱一定会出现。于是得到两个定理：

高氏趋势定理 1：一个上升趋势的形成，必须经过底分形、小乾坤转折和大乾坤转折这 3 个步骤。

高氏趋势定理 2：一个下降趋势的形成，必须经过顶分形、小乾坤倒转和大乾坤倒转这 3 个步骤。

图 3-4 所示为股指期货 IF300 沪深 300 的走势图，其下降趋势的确认经过顶分形之后，5 日均线和 8 日均线下穿 13 日均线，此时小乾坤倒转信号确认。当短期均线组（5、8、13 日均线）下穿 60 日均线时，大乾坤倒转信号确认。

图 3-4　IF300 沪深 300 的走势图

（三）趋势规律的应用

趋势不容易形成，一旦形成，就不容易改变。一旦改变，就不要幻想立马会得到扭转。

如果趋势朝上被确认，买进股票，大概率会有盈利；反之，如果趋势朝下被确认，原则上不宜持有股票，并且不能买进。空仓等待是一种痛苦的体验，但总比被套在里面要舒服很多。

但是，如果做期货等金融衍生品，那么两个方向都可以操作：趋势朝上被确认，则开多单；趋势朝下被确认，则开空单。因此，高氏趋势定理1和高氏趋势定理2，对于操作金融衍生品而言，更为有效。

二、周期

（一）周期的概念

事物在运动、变化过程中，某些特征多次重复出现，其连续两次出现所经过的时间，或者事物发展进程中其重复出现的一次现象从头至尾经历一遍所需要的时间，叫周期。

证券市场的周期与技术分析三大基石之一"历史会重演"的内涵是一致的，特指证券价格波动的某一段区间，从低点到高点，又从高点到低点所需要的时间和空间。

我们常说人的成功需要"天时、地利、人和"的配合，其中的"天时"排在首位。证券交易的三大要素"择券、选时、资产配置"中，"选时"是关键。"天时"与"选时"背后的逻辑都是周期。

（二）周期的分类

霍德华·马克斯把周期分为基本面周期、心理周期、市场周期3类。

基本面周期包括经济周期、政府调节逆周期、企业盈利周期等多个维度。对这些维度的分析，需要有高质量的数据、丰富的周期经验，一般来说，机构投资者可以借助较强的信息获取能力和强大的专业团队力量来实现。但对普通的公众投资者来说，信息获取能力有限，个体专业能力也做不到面面俱到，因此，普通的公众投资者在证券市场竞争中，处于相对的弱势地位。

心理周期包括市场情绪周期和风险态度周期。对这方面的分析，也需要专业团队来实现。普通的公众投资者一样处于相对的弱势地位。

市场周期集所有其他周期于一身，再加上随机性的影响，形成了股市波动周期。换句话说，基本面加上心理面，决定了证券市场面。当然，市场面反过来也会影响基本面和心理面。

市场周期中，除了上涨与下跌周期，还有两个重要概念，即结构性周期和题材周期。

结构性周期主要是指与大盘指数不一致的板块指数，或者与板块指数不一致的个股。比如，如图 3-5 所示，2021 年 2 月 18 日至 2021 年 4 月 21 日这段时间，999999 上证指数的趋势是朝下的，而 880973 医美概念指数却是朝上的，这就是结构性周期。也就是说，板块指数的涨跌周期与大盘指数的涨跌周期是反着的，我们把这种结构性现象叫作"冬天里的春天"，大盘指数犹如寒冬般萎靡不振，而医美概念指数却如春天般生机盎然。

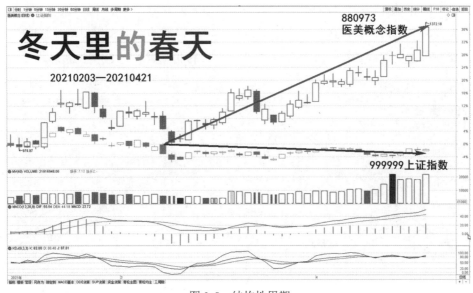

图 3-5　结构性周期

题材周期是指某个题材发酵的持续性，包括时间的持续性和价格波动的区间幅度。题材的级别不同，则其发酵的时间和波动的区间就不同，有些题材的周期可以持续 6 个月至一年，而有些题材周期只有 2 小时就结束了。关于题材的级别，我们在本章的第四节再讲。

（三）周期规律的应用

了解周期规律的目的只有一个，即应对周期、利用周期，从而赢得更多的利润。

对于股票交易来说，应对周期的第一点就是了解市场周期处于什么样的位置。具体到个股，就是要看清楚当下是处于上涨周期还是处于下跌周期。

以 002869 金溢科技为例（图 3-6），该股在 2019 年 1 月 14 日的 A 点至 2020 年 2

月 26 日的 B 点期间为上涨周期，而 B 点至 2021 年 4 月 2 日的 C 点期间为调整周期。在上涨周期，该企业的基本面较好；而在下跌周期，企业的基本面与上涨周期内的基本面基本一致，并无显著变坏的迹象，但股价就是一路朝下。股价从 B 点开始一路朝下的最大原因，就是周期在起作用。大涨之后必然伴随大跌，犹如海水潮起潮落的规律一样。

对于交易者而言，如何把握好上涨周期，避免参与调整周期，是股票交易能否获利以及获利多寡的一个重要问题。股票涨跌周期是可以借助一些客观信号来确认的。例如，上涨趋势三部曲和下跌趋势三部曲，经过市场的验证，是可以感知的。

图 3-6 中的 A 点，就是在完成底分形、小乾坤转折及大乾坤转折三部曲之后，使上升趋势得到确认的点。而 B 点是一个典型的顶分形，只不过，要确认 B 点为下降趋势的起始点，虽然需要延后一段时间，但也是三部曲：顶分形、小乾坤倒转，大乾坤倒转。三部曲完成，下降趋势得以确认。在下降趋势中，原则上不可以买进做多，是谓"休整"阶段。直到再次出现底分形、小乾坤转折和大乾坤转折信号，才能买进做多。

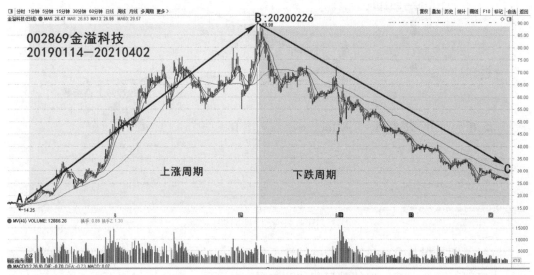

图 3-6　002869 金溢科技走势周期图

在这里必须强调一点，即上涨周期和下跌周期，在时间上并不一定会有对称关系。大多数情况下，A 股市场中上涨周期较短，而下跌周期相对较长。以 300624 万兴科技在 2018 年 2 月 2 日至 2019 年 2 月 14 日的走势为例（图 3-7），从 A 点到 B 点为价格上涨周期，耗时 23 天；而从 B 点至 C 点为价格下跌周期，耗时长达 9 个月左右。

周期有三大规律：第一，任何事物的发展都不会是一条直线，而是一条起伏的曲线；第二，历史不会重演过去的细节，但历史会重复相似的过程；第三，市场周期围绕基本趋势线上下波动，走到一个极端后会冲向另一个相反的极端。

图 3-7　300624 万兴科技走势周期图

第二节　结构与形态

一、结构

　　结构是事物自身各要素之间相互关联和相互作用的方式，包括事物构成要素的数量比例、排列次序、结合方式和因发展引起的变化。结构是事物组织化、系统化存在的形式，一切事物都有结构，事物不同，其结构也不同。形态是指事物的形式或状态，也就是事物存在的样貌或在一定条件下的表现形式。

本节视频课程

扫码学习

　　证券市场中所指的结构，是指证券价格运行的一种运行轨迹，连同成交量所形成的一种框架。结构框架可以分为 3 个级别，即宏观框架为趋势，中观框架为结构，微观框架为形态。比如，缠论结构、波浪结构、双底结构、双顶结构、均线组合结构、箱体结构、洛氏霍克结构等，都有非常明晰的中观结构。但也有一些股价运行的轨迹较为混沌，看不出清晰的结构。而有清晰结构的图形，体现的是主力的控盘能力，也体现了市场合力的井然有序。

　　结构是可以感知的，证券市场中的结构和形态，都是可以用眼睛看到的，其构成要素包括价柱、量柱以及时间和空间。结构是趋势的构成要素，而形态是结构的构成要素。也就是说，趋势中包含了结构，而结构是由形态组成的。实战交易中，根据结构来选择买进或者卖出时机，是非常重要的基本功。一旦看错结构，难免步步走错。

技术分析中所指的结构，包括均线结构、波浪结构、洛氏霍克结构、双底结构、缺口结构、缠论中枢结构。

（一）均线结构

均线结构有以下两种类型。第一种类型即均线自身的排列方式，包括均线缠绕结构、均线多头发散结构、均线空头发散结构。如图3-8所示，A区和C区均为均线缠绕结构，此时价格处于上下震荡区间，没有明确的趋势与方向；B区为均线多头发散结构，此时价格处于不断上升区间，价格趋势的方向是上升；D区为均线空头发散结构，此时价格处于不断下跌区间，价格趋势的方向是下降。第二种类型即均线的支撑与压力结构。股价由上而下运动，遇到某条重要的均线时，往往具有支撑作用。股价由下而上运动，碰到某条重要的均线时，往往具有压力作用。

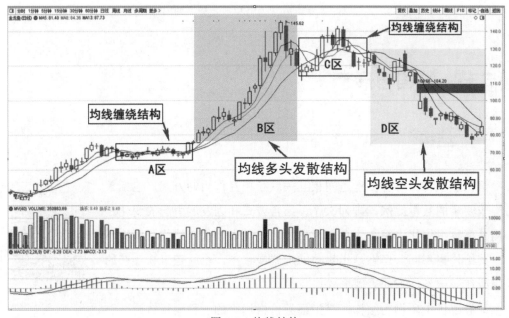

图 3-8　均线结构

（二）波浪结构

波浪结构也称波浪理论，有3个重要因素，即形态、波幅与时间。其中，最重要的是形态。在看似混沌的市场行为中，有些形态会不断地重复出现，这些形态连接之后，就形成结构。在股市涨跌的过程中，一个完整的波浪结构包含8波，即5波上升和3波下降（图3-9）。走完5波上升，意味着上升趋势结束；反过来，走完3波下降，就可能意味着下降趋势结束，接下来有反弹或者反转。

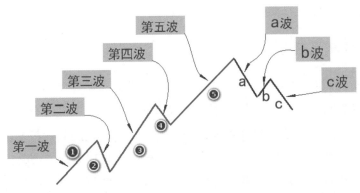

图 3-9 完整的波浪结构

波浪结构有 3 条铁律：（1）第三波往往是最大的波段，但有时第五波会走延长波段，所以第三波绝对不会是最短的波段。（2）第四波低点不得与第一波高点产生重合（但有例外，并非绝对）。（3）第二波与第四波中必然有一个是简单波，另一个是复杂波（有例外，不绝对），即交替原则：如果第二波复杂，则第四波简单；如果第二波简单，则第四波复杂（图 3-10 和图 3-11）。

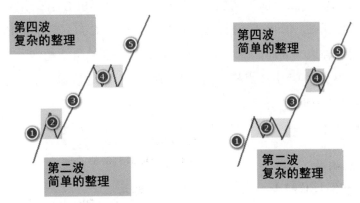

图 3-10 波浪结构的上升浪结构

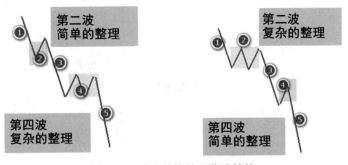

图 3-11 波浪结构的下降浪结构

这里需要说明的是，波浪结构只是众多结构中的一个分支，不是所有的股票都具有清晰的 5 波上涨结构或者清晰的 3 波下跌结构。不要试图拿到一只股票走势图就去数波浪。很多股票的走势是无法数波浪的。如果没有明显的结构形态，就不要硬去数波浪。

（三）洛氏霍克结构

洛氏霍克是美国著名的投资家和交易大师。他的家族在 19 世纪 80 年代就进入了证券市场。受家族文化的影响，他从 14 岁开始接触交易。他一生中有 60 多年的交易经历，而且获利丰厚。他绝大多数时候只看 K 线图做交易，很少使用其他技术指标。

简单地说，洛氏霍克结构就是一组 K 线组合形态，根据某段走势的相邻两个高点一个低点或者两个低点一个高点来预判股价运行的方向。换句话说，洛氏霍克结构就是根据 K 线的形态对走势类型进行分类，将结构分为上涨趋势结构、下跌趋势结构及盘整结构。

洛氏霍克结构具有简单实用的特点，特别是在一轮趋势行情里，对踩准涨跌节奏具有极高的指导价值。

1. 标准的洛氏霍克上涨趋势结构

标准的洛氏霍克上涨趋势结构一般出现在相对低位。以 300265 通光线缆为例（图 3-12），A、B、C 三点即可构建一个结构，这里只要求 C 点比 A 点高即可。取 A 点、C 点的最低点画线，即形成一根上升趋势线。不过，C 点之后价格必须突破 B 点，上升趋势才能得以确认。因此，一个完整的洛氏霍克上涨趋势结构是由 A、B、C 三点，再加上一个升破 B 点的信号 D 点构成的。A、B、C 三点是基础，D 点是确认。因此，也可以说四点组合形成一个菱形结构，确认上升趋势。

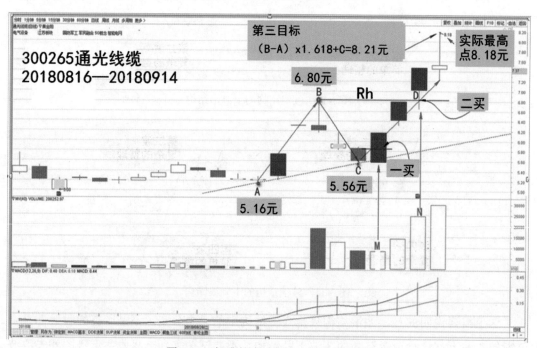

图 3-12　标准的洛氏霍克上涨趋势结构

相对低位的洛氏霍克结构一旦形成，事实上就是底分形的第二次确认。原则上，洛氏霍克结构一旦被确认，上涨趋势就已经形成。

洛氏霍克结构上涨的强度是不一样的，但可以通过黄金分割比例数据来进行预测：

（1）预期目标 E1＝（B－A）×0.618＋C

（2）预期目标 E2＝（B－A）×1＋C

（3）预期目标 E3＝（B－A）×1.618＋C

仍然以 300265 通光线缆为例，图 3-12 中，第一目标价位 E1＝（B－A）×0.618＋C＝（6.80－5.16）×0.618＋5.56＝6.57（元）；第二目标价位 E2＝（B－A）×1＋C＝（6.80－5.16）×1＋5.56＝7.20（元）；第三目标价位 E3＝（B－A）×1.618＋C＝（6.80－5.16）×1.618＋5.56＝8.21（元）。

实际走势是 2018 年 9 月 14 日对应的最高点为 8.18 元，与预测的第三目标 8.21 元非常接近，只相差 0.03 元。

2. 标准的洛氏霍克下跌趋势结构

一个标准的洛氏霍克下跌趋势结构一般出现在相对高位。以 002628 成都路桥为例（图 3-13），该股在 2016 年 2 月底 3 月初，在相对高位出现洛氏霍克结构，即 A、B、C 三点。C 点是阶段性高点 A 点之后出现的一个次高点，因为无法超越 A 点而掉头朝下，D 点使其下跌趋势得以确认。沿着 A 点、C 点的最高点连线 AC，即为下跌趋势线。

图 3-13　标准的洛氏霍克下跌趋势结构

下跌趋势一旦获得确认，则可用黄金分割比例数据来进行预测：

（1）预期目标 E1=C－（A－B）×0.618

（2）预期目标 E2= C－（A－B）×1

（3）预期目标 E3= C－（A－B）×1.618

代入数据，002628 成都路桥在跌破 8.23 后，预期第二目标 E2= C－（A－B）×1=9.58－（10.35－8.23）×1=7.46（元）；预期第三目标 E3= C－（A－B）×1.618=9.58－（10.35－8.23）×1.618=6.15（元）。

而实际走势 7.38 元与预期第二目标 7.46 元相差 0.08 元；实际走势 6.45 元与预期第三目标 6.15 元相差 0.3 元。虽然有一定的误差，但不降低预测对于实战的指导价值。

与其他结构一样，洛氏霍克结构是一种特殊的结构形态，并非所有的证券价格走势都会有明显的洛氏霍克结构。实盘中，完成第一目标或者第二目标后，价格掉头朝下走缠论的"下、上、下"中枢结构也是常见的。如图 3-14 所示，A、B、C、D 四点构成洛氏霍克结构。但价格运行到 D 点，也就是完成洛氏霍克结构的第一目标后，接下来有两种可能：第一种是继续朝上，走 E 点的方向，向洛氏霍克结构第二目标或者第三目标进发，这就是洛氏霍克结构的延续；第二种是在 D 点就拐头朝下，走 F 点的方向，这时洛氏霍克结构就演变为缠论的中枢结构了。

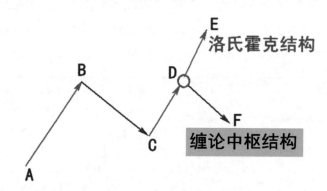

图 3-14　洛氏霍克结构与缠论中枢结构的演化（1）

在实战中，达成第一目标后的洛氏霍克结构还可能演变为 3 浪下跌或者 5 浪下跌（图 3-15），从洛氏霍克结构重新回到起点附近，演变为双底结构。

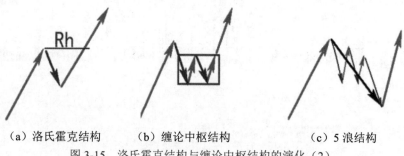

（a）洛氏霍克结构　　　（b）缠论中枢结构　　　　（c）5 浪结构

图 3-15　洛氏霍克结构与缠论中枢结构的演化（2）

（四）双底结构

股价经过连续下跌后，一般会开展自动反弹，不管反弹力度如何，都有可能在此形成第一次底分形。底分形后，价格开始徐徐回升，但当遇到左侧的压力时，大概率还有一次对底部的回踩，也就是市场会对左侧这个底部进行再次测试。当价格再度回落到第一次底分形的附近，并在此形成第二次底分形的结构形态时，双底结构就形成了。如果反复回踩多次，就形成了三重底或者多重底。

以 002898 赛隆药业为例（图 3-16），该股在 2017 年 11 月连续下跌，直到 12 月 6 日的 A 点获得止跌回升，之后有一波弱势反弹，随即又继续下探。在 12 月 21 日的 B 点再次止跌回升。A、B 两点几乎在同一水平线上，形成双底结构。

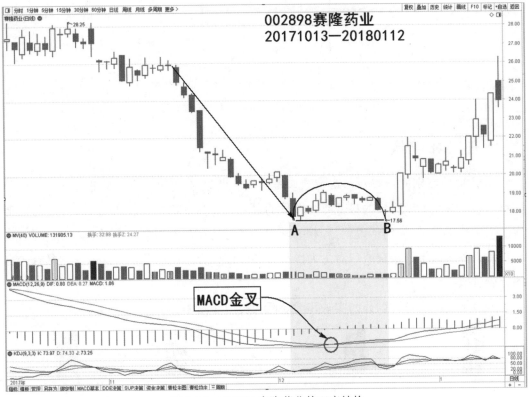

图 3-16　002898 赛隆药业的双底结构

价格在同一水平线附近形成两次底分形的形态，这本身就是一种结构。但是否为一个稳定的双底结构，还需要借助 MACD 指标来观察。如果 A 点、B 点之间出现 MACD 金叉信号，那么这种双底结构就被认为是有效的。如果 A 点、B 点之间没有出现 MACD 金叉信号，那么这种双底结构是不稳定的，价格有可能还要继续原有的下跌趋势。

我们再看 600520 文一科技（图 3-17），在 2017 年 11 月构筑底部期间采用的三重底。原因是在完成①、②双底之后，MACD 还未出现金叉信号。直到③出现，也就是三重底出现，MACD 终于出现了金叉信号，筑底才算完成，其后才有一轮上涨行情。

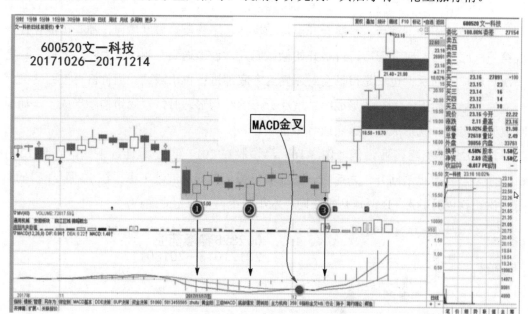

图 3-17　600520 文一科技的三重底结构

（五）缺口结构

从日 K 线级别的形态看，跳空缺口是因相邻两根 K 线的今日的最低点与昨日的最高点（向上跳空）或昨日的最低点与今日的最高点（向下跳空）之间没有产生交集而形成的一种特殊形态，换句话说就是，相邻两根 K 线之间存在筹码交易的断层。实战交易中，这种具有筹码断层的跳空缺口对主力操盘意图、市场合力检测及价格运行方向具有较高的分析价值。

一般来说，缺口可以分为实缺和虚缺两大类型（图 3-18）。

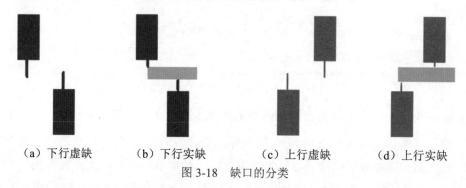

（a）下行虚缺　　（b）下行实缺　　（c）上行虚缺　　（d）上行实缺

图 3-18　缺口的分类

实缺，即两根相邻 K 线之间，前一根与后一根的价格活动区间无交集，即存在一个筹码交换断层区间。这种存在筹码断层的缺口称为实缺。

虚缺，即两根相邻 K 线之间有上下影线或者实体重叠，无筹码交换断层区间。这种没有筹码断层的缺口称为虚缺。

以 601811 新华文轩在 2018 年 12 月 13 日至 2019 年 1 月 23 日的走势为例（图 3-19）进行说明，A、B 两个价柱之间形成的缺口，在 9.35 元与 9.48 元之间存在一个筹码交换断层，因此这个缺口叫作实缺。

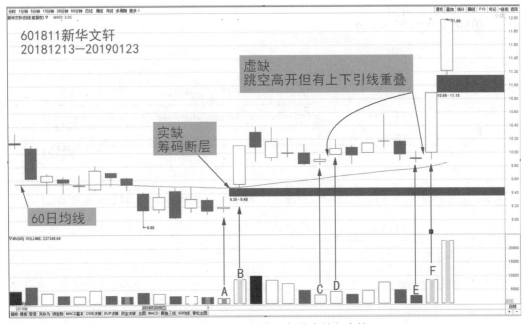

图 3-19 601811 新华文轩的实缺与虚缺

而 C、D 价柱组合形成的缺口和 E、F 价柱组合形成的缺口，是 D 柱和 F 柱虽有跳空高开的行为，但价格运行时有一个回撤的动作，与前一根 K 线有重叠，不存在筹码交换的断层，因此，这种缺口叫作虚缺。

向上的实缺对股价运行方向有强烈的牵引作用，并在其回调期间有一定的支撑作用。向下的实缺对股价运行有一定的向下牵引作用，并对以后股价的回升有一定的阻力作用。实缺对未来方向的牵引强度以及支撑和阻力作用力的大小，与缺口所在的空间位置有关，与整体结构是否完成有关。

虚缺仅仅代表开盘时主力的一种单向意图，上下影线或者实体重叠后，单向意图遭到破坏。虚缺对价格运行方向有一定的指引作用，但对价格未来的运行基本上不具备支撑与阻力作用。

那么，什么叫缺口结构呢？缺口结构分为两大类型：一类是朝上跳空高开形成的上行实缺结构；另一类是朝下跳空低开形成的下行实缺结构。

以 002703 浙江世宝在 2016 年 1 月 6 日至 2016 年 8 月 16 日的走势（图 3-20）为例来说明上行实缺结构。从图上可以清晰地看到向上跳空高开的实缺 1、实缺 2 和实缺 3。其中，A 柱与 B 柱形成向上跳空高开实缺 1，其后价格回落到缺口线附近的 C 点，但价格不再下跌，实缺没有被价格击穿，C 点之后，价格开始上行。此时 B、C 两点之间构成了一种以实缺为防线的结构，这种跳空高开的上行实缺结构对价格朝下运行具有极强的支撑。我们通常把这种支撑叫作黄金仓，是主力在拉升之前的一种收集筹码的方法。

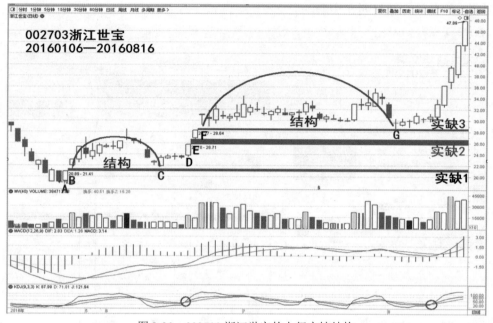

图 3-20　002703 浙江世宝的上行实缺结构

　　以 300080 易成新能在 2020 年 12 月 10 日至 2021 年 4 月 9 日的走势（图 3-21）为例来说明跳空朝下的下行实缺结构。D 点与 E 点之间所构成的下行实缺结构对价格朝上运行具有强大的阻力。我们通常把这种阻力叫作隐形左峰。上行补缺，如同过峰，其阻力是明显存在的。

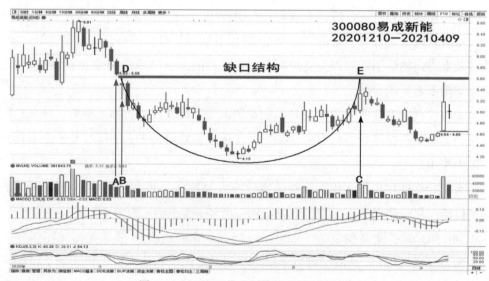

图 3-21　300080 易成新能的下行实缺结构

（六）缠论中枢结构

缠论中枢结构是以中枢为中心的。但新浪博主"缠中说禅"的博文中涉及的结构较为复杂，包括中枢新生、中枢延伸和中枢扩张等。为简单起见，这里只介绍标准的缠论中枢结构和缠论中枢新生结构。其中，标准的缠论中枢结构包括上涨中继中枢和下跌中继中枢；缠论中枢新生结构包括缠论上涨中继中枢新生和缠论下跌中继中枢新生（图3-22）。

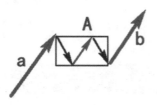

（a）标准缠论上涨中继中枢

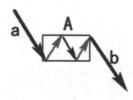

（b）标准缠论下跌中继中枢

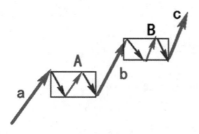

（c）标准缠论上涨中继中枢新生

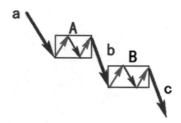

（d）标准缠论下跌中继中枢新生

图3-22　缠论中枢结构

（1）标准缠论上涨中继中枢表达式为a+A+b，其中，a为中枢进入段，A为中枢，表现为"下、上、下"有重叠的3笔，b为中枢离开段 [图3-22（a）]。

（2）标准缠论下跌中继中枢表达式为a+A+b，其中，a为中枢进入段，A为中枢，表现为"上、下、上"有重叠的3笔，b为中枢离开段 [图3-22（b）]。

（3）标准缠论上涨中继中枢新生表达式为a+A+b+B+c，其中，a为中枢A的进入段，b为中枢A的离开段，同时也是中枢B的进入段，c为中枢B的离开段 [图3-22（c）]。

（4）标准缠论下跌中继中枢新生表达式为a+A+b+B+c，其中，a为中枢A的进入段，b为中枢A的离开段，同时也是中枢B的进入段，c为中枢B的离开段 [图3-22（d）]。

以002600领益智造在2019年1月31日至2019年3月6日的走势为例（图3-23），该结构就是一个标准的缠论上涨中继中枢。

需要指出的是，缠论中枢结构是证券市场价格走势的一种特殊形态，只有极少数的标的会走出具有明显缠论中枢结构的形态，读者不要试图用缠论中枢结构去套用所有的标的。

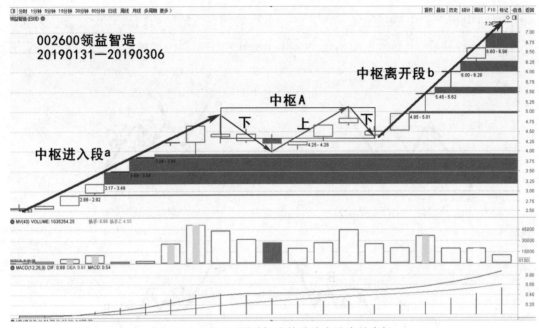

图 3-23　002600 领益智造的缠论上涨中继中枢

二、形态

所谓形态，就是一定时间范围内，价格 K 线与对应的成交量组合而形成的、带有某种程度的自相似性特征的视觉形状。比如，002204 大连重工 A、B、C、D、E 五柱组合就是"风吹草低"形态（图 3-24）。

只有把价柱和量柱结合起来的形态才具有分析价值，只看价柱不看量柱，或者只看量柱不看价柱，都是错误的。所谓量价关系，包括阴阳、高矮、厚薄、远近，涉及积极与消极、助力与阻力。如果弄懂了阴阳的对比、高矮的对比、厚薄的对比、远近的对比，就明白了多空双方力量的变化。

形态有两方面的含义：一是"形"，二是"态"。

"形"即形状。如图 3-24 所示，002204 大连重工的 A、B、C、D、E 五根成交量的柱子，其形状如同风吹草低一样。这种在价格调整的过程中有序缩量的形态是主力高度控盘的标志信号。

"态"即由形状流露出来的某种"态度"，特指主力对接下来价格走向的意图。这种"表态"，不仅表现在价格上，也表现在成交量上。主力参与或者观望、主力控盘能力的强弱、市场合力做多或者做空，都会通过图形表达出来。我们要做的，就是通过图形来读懂市场主力及市场合力的态度，就是通过图形来读懂该股是否有主力、金主资金的性质及该金主的强与弱。

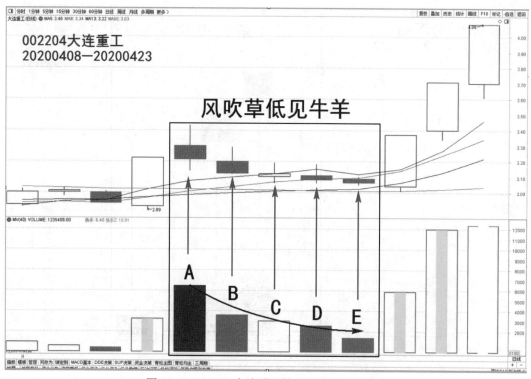

图 3-24　002204 大连重工的"风吹草低"形态

如果某种形态在市场上只出现一次，那是没有什么价值的。有价值的形态会经常在市场上出现。经常出现的某种形态，就是形态的自相似性，比如，图 3-25 所示的 002878 元隆雅图 A、B、C、D、E 五柱的量价组合和 002204 大连重工 A、B、C、D、E 五柱的量价组合，表现出来的形态几乎一模一样。这种形态的自相似性，在同一标的上反复出现，或者在不同的标的上反复出现，这本身就是一种规律。发现规律，是为了利用规律。形态的自相似性规律为我们在不确定性的证券市场上寻找相对确定性的交易机会提供了工具。

理论上，金主强的股票表现出来的"形态"一般比较漂亮，红肥绿瘦，喜气洋洋，且带有形态的自相似性。而没有金主入驻的股票，一般走势杂乱无章，不带有自相似性，仿佛一只流浪狗，蓬头垢面，毛发暗淡。因此，形态的内在本质就是贫富的差别，不可小看。

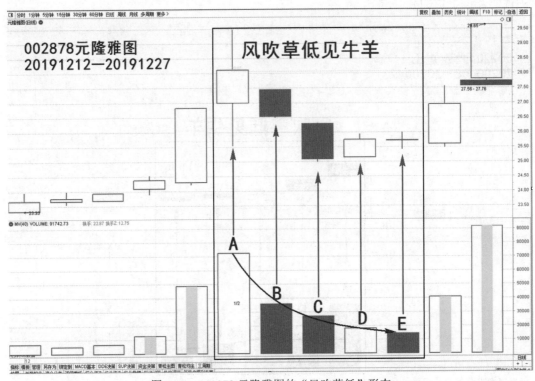

图 3-25　002878 元隆雅图的"风吹草低"形态

趋势第一，结构第二，形态第三，信号第四。这个技术分析的次序是不能颠倒的。

所谓"趋势第一"，就是看一只股票，不能只看形态，而应该先看趋势。只有在趋势朝上的情况下，形态才有作用。

所谓"结构第二"，指在符合趋势的前提下，不能只看形态，而应该考虑结构是否完成。只有"结构"完成的"形态"才有价值。比如，缠论中枢结构必须有一个"下、上、下"的动作完成了，此时出现的某种形态才有关注价值。

常见的形态比较多，不同版本的书籍说法也不同，但内涵是一样的。这里列举几种常见的形态。

（1）"低调乾坤阳"形态。如图 3-26 所示，该组合由 2 根连续下跌的阴柱 A、B，加一根缩量的阳盖阴 C 柱，再加一根跳空高开的确认柱 D 柱组成。这里的关键点在于，C 柱是缩量的阳盖阴，C 柱的缩量是与 B 柱相比较而言的，C 柱只要比 B 柱短，就是缩量，缩量即"低调"。C 柱能够阳盖阴，就是扭转乾坤的柱子，所以叫作"低调乾坤阳"。但只有 A、B、C 三柱还不行，必须加上一个跳空高开的 D 柱来确认，才算一个完整的组合。这种组合的价值在于：如果该形态出现在满足趋势和结构的位置，则后续上涨是大概率事件。

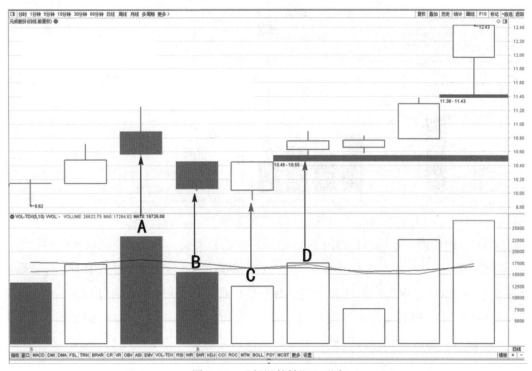

图 3-26　"低调乾坤阳"形态

（2）"早春新芽"形态。如图 3-27 所示，在连续下跌之后，出现一根小小的阳柱，就像严寒过后树上冒出的一根嫩芽，所以取名"早春新芽"。该形态由四根柱子组合而成，A、B 两根柱子为连续下跌的阴柱，C 柱为红色的嫩芽，D 柱为跳空高开的确认柱。这里面的关键是 C 柱，连续下跌之后，冒出一根红色的新芽，扭转了连续下跌的态势。但只有 A、B、C 三根柱子还不行，必须有跳空高开的 D 柱来助力，才能确认"早春新芽"形态的形成。这种组合的价值在于：如果该形态出现在满足趋势和结构的位置，则后续上涨是大概率事件。

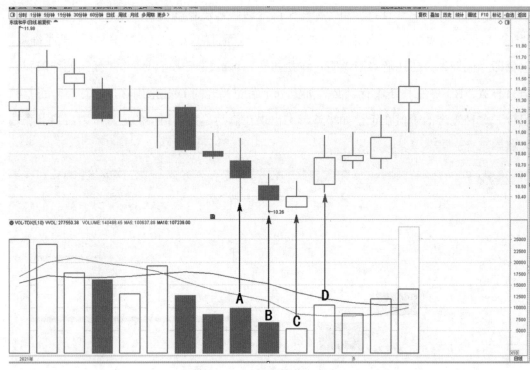

图 3-27　"早春新芽"形态

（3）"弹簧效应"形态。如图 3-28 所示，从趋势上说，该股已经完成大乾坤转折，中长期趋势朝上，60 日均线平缓朝上。但 A 柱突然跌破 60 日均线，经过 B 柱、C 柱后，D 柱重新站上 60 日均线，并且在 A 柱、B 柱、C 柱跌破 60 日均线的过程中，60 日均线不拐头。这种在 60 日均线徐徐上升的过程中，股价突然跌破 60 日均线，但能够在 3、5、8 日内，最迟不超过 11 日内重新站上 60 日均线的，叫作"弹簧效应"形态。这种形态出现后，出现走牛是大概率事件。

（4）"连阳首阴缩量"形态。在趋势朝上的过程中，经过连续 2~3 天温和的上涨后，突然进行温和的调整，但调整的这一天对应的量柱与其前一日相比是缩量的，其后再加一根跳空高开的确认柱，就是"连阳首阴缩量"形态。如图 3-29 所示，A 柱、B 柱、C 柱三连阳，D 柱为缩量的调整，E 柱跳空高开确认，A、B、C、D、E 五柱组合，形成"连阳首阴缩量"形态。当然，这个"连阳"可以是二连阳、三连阳，也可以是四连阳，特殊情况下也可以是五连阳。这个形态的关键在于：连阳后的缩量阴，缩量越多越好，其后跳空高开确认，及时介入，赚钱是大概率事件。当然，出现这个形态的前提是符合趋势和结构，及时介入才有胜算的把握。

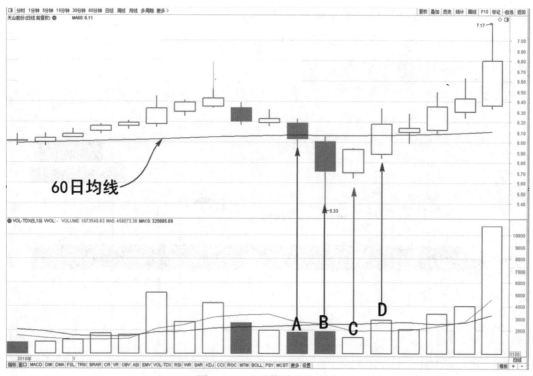

图 3-28 "弹簧效应" 形态

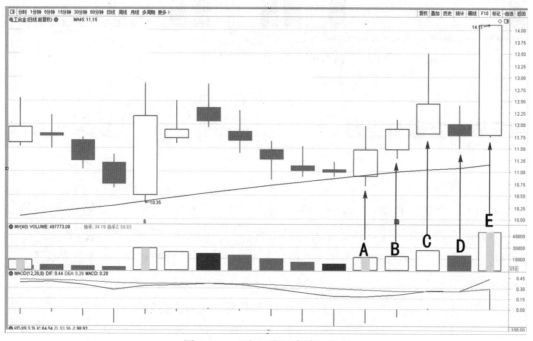

图 3-29 "连阳首阴缩量" 形态

（5）"低调第一板" 形态。如图 3-30 所示，C 柱就是 "低调第一板"。低调，是指 C 柱的成交量相对于 B 柱的成交量而言是缩量的；第一板，就是 C 柱之前的 B 柱不是涨停板。这种形态出现后，如果所在位置恰当，并且第二天其所在的板块指数不出现较大的跌幅，则这个"缩量第一板"继续惯性上涨的概率较大。如果恰逢当时的热点题材，则有可能连续拉板成为牛股、妖股。

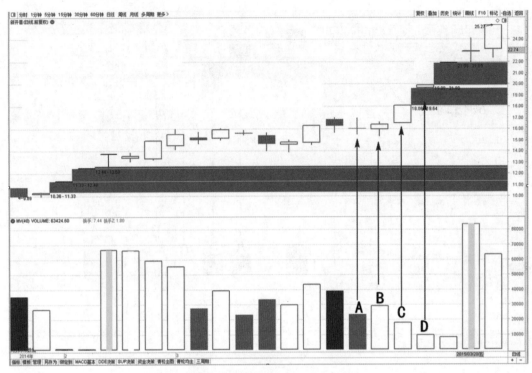

图 3-30 "低调第一板"形态

第三节 支撑与压力

支撑线和压力线，是证券交易中使用最广泛的概念之一。支撑线又称抵抗线。当价格跌到某个参照物附近时，下跌动力衰减，停止下跌或者开始向反方向运行。这个起着阻止或暂时阻止继续下跌的参照物就是支撑点。压力线又称阻力线。当价格上涨到某个参照物附近时，会停止上涨，甚至回落。这个起着阻止或暂时阻止价格继续上升的参照物就是压力点。由支撑点和压力点形成的水平线，就是支撑线和压力线。支撑线和压力线的作用是阻止或暂时阻止价格向一个方向继续运动。这里所指的参照物，包括重要的均线、缺口线、左峰平衡线、谷底线等。

本节视频课程

扫码学习

一、支撑

如图 3-31 所示，重要的支撑线包括：①均线的支撑；②谷底线的支撑；③缺口线的支撑；④"靠山柱"的支撑。

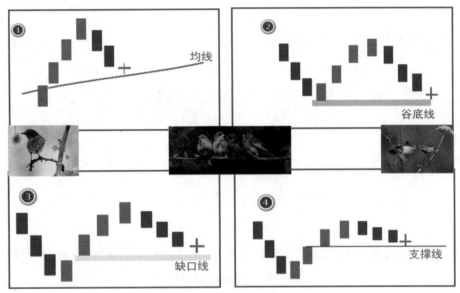

图 3-31 支撑线

（1）均线的支撑。当价格调整到某些重要均线附近，往往会得到支撑。这些重要的均线包括 5、8、13、21、34、55、89、144、233 日均线等。因为 60 日均线是业界公认的牛熊分界线，因此 60 日均线是最常见的支撑线。如图 3-32 所示，价格在 A 点和 B 点两次获得支撑，而 A 点和 B 点都是价格靠近 60 日均线的位置。

图 3-32 重要均线（60 日均线）的支撑图

（2）谷底线的支撑。谷底线是指历史上价格回落的低点。两个相邻高点之间的最低点，就是谷底。沿着这个最低点画水平线，就是谷底线。如图 3-33 所示，两个相邻的高点 A、B 之间为谷底 F，沿着 F 画水平线，其后价格两次（G、H）回落到谷底线时，均得到支撑。

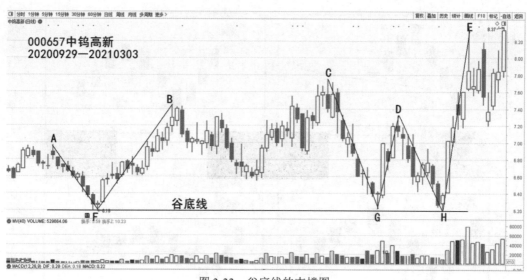

图 3-33　谷底线的支撑图

（3）缺口线的支撑。这里所说的缺口指的是实缺，即有一个明确的筹码断层区域。以 603557 起步股份为例（图 3-34），A 柱和 B 柱之间有一个向上跳空的实缺，筹码断层区域为 7.76~7.91 元，即有一个 0.05 元的"缺口线 1"。其后股价回落，在 C 点将缺口压缩至 0.01 元，D 点跳空高开，正式确认 C 点对价格的支撑。

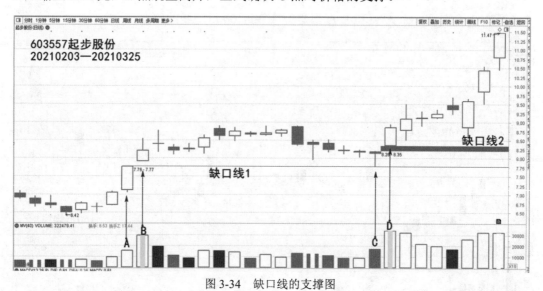

图 3-34　缺口线的支撑图

（4）"靠山柱"的支撑。所谓"靠山柱"，就是对价格运行有强烈支撑的价柱。一般以该价柱实顶的点画水平线，如果其后价格调整到这条线附近就立马打住，那么这根柱子就是"靠山柱"。如图 3-35 所示，A 柱的实顶价格为 6.60 元，以及其后的 B 柱的实底、C 柱的实底，三点都精准在 6.60 元这条直线上，D 柱的最低点虽然是 6.61 元，相差仅 0.01 元，也算很精准了。多点成一线的情况，也说明了 6.60 元这条线，具有较强的支撑力。"靠山柱"更多的时候是用作风险控制的，以后我们在讲风险控制的时候还会用到。

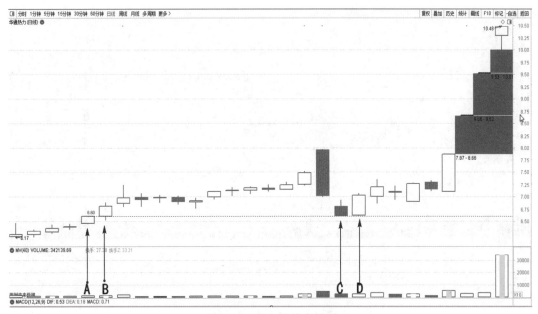

图 3-35 靠山柱的支撑图

二、压力

重要的压力线有：①左侧峰顶线；②左侧下行缺口线；③左侧最高点与最低点的连线的 1/2 位置的压力线；④谷底压力线。

（1）左侧峰顶线，简称左峰线，就是以左侧的最高点画线或者以左侧的实顶画水平线。如图 3-36 所示，A 峰是下跌过程中形成的左峰，以 A 柱的最高点 54.22 元画水平线"左峰线 1"，其后的 B 柱遇到该线的压力就退缩。同理，C 点是下跌过程中形成的左峰，以 C 点最高点 46.66 元画水平线"左峰线 2"，其后价格在 D 点和 E 点两次触碰这条线，虽然能够短暂突破，但最后都是无功而返，可见其压力之大。

（2）左侧下行缺口线，又名"隐形左峰"。之所以被称为"隐形左峰"，是因为其对价格运行的压力如"左侧峰"，一旦被刺破或者攻克，则在图上就看不到缺口线了，因此具有"隐形"的特点。如图 3-37 所示，在价格自上而下调整的过程中，形成了 3 个跳空缺口，分别是隐形左峰 1、隐形左峰 2 和隐形左峰 3。当价格自下而上发展，A

柱和 B 柱遇到隐形左峰 2 时，均受到巨大的压力而知难而退。而 E 柱一举突破由 C 柱
和 D 柱形成的跳空缺口，即隐形左峰 3，此时缺口线消失，即隐形了。但是，突破不等
于占领，上面还有两道压力线，除非持续放量突破，否则还会下来。因此，如果不能持
续有效放量上攻，短期而言，股价向上发展空间有限。

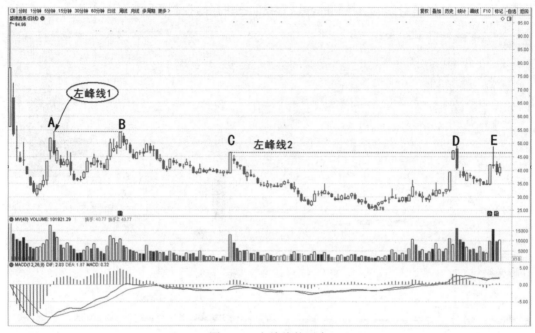

图 3-36　左峰线的压力

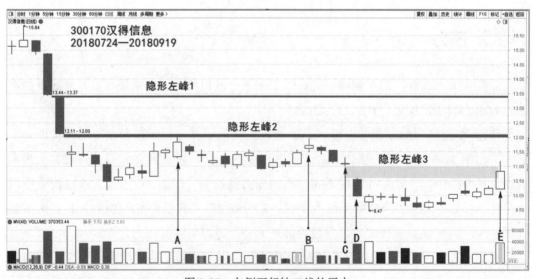

图 3-37　左侧下行缺口线的压力

（3）左侧最高点与最低点的连线的 1/2 位置的压力线。此压力线也就是当下左侧
下跌周期 1/2 的位置，换句话说就是腰部位置。这个位置非常敏感，自下而上攻击，第

一次挑战，一般会被拍死。如图 3-38 所示，左侧的 A 点与 B 点的连线，就是下跌周期。C 柱发起攻击，正好是在下跌周期的 50% 的位置，挑破该线之后，价格随即回撤。一般而言，左侧下跌周期累计的跌幅超过 25%，则上行攻击时，最容易在 50% 的位置受阻。但这个地方往往是交易者最容易忽略的地方。

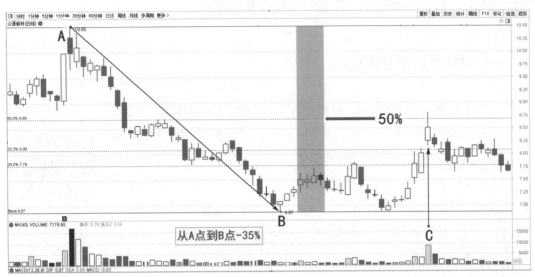

图 3-38　腰部位置的压力

（4）谷底压力线，即来自左侧谷底线的压力。当价格由下而上攻击，遇到左侧的谷底线时，理论上会遇阻。如图 3-39 所示，C 区经过 7 次攻击都不能突破来自左侧谷底 A 与 B 的阻力，随后价格回落。

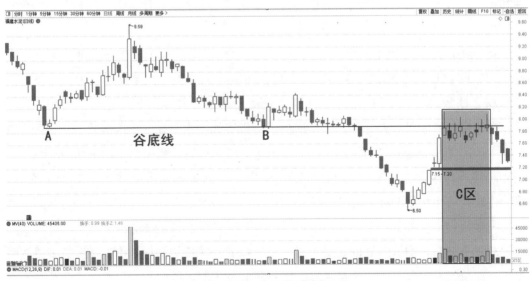

图 3-39　谷底线的压力

由以上可以看出，支撑点或者压力点不是无缘无故产生的，而是与某些重要的点位相关，如一些关键的均线、谷底线、左峰线、缺口线等。需要说明的是，支撑线和压力线是可以相互转化的，突破压力线后压力线就转化为支撑线；同样，跌破支撑线后支撑线就转化为压力线。这个在实战交易中需要动态把握。

第四节 题材热点、级别与可持续性

一、题材热点的概念

本节视频课程

扫码学习

证券市场所说的题材热点，一般是指与证券市场相关的某些信息、事件能够迅速引起市场上一部分资金的关注、炒作甚至借题发挥，引起市场大众跟风和广泛注意的一种现象。

题材热点是引发证券市场短期剧烈波动的主要推动力。它一般与国家战略、内外政治与经济环境、国家产业政策、板块或者个股涨跌周期、突发事件、市场资金偏好、某项重大技术突破、企业基本面突变等因素相关。

二、题材级别的分类

不同类型、不同级别的题材对市场的影响力和持续性有较大的差别，有时候其猛烈性和持续性较强，有时候较弱，其强弱与市场认可度有关。具体说来，题材可以分为以下 3 类。

第一类，即最高级别的题材，大多与国家战略有关，与国家的产业政策有关，其持续的时间较长。比如，2015 年国家发展改革委、外交部、商务部联合发布《推动共建丝绸之路经济带和 21 世纪海上丝绸之路的愿景与行动》，也就是"一带一路"倡议，这个题材持续了大约 3 年之久，催生了一批诸如中国交建、中国电建、中国中车等 5~10 倍的牛股。如图 3-40 所示，601800 中国交建在该轮行情中累计涨幅达 590%。

2018—2019 年，国家推行 5G 战略，催生了一批诸如东方通信、东信和平等 5~8 倍的牛股。这个级别的题材，持续的时间较长，参与的资金众多，其攻防进退多以均线系统为参照物，尤其是在 21、34、60 日均线附近，往往有较强的支撑。

第二类题材，即次级别的题材，与国际性或者区域性的常规性事件或者突发性事件相关，如疫情概念股、人造肉概念股、诺贝尔奖概念股、碳中和概念股、战争或者自然灾害引发的资源短缺、资金避险等。比如，2020 年年初暴发的新冠肺炎疫情，证券市场主力借助这个题材把 000652 泰达股份、600513 联环药业等一口气连拉 10 个涨停板。

如图 3-41 所示，口罩概念股 000652 泰达股份在 2020 年 2 月至 3 月间，连拉两波大行情，第一波涨幅达 175%，第二波涨幅达 116%。再如，2020 年 3 月中旬非洲爆发蝗灾，并蔓延到印度、巴基斯坦等，当时越南政府宣布暂时停止大米出口，引发市场对粮食的担忧，游资趁此机会，炒了一把蝗虫灾害概念股 600127 金健米业（图 3-42），从 A 柱到 B 柱，12 个交易日，涨幅达 180%。

图 3-40　601800 中国交建涨幅 590%

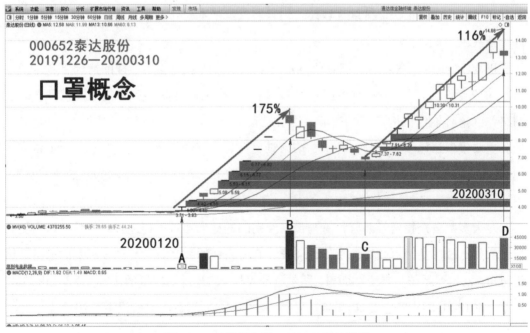

图 3-41　口罩概念股：000652 泰达股份

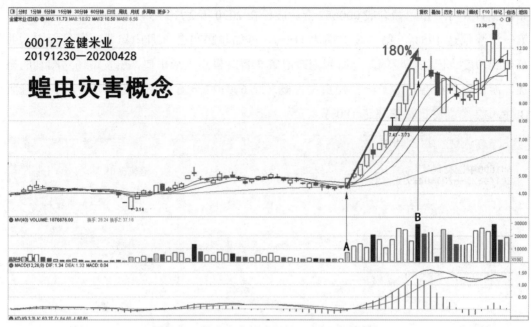

图 3-42　蝗虫灾害概念股：600127 金健米业

第三类题材，即"讲故事"级别的题材。这个"讲故事"级别的题材包括控盘庄家、游资、私募等。主力习惯利用企业资产重组、壳资源、短期业绩大增、股东增持、产品创新等来讲故事。只要故事讲得好，一样可以涨得让人仰天长叹。只是这个级别的题材，一般来得快，去得也快，持续性较差，但只要大盘基本配合，不妨碍其在短期内把股价翻一番甚至几番。

以 002291 星期六为例，该企业本是一家鞋企，在主业逐渐衰微的情况下转型新零售。2019 年 3 月，该企业收购遥望网络。遥望网络主营互联网广告投放与代理。遥望网络作为内容输出机构，当时旗下签约明星有王祖蓝、张柏芝等，签约网红 40 余名，业务主要集中在化妆品（与一叶子、珀莱雅、百雀羚有合作）、快消带货。星期六变身网红经济概念股后，从 2019 年 12 月 13 日开始至 2020 年 1 月 17 日，短短 25 个交易日，连续拉出多个涨停板，股价涨幅达 411%（图 3-43）。

对大多数公众投资者而言，参与最高级别的题材当然是最佳选择。但是，这需要有较强的热点敏感性，对政策的解读也需要具有前瞻性的眼光。参与这个级别的题材，进进出出，以均线系统为参照物即可，偶尔有涨停板，但超过三连板的比较少见。如图 3-40所示，601800 中国交建在 2014 年 7 月至 2015 年 4 月期间，价格沿着均线徐徐上行，每次回调都不跌破 60 日均线，从 A 点到 B 点涨幅达 590%。至于第二类题材和第三类题材，比较适合职业炒股的股民，而且需要较强的市场敏感性和炒股天赋。

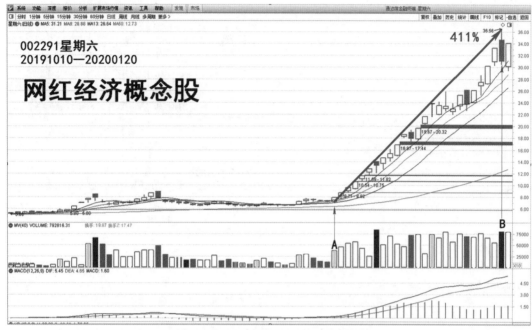

图 3-43　网红经济概念股：002291 星期六

这里需要提醒的是，即便是同一个题材，不同的金主操作的方式是完全不同的。如果交易者不能辨识金主及熟悉金主的个性，贸然选边站队，那么，即使参与相同题材，其结果也是迥然不同的。

以千年大计"雄安新区"题材为例，2017 年 4 月 1 日国务院宣布成立雄安新区，当时正逢周末，后又接着清明节假期。4 月 5 日沪深两市开盘，与雄安新区建设有关的企业股票普涨。其中，600340 华夏幸福和 600874 创业环保其后的走势，因金主不同而走势迥异。前者为庄股，后者为游资。前者在题材发酵之前已经潜伏，题材公布之后连续拉 5 个一字板，散户没有上车的机会，直到 4 月 12 日在第 6 个板上打开，散户蜂拥而入，而庄家悉数抛出，当天成交 224.6 亿元，其后快速调整，绝大部分散户损失惨重（图 3-44）。而后者是在题材发酵时临时建仓的，从 4 月 5 日起，散户就有了上车的机会，以后每天都是真金白银地放量上攻，股价沿着短期均线组（5、8、13 日均线）上行，换手充分。在 5 月 16 日达到最高点后，也是缓慢回调的（图 3-45）。

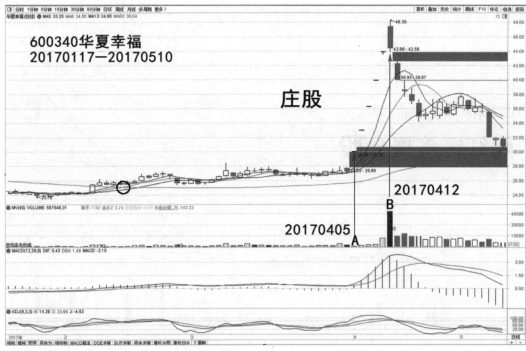

图 3-44　雄安新区题材股：600340 华夏幸福

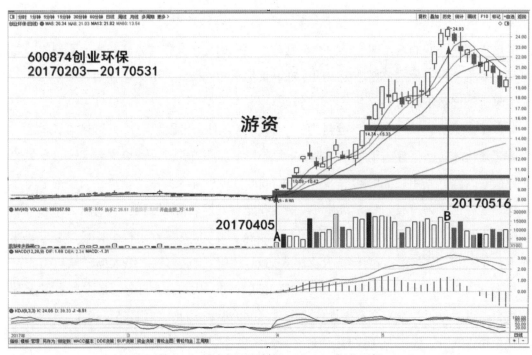

图 3-45　雄安新区题材股：600874 创业环保

三、板块轮动与题材的可持续性

不同的交易软件，对板块有不同的分类。以通达信软件为例，根据不同的分类原则，把股票分成行业板块、概念板块、风格板块、地区板块等几大类型。其中，最常用的是行业板块和概念板块。板块轮动，就是市场热点会在不同的板块间切换。这种切换是证券市场上的一种常态。

以行业板块为例，在 2021 年 4 月 1 日至 4 月 16 日间，我们对沪深两市涨幅前三和跌幅前三的板块指数进行统计（图 3-46）：4 月 15 日有色板块位居涨幅前三，但 4 月 16 日有色板块又进了跌幅前三；4 月 8 日船舶板块位居跌幅前三，4 月 16 日又进入涨幅前三；4 月 8 日电力板块位居跌幅前三，4 月 12 日又进入涨幅前三。

日期	热点板块的变化					
	涨幅前三			跌幅前三		
	一	二	三	一	二	三
2021/4/16	船舶	汽车类	商贸代理	农林牧渔	日用化工	有色
2021/4/15	有色	电器仪表	煤炭	酒店餐饮	电力	保险
2021/4/14	旅游	矿物制品	酒店餐饮	银行	水务	农林牧渔
2021/4/13	医疗保健	农林牧鱼	酿酒	旅游	家具用品	电力
2021/4/12	电力	公共交通	钢铁	仓储物流	工程机械	造纸
2021/4/9	酒店餐饮	家居用品	煤炭	仓储物流	化纤	电器仪表
2021/4/8	家居用品	医疗保健	日用化工	船舶	供气供热	电力
2021/4/7	钢铁	运输服务	船舶	酿酒	家居用品	电气设备
2021/4/6	船舶	综合类	造纸	旅游	家用电器	水务
2021/4/2	半导体	酿酒	旅游	多元金融	电力	钢铁
2021/4/1	半导体	钢铁	旅游	水务	多元金融	环境保护

图 3-46　热点板块的转换

板块轮动不仅表现在短期波动上，还体现在长期趋势的波动上。以 880324 有色板块指数和 880454 水务板块指数为例（图 3-47），这两个板块从 2021 年 2 月 22 日至 3 月 31 日期间，走的是截然相反的路线，前者一路下行，后者则一路上行。

热点板块不断转换，这是市场波动的一种本质属性。研究其轮动的规律性，对于踏上板块轮动的节奏、持有上涨趋势段、避免持有下跌趋势段，具有重要的实战指导价值。

至于题材的可持续性，一般用上涨的时间和空间来衡量。通常情况下，第一个级别的题材发酵时间较长，持续性达 6 个月以上，上涨幅度也较大。这样的行情，原则上是由手握大体量资金的机构投资者推动的。第二个级别和第三个级别的题材发酵时间短，持续性在 2~3 个星期，但上涨幅度非常惊人。这样的行情，一般是由私募基金、市场游资或者庄股推动的。

有一些题材，由于没有得到市场资金的认可，其市场持续性只有 2~4 小时，属于一日游行情。

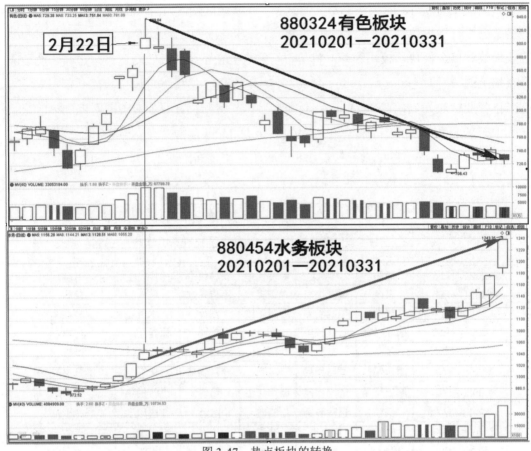

图 3-47　热点板块的转换

【即测即练】扫描书背面的二维码，获取答题权限。

在线自测

扫描此码

第四章
股票投资交易策略

第一节　市场主力分类

　　股票是最为大众化的一个金融产品，相对于债券、期货、期权和其他金融衍生品而言，股票市场体量最大，参与人数最多。股票的市场价值即股价，受多种因素的影响，包括公司收益、公司前景、股利分配、市场供求关系、国际政治、经济周期、市场涨跌周期、市场心理周期、热点题材的转换、资金的流向、有无主力资金介入、介入资金的性质、主力的强弱等。其中，主力资金在某段时期内的偏好，是影响个股股价波动的关键因素。

　　因此，参与股票交易不仅仅是一进一出那么简单，首要问题是辨识主力。在辨识主力的基础上，再选边站队。

　　对市场主力进行分类，在分类的基础上选边站队，是参与股票交易的第一步。

　　根据新资金流派理论，社会公众投资者，俗称散户，虽然数量巨大，但力量分散，无法形成合力，对市场有追涨杀跌的助力作用，对个股涨跌的主导作用微乎其微。能够对个股价格的运行方向起引领作用的，只有三大主力，即机构、游资和庄股。机构奉行价值投资理念，游资专注"孔明借东风"，庄股擅长"吃独食"。作为股票市场的参与者，究竟选择上哪趟车，是需要斟酌的。以上3种主导市场的力量，均有各自的股票池和标的个股。原则上3种力量井水不犯河水，很少越界。每种力量选股的标准和操作的逻辑是完全不同的。

一、机构

　　机构一般包括公募基金、私募基金、QFII，这是市场上一支最强大的"正规军"。

（一）公募基金

公募基金是证监会批准公开发行的，对投资品种、投资比例有严格的限制，其投资风格在发行之前就确定了（比如，有的专做大盘蓝筹，有的专做成长，有的专做价值），中间不能更改；公募基金在股票投资上有仓位限制，如持股最低仓位为六成、不能参与股指期货对冲等。公募基金是通过提取该基金每日的管理费来获得收益的，其团队与个人的收益与股票交易的盈亏无关。但业绩涉及行业排名，行业排名对母基金及子基金后续发行及吸金能力有相当的影响力，因而追求行业排名是其终极目的。

公募基金的投资决策需要走程序，包括调研团队对目标公司要进行调研、出调研报告、开会讨论、集体决策、合规性风险控制等，其决策过程一般比较漫长。由于公募基金以价值投资为主要的理论基础，因此，其股票池主要集中在大盘股、蓝筹绩优股。

公募基金每个季度都要公开披露其投资组合、持仓比例等信息。在个股的信息中也可以查到参与机构的家数和持股的数量，虽然数据公布有时会迟滞，但公众投资者可以根据这些公开信息来寻找公募基金的行踪。

公募基金的优势在于其钱多规模大，在熊市或者震荡市中，公募基金相互之间可以通过抱团取暖的方式，维持自己的股票池里的部分股票走出结构性的牛市行情。

（二）私募基金

私募基金一般为法人单位，需要进行工商注册，接受行业协会的指导和管理。经过行业协会备案，非公开发售，其投资的品种和投资比例由协议约定，执行过程相对比较灵活。私募基金的资产配置和仓位管理自主自便，既可空仓也可满仓，并且可参与股票、股指期货、商品期货等多种金融品种的投资。私募基金的信息披露要求较低，在投资过程中可以严格保密。私募基金也有收管理费的，但主要收益来自其基金的单位净值为正值部分的提成，一般为盈利部分的20%。如果单位基金为负值则没有盈利。没有盈利，则私募基金管理人就没有收益。对私募基金来说，业绩才是报酬的基础和来源，因而追求绝对的投资回报，有连续拉板的强烈动机。

私募基金的投资决策灵活快捷，有强烈的做多愿望和危机感。私募基金经过多年的发展，已经有一定的规模，但派系林立，操作风格各异。他们有时会分仓搭乘公募基金的便车，有时也会搭乘游资的便车，特殊情况下也会对某只股票进行控盘，进而演变为游资或者庄股。

（三）QFII

QFII 是 Qualified Foreign Institutional Investor（合格的境外机构投资者）的首字缩写。它是一国在货币没有实现完全可自由兑换、资本项目尚未开放的情况下，有限度地引进外资、开放资本市场的一项过渡性的制度。这种制度要求外国投资者若要进入一国证券市场，就必须符合一定的条件，得到该国有关部门的审批通过后汇入一定额度的外汇资金，并转换为当地货币，通过严格监管的专门账户投资当地证券市场。虽然随着沪港通和深港通的发展，这股力量的规模在不断壮大，但其选股思路和操作模式与公募机构有些类似，大多数集中在绩优股、稀缺品等标的，因此可以将其归入价值投资这个序列。

二、游资

游资属于自由组合性质的资金集合体，是为追逐高额利润而在各金融市场之间流动的热钱。它具有投机性强、流动性快、倾向性明显的特征。游资管理团队的收益多种多样，一般是与资金提供者进行协商而达成的协议价。原则上，收益来自盈利的分成。

游资是市场上最灵活的一股力量，一般采取化整为零的方式逃避监管，其操盘场所漂浮不定，IP 地址也会经常变动，来无影去无踪。资金来源处于高度保密状态，一般不会公开募集。游资选择标的时，一般是需要排除机构和庄股的。凡是有相当大规模的机构入驻的标的，或者从历史上可以辨识出庄股踪迹的标的，游资一般不会去碰。因此能够进入游资股票池的股票，一般都不太符合价值投资的标准。换句话说，股票的内在质地一般，甚至较差，因为凡是那些质地较好的，大多有机构在里面。

游资最擅长的是借助热点事件的东风，快速建仓，快速洗盘，快速拉升，快速出货。因此游资对热点题材的把握能力是非常强的。其操作的个股，大多数可以从真实换手率这个指标来寻找其踪迹。一般游资介入的个股，起涨点日的真实换手率大多在 15% 至 35% 之间。一般的软件不显示个股的真实换手率，但通达信收费版则用"换手 Z"来表示换手率。换手率是指在一定时间内市场中股票转手买卖的频率，是反映股票流通性的指标之一。计算公式为：换手率＝某一段时间内的成交量 / 流通股数×100%。"换手率 Z"就是真实换手率，已经剔除那些虽然是流通股，但暂时不能参与自由交易的股票。一般来说，次新股的"换手率"与"换手率 Z"是一样的，老股则有区别。其背后的逻辑是：次新股刚刚上市流通，还没有发生属于流通股却不能自由参与交易的情况。

在量价结构的外在表现方面，由于需要快速建仓，因此，建仓的时候会显著增量；而快速洗盘时，又不能把手中已经拥有的筹码全部丢掉，因此，洗盘时往往伴随着显著的缩量。上涨显著增量，洗盘显著缩量，这是游资操盘的形态表现，明白人一眼即可看出其背后的逻辑。

游资操作一般采用团队分工合作的方式，一波接力一波。建仓、洗盘、拉高接力、出货，各个环节归属不同的战斗小组。每个小组完成任务后，即销声匿迹。节奏把握得恰如其分，绝不拖泥带水。他们平时就建好了股票池，股票池中标的的选择，有特殊的要求，公募、私募或者庄股深度介入的个股，游资一般不会染指。一旦"东风"刮起，则以迅雷不及掩耳之势迅速介入。因为要抢时间抓进度，因此大部分是大单介入，会在真实换手率这个指标上露出尾巴，当然，自然也会现身"龙虎榜单"。快速建仓之后，快速洗盘，接力拉升，多数情况下会一气呵成，或者7个连续板，或者9个甚至更多。如果外部氛围较好，适度洗盘之后，则有可能再搞个"强二波"。

游资的出货手法各异，难以一一表述。这里只说两个信号："换手率"与"结构的饱满"。当日换手率达到60%~70%，或者在高位平台做个"下、上、下"中枢后，则基本上完成大部分出货任务，接下来很快就是慢慢熊途。但游资的出货手法，远远不止这两种，需要读者自行总结规律。

三、庄股

庄股指的是以绝对控盘某只个股从而获得超额利润的一股力量。其显著特征是：敢于逆势拉升，大盘下跌时它不跌反涨，大盘上涨时它跟着上涨；平时的K线图走势则类似猪八戒的钉耙；行情平淡时分时图走势类似心电图，在某一价位上经常保持水平直线。

庄股选取的个股一般属于"人弃我取"的范畴，即"最危险的地方最安全"，专门挖掘那些问题股、亏损股、低市值股、夕阳行业股。因为有问题，所以公募基金、私募基金等机构早就跑得远远的，庄家介入后，可以达到"山中无猛虎，猴子称霸王"的境界。庄股对ST个股情有独钟，一般在连续跌停几十个一字板之后，在绝对的低位建仓，吃饱之后连续拉升，在相对高位完成出货。由于其股价相对低廉，拉升到翻番的位置也属于低价股，具有一定的隐蔽性。

也有一些庄股长期盘踞某只个股，把某只个股当成提款机，对个股的涨跌具有绝对的控制力。这种类型的庄股一般与标的公司存在亲密的猫腻关系，标的公司负责出台高配送、高送转、资产重组等利好政策，庄家通过填权行情或者资产重组利好消息，拉升股价。年复一年的"高送转—填权—高送转—填权"，看起来股价绝对值不高，具有相对的隐蔽性。长期控盘某只个股的庄股一般都与标的公司的关系良好，因为他们必须互为支撑，才能实现在二级市场随时提款的目标。

四、跟随策略

近年来，一个词经常出现，这就是"结构性牛市"。所谓"结构性牛市"，指的是大盘指数没有上涨或者下跌，但个别的板块或者某些板块中的个股接连走出与大盘指数不一致的走势。大盘下跌或者横盘，而板块指数或者个股却接连上涨，出现异常。虽然出现这种情况的概率不大，一旦出现则会光芒万丈，万众瞩目。比如，2020年"机构抱团"的"茅家族"系列（"茅家族"是指以贵州茅台为代表的绩优蓝筹股，如贵州茅台、五粮液、爱美客、牧原股份、三一重工等），一路上行，成为"结构性牛市"的代表。而市场上70%的个股因缺乏主力资金的关注，持续走低，成为"结构性熊市"的代表。这种现象直到2021年2月18日才告一段落。

"结构性牛熊交织"现象的出现，其背后的逻辑是：市场信心或者市场存量资金不足以支撑全面性牛市，于是一部分市场资金抱团取暖、扎堆，集中攻击某些板块。当某些板块持续性的推高导致其价格远远偏离其内在价值时，这部分资金又开始调仓换股，从价格远远高于其内在价值的板块撤离，撤离后的资金又向价格远远低于其内在价值的板块集中，最终导致板块之间的"牛""熊"切换交替出现。

总的来说，炒股，要想提高收益率，成为"一赚二平七亏损"当中的"一赚"，就必须找到主流资金的运行方向。这就是选边站队的问题，也是投资者必须搞懂的首要问题。

甄别主力的类型，是为了"选边站队，趁机搭车"。作为公众投资者，就是大海里的一滴水，只能搭个便车。如果是业余选手，建议最好跟随机构，虽然总体增长率往往不高，但累积起来也收益可观；如果是职业股民，则可以试水跟随游资，游资威猛，具有挑战性和刺激性。至于庄股，一旦启动，就是一字板拉升，没有中途跟随的机会，可遇而不可求。

第二节　确认步骤与交易节奏

由于市场上存在机构、游资和庄股这三大主流资金，其操作理念和操盘习性不同，因此，交易的步骤与节奏必须区别对待。因为庄股在启动前很难发现其蛛丝马迹，一旦启动就是连续的一字板拉升，一旦开板就是出货，根本没有让他人搭车的机会，因此，本节只介绍搭车机构和搭车游资。

本节视频课程

扫码学习

一、搭车机构

机构信奉价值投资，并且需要考虑交易的流动性安全，因此，机构持有股票的流通市值大多属于100亿元甚至1000亿元以上的蓝筹。尽管机构持有的标的，也有个别因财务造假、业绩变脸等原因而暴雷的，但大概率上，机构选择的标的，其企业经营的稳定性和持续性、交易的安全性和抗风险能力相对较高。

交易时要搭机构的便车，一般至少需要有以下 3 个确认的步骤。

（一）辨识机构操作的股票

因价值趋同的缘故，机构操作的标的一般有扎堆的现象。所谓扎堆，就是众多的机构买进并持有某只股票。实战交易中可以根据 3 个信号来确认哪些股票属于机构扎堆的。

第一个信号就是股价沿着均线运行，具有典型的"均线思维"特征。其中，短期趋势沿着短期均线组（5、8、13 日均线）上行，中长期趋势沿着重要的均线运行。这个重要的均线，可以是 21 日均线，也可以是 34、55、60、89 日均线等重要均线中的任意一根或者两根。

第二个信号就是公开信息中显示"机构数量"在两位数以上（三位数或者四位数更好），并且机构持股数量最好超过三位数。

第三个信号就是公开信息显示的"十大流通股东"中，机构占比在 60% 以上。

以 000963 华东医药为例，检验第一个信号（图 4-1）。该股在 A 点完成底分形，在 B 点完成大乾坤转折，中长期趋势朝上被确认。自 B 点开始，其后大部分时间沿着短期均线组（5、8、13 日均线）上行，跌破短期均线组后，得到 34 日均线的支撑，如图中的 E、F、G、H 点。其中，G 点为 34 日均线的"弹簧效应"。"弹簧效应"指的是股价跌破某条重要均线之后，能够在 3~5 个交易日内重新站上这条重要的均线。从图上可以看出，G 点既是"弹簧效应"，也是一个超级底分形。从股价运行的节奏看，属于典型的"均线思维"，符合第一个信号的要求。

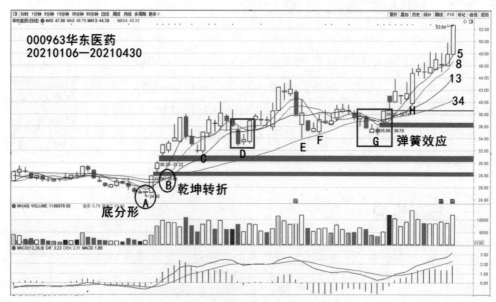

图 4-1　000963 华东医药的均线思维信号确认

检验第二个信号。如图 4-2 所示，截至 2021 年 3 月 31 日的数据显示，持有 000963 华东医药的机构数量为 32 家。其中，基金 24 家，持股 502.07 万股；保险 1 家，持股 1071.33 万股；社保 3 家，持股 1917.97 万股。机构数量和持股数量均符合第二个信号的要求。

检验第三个信号。十大流通股东中，“自然人”只有 2 家，8 家为机构，机构占比为 80%，完全符合第三个信号的要求。

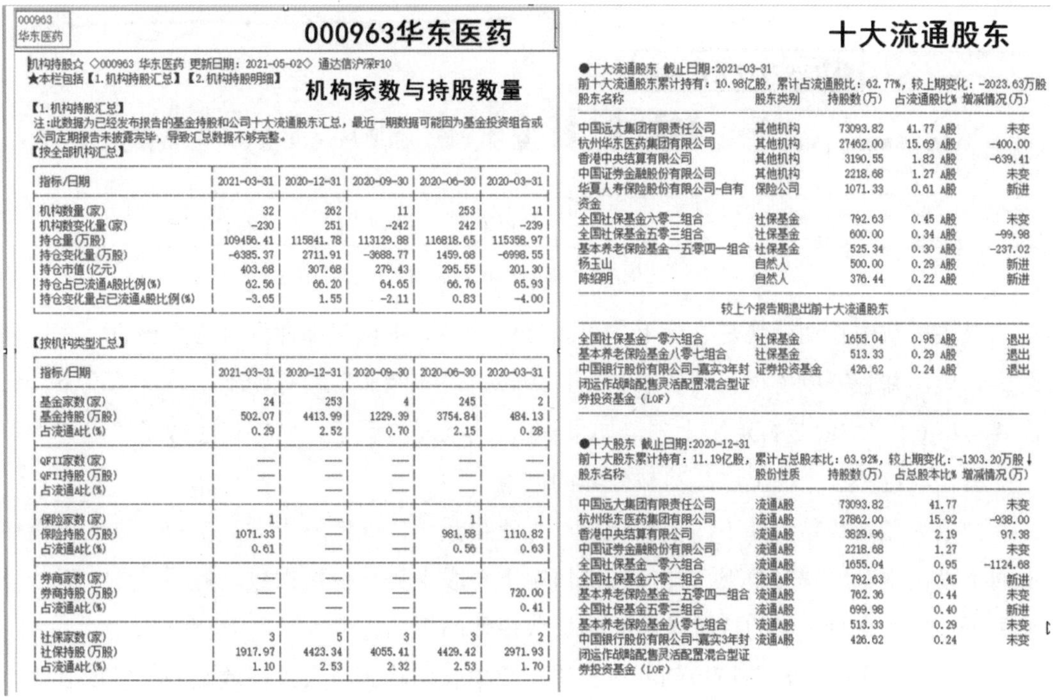

000963
华东医药

000963华东医药

机构持股☆ ◇000963 华东医药 更新日期：2021-05-02◇ 通达信沪深F10
★本栏包括【1.机构持股汇总】【2.机构持股明细】

机构家数与持股数量

【1.机构持股汇总】
注:此数据为已经发布报告的基金持股和公司十大流通股东汇总，最近一期数据可能因为基金投资组合或公司定期报告未披露完毕，导致汇总数据不够完整。
【按全部机构汇总】

指标/日期	2021-03-31	2020-12-31	2020-09-30	2020-06-30	2020-03-31
机构数量(家)	32	262	11	253	11
机构数变化量(家)	-230	251	-242	242	-239
持仓量(万股)	109456.41	115841.78	113129.88	116818.65	115358.97
持仓变化量(万股)	-6385.37	2711.91	-3688.77	1459.68	-6998.55
持仓市值(亿元)	403.68	307.68	279.43	295.55	201.30
持仓占已流通A股比例(%)	62.56	66.20	64.65	66.76	65.93
持仓变化量占已流通A股比例(%)	-3.65	1.55	-2.11	0.83	-4.00

【按机构类型汇总】

指标/日期	2021-03-31	2020-12-31	2020-09-30	2020-06-30	2020-03-31
基金家数(家)	24	253	4	245	2
基金持股(万股)	502.07	4413.99	1229.39	3754.84	484.13
占流通A比(%)	0.29	2.52	0.70	2.15	0.28
QFII家数(家)	—	—	—	—	—
QFII持股(万股)	—	—	—	—	—
占流通A比(%)	—	—	—	—	—
保险家数(家)	1	—	—	1	1
保险持股(万股)	1071.33	—	—	981.58	1110.82
占流通A比(%)	0.61	—	—	0.56	0.63
券商家数(家)	—	—	—	—	1
券商持股(万股)	—	—	—	—	720.00
占流通A比(%)	—	—	—	—	0.41
社保家数(家)	3	5	3	3	2
社保持股(万股)	1917.97	4423.34	4055.41	4429.42	2971.93
占流通A比(%)	1.10	2.53	2.32	2.53	1.70

十大流通股东

●十大流通股东 截止日期:2021-03-31
前十大流通股东累计持有：10.98亿股，累计占流通股比：62.77%，较上期变化：-2023.63万股

股东名称	股东类别	持股数(万)	占流通股比%	增减情况(万)
中国远大集团有限责任公司	其他机构	73093.82	41.77 A股	未变
杭州华东医药集团有限公司	其他机构	27462.00	15.69 A股	-400.00
香港中央结算有限公司	其他机构	3190.55	1.82 A股	-639.41
中国证券金融股份有限公司	其他机构	2218.68	1.27 A股	未变
华夏人寿保险股份有限公司-自有资金	保险公司	1071.33	0.61 A股	新进
全国社保基金六零二组合	社保基金	792.63	0.45 A股	未变
全国社保基金五零三组合	社保基金	600.00	0.34 A股	-99.98
基本养老保险基金一五零四一组合	社保基金	525.34	0.30 A股	-237.02
杨玉山	自然人	500.00	0.29 A股	新进
陈绍明	自然人	376.44	0.22 A股	新进

较上个报告期退出前十大流通股东

股东名称	股东类别	持股数(万)	占流通股比%	增减情况(万)
全国社保基金一零六组合	社保基金	1655.04	0.95 A股	退出
基本养老保险基金八零七组合	社保基金	513.33	0.29 A股	退出
中国银行股份有限公司-嘉实3年封闭运作战略配售灵活配置混合型证券投资基金（LOF）	证券投资基金	426.62	0.24 A股	退出

●十大股东 截止日期:2020-12-31
前十大股东累计持有：11.19亿股，累计占总股本比：63.92%，较上期变化：-1303.20万股↓

股东名称	股份性质	持股数(万)	占总股本比%	增减情况(万)
中国远大集团有限责任公司	流通A股	73093.82	41.77	未变
杭州华东医药集团有限公司	流通A股	27862.00	15.92	-938.00
香港中央结算有限公司	流通A股	3829.96	2.19	97.38
中国证券金融股份有限公司	流通A股	2218.68	1.27	未变
全国社保基金一零六组合	流通A股	1655.04	0.95	-1124.68
全国社保基金六零二组合	流通A股	792.63	0.45	新进
基本养老保险基金一五零四一组合	流通A股	762.36	0.44	未变
全国社保基金五零三组合	流通A股	699.98	0.40	新进
基本养老保险基金八零七组合	流通A股	513.33	0.29	未变
中国银行股份有限公司-嘉实3年封闭运作战略配售灵活配置混合型证券投资基金（LOF）	流通A股	426.62	0.24	未变

图 4-2 000963 华东医药的公开信息

（二）确认该标的在强势板块中

如何确认强势板块，有 3 个标准。

一是大盘指数中长期趋势朝下，板块指数中长期趋势朝上。板块指数中长期趋势朝上，是确保该板块中的个股处于上涨周期过程中的必要条件，但不是充分条件。换句话说就是，板块指数中长期趋势朝上，但并不能保证该板块中所有个股都能够趋势朝上。投资者需要做的就是，在趋势确定朝上的板块中寻找趋势朝上的个股。如图 4-3 所示，从 2021 年 2 月 18 日的 A 点至 2021 年 4 月 26 日期间，880318 钢铁板块指数趋势朝上，而同一时期的 999999 上证大盘指数趋势朝下。这一期，钢铁板块产生了一批诸如马钢股份、柳钢股份、太钢不锈等涨幅超过 50% 的个股。

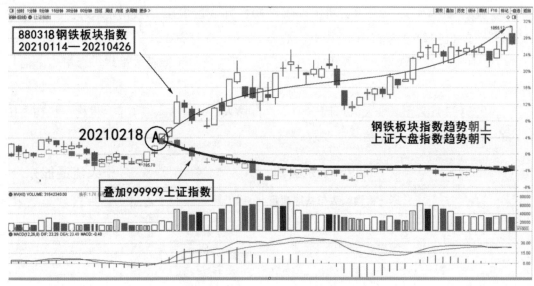

图 4-3　钢铁板块指数与上证大盘指数的叠加比较

　　板块指数中长期趋势是否朝上，可以借助"趋势确认三部曲"来进行核查。有明确的底分形，并且完成了小乾坤转折和大乾坤转折，才能认定趋势朝上。特殊情况下，还需要考察 60 日均线是否走平上翘。如果 60 日均线凌厉朝下，则即便完成了"趋势确认三部曲"，也仍然存在上涨趋势被破坏的风险。

　　如果大盘指数趋势朝下，板块指数与大盘指数一致或者弱于大盘指数，则这个板块中的个股很难有卓越的表现。即便特殊情况下个股走势与板块指数走势不一致，但一枝独秀不是春，个股走势的持续性会受到板块指数的影响。

　　二是大盘指数中长期趋势朝上，板块指数中长期趋势与大盘指数走势一致或者比大盘指数走势更强。

　　三是大盘指数盘整，无法确认方向时，板块指数中长期趋势朝上。

　　再以 880973 医美板块为例，如图 4-4 所示，该板块从 2021 年 3 月 11 日的 A 点开始，与上证大盘指数走势不一致。上证大盘指数一路朝下，而医美板块指数朝上。显然，医美板块属于第一种情况。从图上可以看出，医美板块指数沿着 13 日均线上行，偶尔跌破 13 日均线，但又能够在 3 日内迅速拉起重新站上 13 日均线。A 点以后，医美板块指数已经完成大乾坤转折，短期均线组（5、8、13 日均线）已经上穿 60 日均线，说明该板块中长期趋势朝上。

　　医美板块指数与上证大盘指数逆向而行，明显强于大盘，因此医美板块为强势板块。而华东医药就是医美板块中的个股，因此，华东医药属于强势板块中的标的。因此，选择华东医药为交易标的，就是搭机构的车。

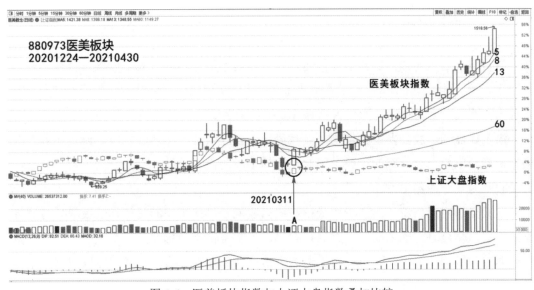

图 4-4 医美板块指数与上证大盘指数叠加比较

（三）确定个股的涨跌周期

确定个股的涨跌周期，就是解决"择时"的问题。原则上，如果做多，就必须避开标的个股的下跌周期。

华东医药被确定为机构操作的标的，并且属于强势板块的个股，那么其周期在哪个范围呢？

从图 4-1 中可以清晰地看出，华东医药在 A 点区域完成底分形，在 B 点区域完成小乾坤转折和大乾坤转折。在 B 点区域，当短期均线组（5、8、13 日均线）上穿 60 日均线后，其中长期上涨趋势被确认。因此，B 点区域以后，只要股价不跌破 60 日均线，理论上每次调整回打到 5、8、13 日均线时，都是买进的时机。

短线操作时，理论上股价不跌破 13 日均线，就坚定持股。跌破 13 日均线，可以适当减仓。但当股价重新站上 13 日均线时，则补回已减掉的仓位。

中长线操作时，理论上股价不跌破 34 日均线，均可以坚定持有，而一旦股价跌破 34 日均线，就应该在第一时间减仓。股价跌破 60 日均线时，则应该完全空仓。但跌破 34 日均线或者 60 日均线，其后 3~5 个交易日又重新站上 34 日均线或者 60 日均线时，则视为"弹簧效应"，此时应该把减去的仓位全部补回。

无论是短线操作还是中长线操作，当出现顶分形时，要减仓；当出现"小乾坤倒转"信号时，要规避短期下跌的风险，必须继续减仓；当"大乾坤倒转"信号出现时，要规避中长期下跌风险，既不能买进，也不能持有，空仓是最佳选择。

二、搭车游资

游资擅长通过对热点题材的把握迅速拉升流通市值较小的个股。股票市值在 100 亿元以下，可自由流通的市值，即"流通市值 Z"最好在 20 亿元以下。"流通市值 Z"指自由流通股（＝流通股－持有 A 股股东 5% 以上的部分）的市值。

游资操盘的个股的典型特征是：一旦风起，就连续拉升实体涨停板。游资一般不会染指机构和庄股已经入驻的个股，因此，标的个股的内在质地不会太好，多数情况下，每股收益为几分钱甚至亏损。

实战交易时要搭游资的便车，最核心的问题就是如何辨识游资操作的股票。游资操作的标的，其显著特征是需要借助热点题材、突发事件等消息面的"东风"，并且游资一般要避开机构和庄股，除可自由流通的市值符合标准外，实战交易中可以根据 4 个信号来确认游资操作的标的。

（1）借助热点题材或者突发事件拉升实体涨停板。

（2）拉升涨停板时会伴随显著放量。

（3）公开信息中显示的"机构数量"较少，并且基本上没有基金入驻，或者即使有少量的基金在里面，但持有的股票数量几乎可以忽略不计。

（4）公开信息显示的"十大流通股东"中，"自然人"占比在 50% 以上。

以上 4 条是识别游资最简便快捷的方法。对于识别游资操作标的的窍门，第八章第一节有更详细的叙述。

以 603518 锦泓集团为例，其所在概念板块为"病毒防治"和"服装家纺"。该股流通股本为 2.5 亿股，可自由流通股（流通 Z）为 1.12 亿股，2021 年 4 月 19 日的收盘价为 6.02 元（图 4-5 中的 D 柱），当天的可自由流通市值为 1.12×6.02=6.7424（亿元），属于典型的小盘股，符合游资操盘的标准。

（1）检验第一个信号。图 4-5 中的 E 柱是第一个涨停板，此时是 2021 年 4 月 20 日，主力依托印度新冠肺炎疫情第二次大暴发这个题材，在"病毒防治"板块里试水，当天轻松封住涨停，为实体涨停板。符合第一个条件。

（2）检验第二个信号。虽然第一个涨停板 E 柱没有放量，但第二个涨停板 F 柱显著放量，F 柱的成交量与 E 柱相比，超过 5 倍。G 柱是第三个涨停板，继续放量，比 F 柱再放大一倍。符合第二个条件。

（3）检验第三个信号。如图 4-6 所示，公开信息中显示的是 2021 年 3 月 31 日统计的数据，"机构数量"为 4 家，其中基金 1 家，基金持股数量为 66.3 万股，仅占流通股的 0.27%，基本上可以忽略不计。符合第三个条件。

（4）检验第四个信号。"十大流通股东"的数据显示，"自然人"数量为 7 家，占比为70%。符合第四个条件。

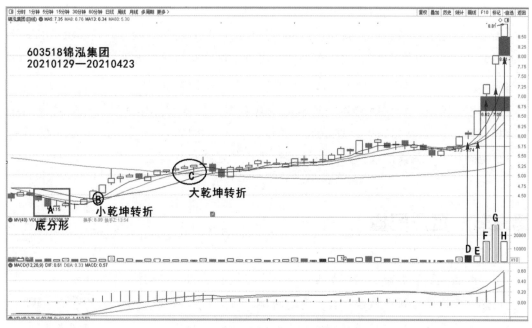

图 4-5 游资操盘 603518 锦泓集团

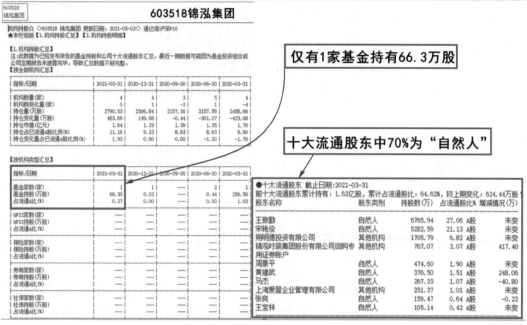

图 4-6 603518 锦泓集团的公开信息

综上所述，确认锦泓集团为游资操作的标的，是大概率事件。

至于确认为游资操作的标的后，如何找机会买进，需要借助特定的定量模型发出的信号来操作。就锦泓集团而言，因为要等到 F 柱才能确认其为游资操作的标的，因此 G

柱才是最佳介入时点。G柱介入可以使用"烂板追击模型"来寻找买点。"烂板追击模型"在本书的下篇有详细的讲解，这里就不详述了。

还有一个情况需要说明，就是游资操作的标的，其启动的时候，如果已经完成底分形、小乾坤转折和大乾坤转折这3个动作，也就是说，其中长期上涨趋势已经确认，60日均线已经走平，那么，接下来其连续拉升的速度往往会比较迅速。

如图4-5所示，603518锦泓集团在连续拉升前，在A点完成底分形，在B点完成小乾坤转折，在C点完成大乾坤转折，经过以上3个步骤，其中长期趋势朝上的信号已经获得确认，这为其后续在E、F、G、H等点位连续拉升奠定了坚实的基础。

第三节　资产配置

资产配置是进行股票交易的重要内容之一。这里讲的资产配置与证券市场通常讲的"资产组合"有一定的区别。

本节视频课程

扫码学习

资产组合是指投资者将不同的资产按照一定比例组合在一起作为投资对象，其主要目的是提高投资效率和分散风险。资产组合得好，一定程度上可以降低由个别资产本身造成的收益的不稳定性，即非系统性风险。但由于政治或者经济形势变动对资产产生影响，从而造成资产收益的不确定性，即系统性风险，无论如何组合，都无法规避。资产组合理论认为，要想有效地降低非系统性风险，资产组合中的资产数达到10~15种时，效果是最好的。

我们这里讲的"资产配置"，主要涉及资金的管理和持仓仓位的管理。换句话说就是，作为投资者，如何根据自己资金总量的规模和风险好恶的程度，通过有效的资金管理和持仓仓位管理，从而提高投资效率和降低亏损的风险。

一、市场趋势整体朝下期间的资产配置

A股市场，与世界上其他股票市场相比，具有较多的特殊性，特别在做多与做空的制度安排方面，是偏向于做多的。尽管也有融券可以做空，但融券的标的数量有限。因此，这里讲的资产配置暂不涉及"融券做空"。

进行资金管理和持仓仓位管理时，首先要考虑的是趋势和周期。当市场总体趋势朝下，处于下降周期通道中时，除非公募基金有法律法规约束必须持有某种比例的仓位，否则，原则上以持有现金为主。

因为处于下降周期通道的过程中，绝大部分股票的价格是不断降低的，如果持有一定数量的股票，则势必导致亏损。这个时候，要熟练运用80/20法则，即80%的资金"刀枪入库"，20%的资金"打游击"；20%的时间出手，80%的时间等待，而不是相反。

当市场没有明显的上涨趋势时，为保全自己的主力资金不陷于被动，最好的策略就是让80%的资金休息，用20%的资金"打游击"。

为什么还要"打游击"呢？一方面如果完全休息，长时间远离市场，那么就会丧失对市场的敏锐度；另一方面，在市场整体趋势下跌的过程中，总有极少数板块的走势与市场整体趋势走势截然相反，也就是冬天里总有一小部分区域有春天。这20%的资金"打游击"，就是在这些与大盘走势截然相反的板块中寻找战机。"打游击"的精髓在于在运动中积累战斗经验，有机会就打，没有机会就不打。退一步讲，即便这20%的资金全部打光，还有80%的主力尚在。

80/20法则告诉我们，80%的盈利往往是由20%的交易创造的。在大趋势朝下的情况下，即使放弃一些反弹的机会，也不会对我们的盈利状况构成严重的影响。因此，珍惜手中的现金，减少出手的次数，减少持股仓位的比重，或许能够帮助我们降低挨套的概率。

假设1元钱就是一个兵，则我们大部分股民都是手握10万元、100万元的"大将军""总司令"。拥有"百万大军"的"总司令"如果不求之于势，要打胜仗是很难的。

还有就是，打了一仗之后，无论是胜利还是失败，都得休整休整，养足了精气神再打另外一仗。

每次投入大战之前，必须做一些必要的准备工作。如果疲劳作战，匆忙上阵，小则损兵折将，大则损失惨重。

二、市场趋势整体朝上期间的资产配置

《孙子兵法》有云："善战者，求之于势。"在市场整体趋势朝上期间，原则上80%的资金要变成股票，20%的资金作为机动兵力；或者满仓。有条件的，还可以启动正常的融资账户。不过，场外配资要特别谨慎，尽量不染指非法的场外配资。市场趋势整体朝上期间，也会有短期或者中期的回调，因此，回调期间，减轻仓位，休整休整，以规避短期风险。

对于市场趋势整体朝上期间个股的操作，最好不要追高。一般而言，即便大趋势朝上，但其前进的步伐也是曲折的，拳头要先缩回来，再打出才有力。因此，经常是涨三天后跌两天，涨两天后跌一天，张弛有度，才能远行。所谓"踏上节奏"，就是连续拉升时不追涨；连续拉升后，有序调整2~3个交易日则是上车的最佳时机。这个有序调整指的是调整期间是有序缩量的，调整时不跌破重要的趋势线。

三、资金规模与股票配置数量

至于股票资产的配置，千万元规模以下的资金级别，持有股票的数量尽量不要超过5只。百万元规模以下的资金级别，持有股票的数量以3只为宜。至于上亿元规模的资金，则需要考虑法律的合规性、交易的流动性，配置的股票可以超过5只，但原则上不超过15只。理论上，资金规模过亿元的，应该组建操作团队，用团队的力量来弥补单个个体在能力和精力方面的不足。

无论资金规模怎样，都不建议孤注一掷地把资金集中在一只股票上。把资金集中在一只股票上，风险有以下两个：第一，万一碰上"黑天鹅事件"就可能导致全军覆没；第二，市场波动往往是板块轮动，即各板块的涨跌具有交替的现象，资金集中在一只股票上，不利于在板块间进行资产配置的切换。

为有利于根据板块轮动的现象进行适当的切换，持有的股票，原则上不要集中在一个板块上。例如，百万元规模以下的资金级别允许持有3只股票，这3只股票应该分属于不同的板块。

四、试错成本的支出

试错成本指的是在情况不明朗的情况下，进行试探性的攻击时所需要支付的成本。比如，你想搭游资的车，当天有3只股票基本上符合条件，但谁强谁弱很难辨别。这时，你不想失去机会，那么就需要对这3只股票进行试错。假如你当天计划投入的资金是300万元，那么每只股票投入100万元。如果当天收盘证明有一只股票成功，而另外两只股票走势不符合预期，那么第二天一开盘，就得把不符合预期的两只股票"斩立决"，把资金挪到成功的这一只股票上。因为跟随游资讲的就是效率。通过试错找到强者，然后把资源从非战略性的标的上挪移到战略性的标的上。

以上这种试错方法也可用来搭机构的车。只不过，机构操作的股票，与游资操作的股票，得出结果的快慢是不一样的。游资操作的股票，是对是错，是强是弱，到第二天，最迟第三天就知道了。但机构操作的股票，则需要经过一段时间的跟踪考察，才能评判。

第四节　主力操盘意图的微观信号

分时图是日K线的内部形态，是在量与价、阴与阳、高与矮、厚与薄等元素综合作用下所呈现出来的外在视觉感官。来自分时图的量价结构形态，被称为微观信号。

微观信号虽然不能作为判断趋势和结构方向的依据，但它的量价结构形态可以在一定程度上反映主力的操盘意图，关键位置的分时量价结构形态往往是日 K 线级别的趋势和结构方向变化的起始点。

本节视频课程

扫码学习

分时图的波动，表面看起来是杂乱无章的。但仔细一看，还是能够发现其规律性的，特别是混沌与分形理论所提到的"结构的自相似性"，在分时结构形态中具有明显的特征。

一、助涨性量波

助涨性量波指的是在分时结构形态中，随着价格的不断上涨，对应的成交量也不断增加，表现为价涨量增、高价对应高量的形态。

图 4-7 所示为 002017 东信和平在 2018 年 12 月 24 日的助涨性量波。这种助涨性量波，在价格不断向上攻击的同时，后勤补给（资金供应）也能够随时跟上，体现了主力坚定的上攻意图。

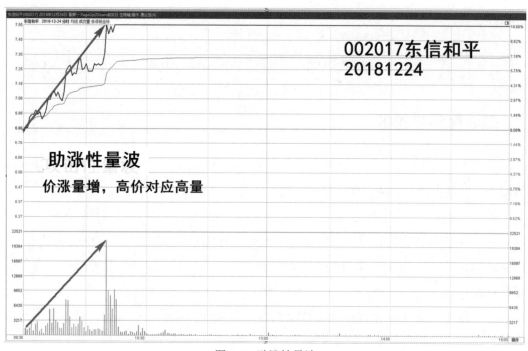

图 4-7　助涨性量波

含有助涨性量波结构的 K 线，如果出现在上涨趋势已经被确认之后的阶段性的低点或者是某条重要均线附近，往往是加仓买进的最佳时机。如图 4-8 所示，东信和平在 A 点区域短期均线组（5、8、13 日均线）上穿 60 日均线，完成中长期趋势朝上的确认。其后虽然有 B、C 柱两次回踩 60 日均线的动作，但上升趋势并未被破坏。D 柱一阳穿越三线（短期均线组），并且内部结构呈现助涨性量波，所以其后走势强劲。

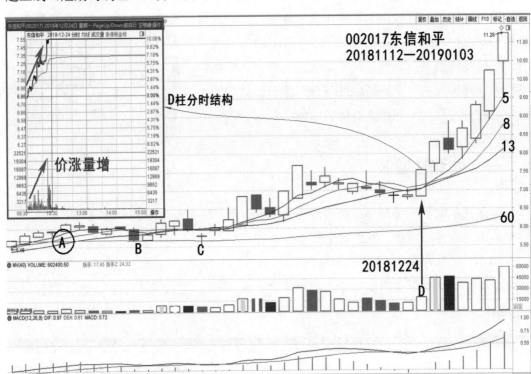

图 4-8　002017 东信和平 D 柱所在的位置

二、撤退性量波

撤退性量波指的是在分时结构形态中，随着价格的不断上涨，其对应的成交量却不断减少，表现为价涨量减、高价对应低量的形态。

如图 4-9（a）、（b）所示，002639 雪人股份在 2017 年 9 月 22 日的 M 柱，其分时结构在 A 点到 B 点的过程中，价格创了新高，但对应的成交量却明显减少，且 A、B 两点之间的时间间隔接近 30 分钟。这种价涨量跌、高价对应低量的量波结构，就是撤退性量波。

含有撤退性量波的 K 线，如果其左侧水平方向有明显压力，则往往暗示接下来会有调整。至于调整的幅度，深浅未知，需要结合其他因素进行综合分析。因此，当左侧有明显压力且 K 线内部结构出现撤退性量波时，应该根据实际情况适当减仓，以规避短期回调风险。

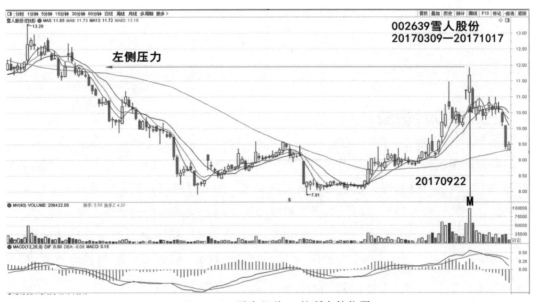

（a）002639 雪人股份 M 柱所在的位置

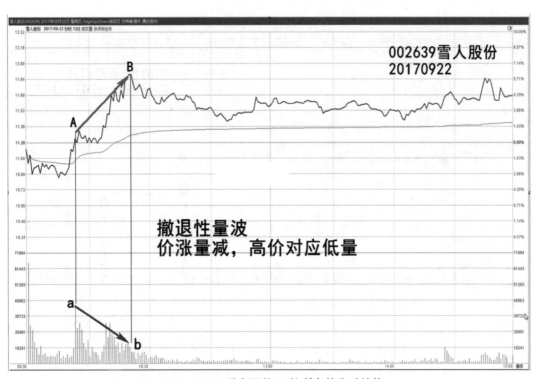

（b）002639 雪人股份 M 柱所在的分时结构

图 4-9　雪人股份 M 柱所在的位置及分时结构

这里必须强调的是，当行情特别火爆时，或者左侧的压力不是特别大时，出现撤退性量波，价格稍微调整一下，当天或者第二天还会有创新高的可能，但要提防其后的补跌。

三、助跌性量波

助跌性量波指的是在分时结构形态中，随着价格的不断下跌，其对应的成交量却不断增加，表现为价跌量增、低价对应高量的形态。助跌性量波体现在供求关系上就是，价格越是下跌，供应越是增加，恐慌性抛盘持续涌出。助跌性量波结构形态出现之后，往往暗示接下来还会创新低，当天不创新低，也会在第二天或者其后几天内持续创新低。

以300134大富科技为例（图4-10），从中长期趋势看，该股当时60日均线凌厉朝下，短期均线组也是空头发散，鳄鱼朝下张嘴。如图4-11所示，A柱和B柱在早盘开盘之后的30分钟内，其分时结构形态都是价跌量增，随着价格的持续下跌，恐慌盘不断涌出，是典型的助跌性量波。

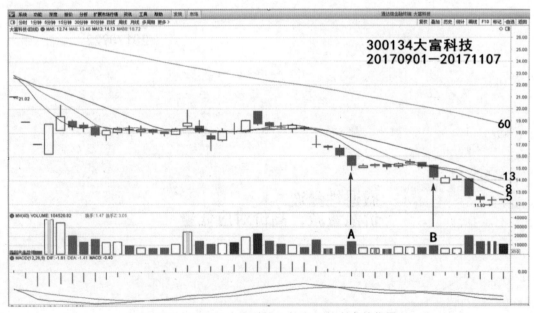

图 4-10　300134 大富科技 A 柱和 B 柱所在的位置

实战交易中，当短期趋势或者中长期趋势处于下跌状态时，出现助跌性量波，往往暗示接下来还会继续下跌。因此，当出现这种助跌性量波时，交易者应该减仓或者清仓。

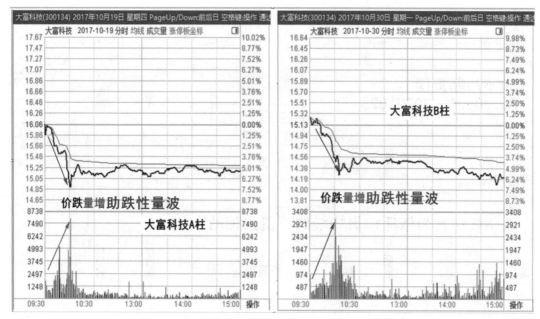

图 4-11　300134 大富科技 A 柱和 B 柱的助跌性量波

四、抄底性量波

　　按照软件系统的记录规则，最微观的量价结构为分时结构。每一分钟的价格在价格曲线上都是一个点，但对应的量柱是一根。当某一分钟最后一笔卖出量大于买进量时，分时量柱则显示为绿色。当某一分钟最后一笔买进量大于卖出量时，分时量柱则显示为红色。当某一分钟最后一笔买进量等于卖出量时，分时量柱则显示为白色。

　　抄底性量波指的是在连续下跌之后，在有重要支撑的位置，在分时结构形态中全天最低点突然出现放量的买单，量柱呈现为红色，并且这根红色比其相邻的左侧那根绿色量柱要高的形态。

　　原则上，在重要均线位置遇到支撑时，会出现抄底性量波，只要第二天跳空高开开盘，当天就有可能出现涨停板。以 300593 新雷能为例（图 4-12、图 4-13、图 4-14），M 柱回调到 13 日均线附近，其分时结构出现抄底性量波，坊间把这种量波也叫作"贵人相助"。所谓"贵人相助"，指的是在全天的最低点，有资金拉了一把，扭转了下跌的趋势，当天没有再创新低。但仅有 M 柱还不够，必须后续有一个跳空高开的确认柱 N，"贵人相助"才算成立。相当于一个不断沉沦的人，在人生的最低点有贵人出手相助拉了一把，但光拉一把还不够，必须接下来再突击提拔一次。

　　图 4-12 中，M、N 柱组合就是依托 13 日均线的支撑，在抄底性量波和第二天跳空高开确认的配合下，形成了"贵人相助"。不过，需要说明的是，这种均线支撑，既可

以是 13 日均线或者 21 日均线，也可以是 34 日均线或者 60 日均线。

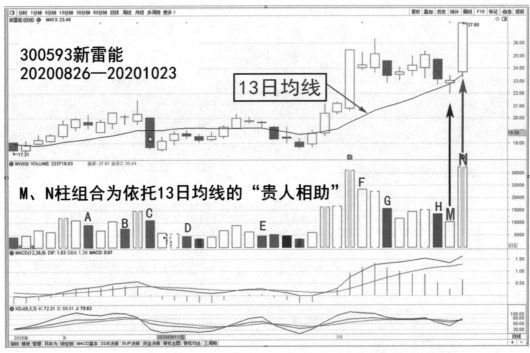

图 4-12　300593 新雷能 M 柱和 N 柱所在的位置

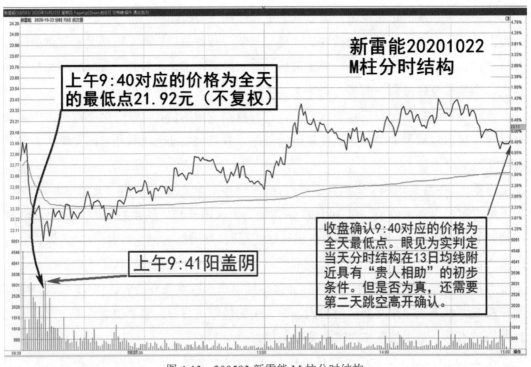

图 4-13　300593 新雷能 M 柱分时结构

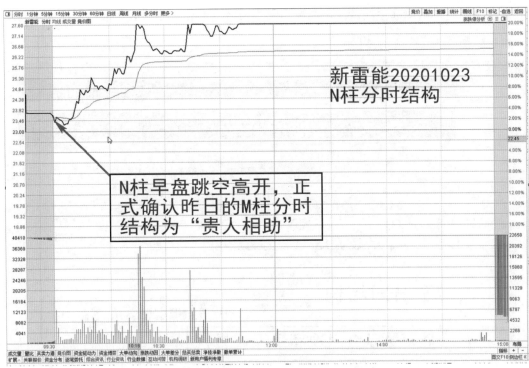

图 4-14 300593 新雷能 N 柱分时结构

五、逃顶性量波

逃顶性量波指的是在连续上涨或者单独的大阳后，遇到来自左侧的压力，在分时结构形态中全天最高点突然出现放量的卖单，量柱呈现为高量阴柱的形态。

在日 K 线为大阳时，恰逢左侧遇到压力，或者出现某些负面消息时，其微观分时结构一旦在全天最高点出现阴高量，说明有人在最高位大手笔出货。当这种情况发生后，股价其后的走势大概率会有回调，并且回调深度不可测。其背后的逻辑是：有超级资金对未来几天的走势不看好，因此在当天最高价的地方，大手笔卖出。

为避免利润的快速回撤，建议在确认该阴高量对应的价格为全天最高点后，应该适当减仓，或者在尾盘前 10 分钟做好全部清仓的准备。

为什么要在尾盘前 10 分钟才决定减仓？因为在没有收盘之前无法判断该阴高量对应的是否为全天最高点。在行情特别火爆时会出现一种情况：上午某个时点高价对应的是阴高量，但经过当天短暂的回调之后，自我修复，最后涨停了。为避免仓促减仓带来的不利，因此稳妥一点儿的做法是等收盘前 10 分钟左右再做决策。

如图 4-15、图 4-16 所示，603087 甘李药业的 A 柱为倍量阳柱，仅仅从日线状态看，没有什么问题。但如果看分时结构，就会发现种下了病根，2020 年 8 月 20 日 9:55 的时候在全天最高点出现逃顶性量波，如果当天不做减仓动作，则极有可能被后面的阴跌所左右，跌幅深度差不多为30%。

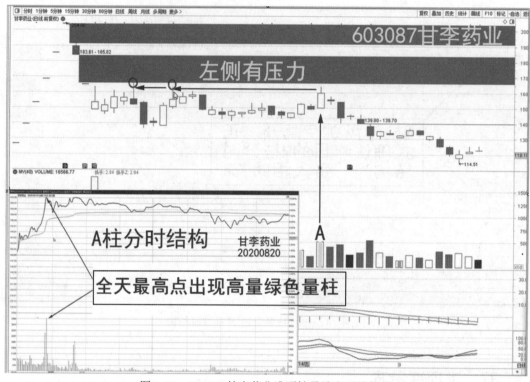

图 4-15 603087 甘李药业逃顶性量波出现的位置

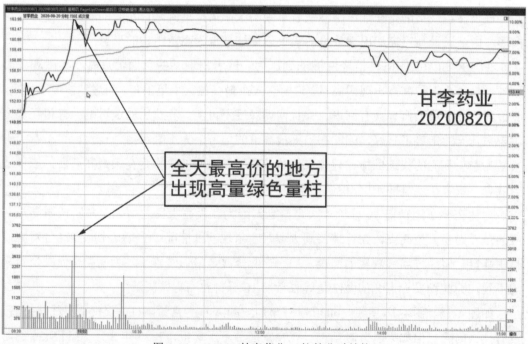

图 4-16 603087 甘李药业 A 柱的分时结构

【**即测即练**】扫描书背面的二维码，获取答题权限。

第五章
债券、期货、证券投资基金等品种的交易策略

第一节 债券的交易策略

一、债券的概念与种类

债券是一种标准化的债券合约，是债务人依照法律规定发行的，向债券持有人承诺按照约定的利率和日期支付利息、偿还本金，从而明确债权债务关系的有价证券。在我国，债券不仅种类繁多，而且管理机构也不统一，涉及银保监会、财政部、国家发展改革委、交易商协会、证监会等众多主管单位。债券发行方式有审批制、注册制、核准制、备案制等；按照发行主体的级别，债券可分为国债、地方政府债、企业债等；债券交易场所也比较多，如银行间市场和交易所市场，交易平台包括外汇交易中心、上海证券交易所、深圳证券交易所。

本节视频课程

扫码学习

债券流通的市场包括证券交易所及银行间债券交易市场，但是两者的交易方式不一样，银行间债券市场参与者以询价方式与自己选定的交易对手逐笔达成交易，在交易所进行的债券交易与股票交易一样，是由众多投资者共同竞价并经计算机撮合成交的。证券交易所债券交易是社会公众投资债券的主要方式，因为证券交易所是面向所有投资者开放的市场，自然人可以参与，机构也可以参与。而银行间债券交易市场是金融机构相互之间进行交易的特定场所。

为简单起见，这里涉及的债券交易策略，特指在上海证券交易所和深圳证券交易所上市交易的标的，不涉及银行间债券市场交易的标的。

二、债券交易的基础知识

（一）交易资格

参与二级市场的债券交易，如同参与股票交易一样，投资者也需要到相应的证券公司办理开户手续。完成相关交易手续后，方可参与交易。

（二）交易规则

1. 交易价格

二级市场的债券交易价格由供需双方决定。

2. 申报数量

上海证券交易所申报数量为 1 手或其整数倍，单笔申报最大数量不超过 10 万手。其中，1 手为 1000 元。深圳证券交易所申报数量为 10 张或其整数倍，单笔申报最大数量不超过 100 万张。其中，1 张为 100 元。余额不足 10 张部分，应当一次性申报卖出。

3. 债券交易的计价方式

净价是指报价不包含债券的利息，全价是指报价包含债券的利息。债券现券交易采用净价交易方式的，结算价格为成交价格与应计利息金额之和；采用全价交易方式的，结算价格为成交价格。

上海证券交易所上市的国债、公司债券、企业债券、可交换债券、分离交易的可转换公司债券进行现券交易时实行净价交易，全价交收；可转换公司债券进行现券交易时实行全价交易，全价交收。

深圳证券交易所上市的国债、地方政府债券、企业债券、公司债券、分离交易的可转换公司债券进行现券交易时实行净价交易，全价交收；可交换债券、可转换公司债券进行现券交易时实行全价交易，全价交收。

4. "T + 0" 的交易制度

投资者当日买入的债券当日可以卖出，也就是说，债券可以当日反复买进来，卖出去，进行多次交易。可转换债券、可交换债券、国债、企业债等，都实行"T + 0"的交易制度。

5. 债券的交收天数

上海证券交易所和深圳证券交易所均是"T + 1"交收。

6. 上市首日涨跌幅停牌规则

债券交易无涨跌幅限制。但对可转债，上海证券交易所有特别的规定，即上市首日交易价格较 100 元首次上涨或下跌超过 20% 时，停牌 30 分钟；交易价格较 100 元涨跌超过 30% 时，停牌至 14:57。深圳证券交易所无此限制。正股停牌，相关的可转债停牌，公司债、企业债不跟随正股停牌。

7. 债券的计息

应计利息金额＝债券面值 × 计息天数 × 票面利率/365 天。国债、企业债、公司债的应计利息计算方式一致。

8. 债券利息收益的税收

国债和地方债的利息收益无须缴纳个人所得税或企业所得税；而企业债和公司债的利息收益需要按 20% 的所得税税率缴纳个人所得税，企业法人须按 25% 的所得税税率缴纳企业所得税。

三、债券交易的基本技巧

二级市场可交易的债券品种较多，不同的品种，其流动性、安全性、收益性等有较大的差异。非专业人士很容易被其复杂性搞迷糊。

债券市场与股票市场有较大的差异。债券的价格波动幅度与股票相比要小得多，在流动性方面比股票的流动性也要差很多。有些品种的交易量非常小，想卖也卖不出去，想买也买不进来。因此，流动性是能否及时兑现的一个关键指标。流动性好，就能够节约更多的机会成本。

以代号为 019610 的 18 国债 28 为例，该标的自 2018 年 12 月 28 日上市，但成交清淡。图 5-1 所示的 B 柱，2021 年 3 月 21 日的成交量是上市以来最高的，当天成交金额也就是 220 万元，涨幅为 -0.17%。选择这样的交易标的，明显会增加资金的沉没成本。

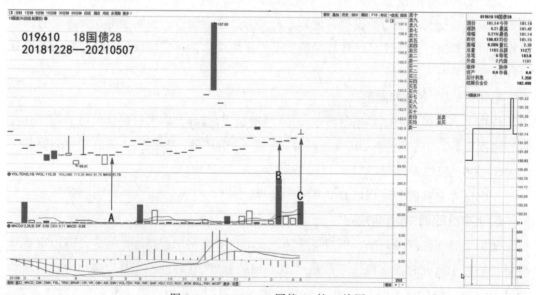

图 5-1　019610　18 国债 28 的 K 线图

而代号为 019541 的 16 国债 13 的情况就完全不一样了（图 5-2）。该标的于 2016 年 5 月 26 日上市交易，波动幅度在 +11% 至 -16% 之间，成交量最高的一天有 7721 万元，最低的一天也有几万元的成交额。

图 5-2　019541　16 国债 13 的 K 线图

流动性是否活跃，主要与市场关注度有关，与参与主力的习性有关。流动性活跃，则涨跌幅度范围也会打开。有了流动性和较大的震荡幅度，就能够吸引一批喜欢投机的交易者。

因此选择类似 16 国债 13 这样的品种参与交易，就能将前面学到的价值投资理论、趋势投资理论、混沌与分形理论、缠论和新资金流派理论等派上用场。

16 国债 13 每张面值 100 元，期限为 50 年。面值 100 元，这就是标的物的核心价值。票面利率 3.7%，存续期内每年的 5 月 23 日、11 月 23 日为付息日期，这是标的物的固定收益。参与债券交易，仅仅为赚取利息，那就没有什么意义了。大多数参与债券交易的交易者，无论是机构还是自然人，其目的都是希望通过标的物的上下波动赚取一定的差价。

如图 5-2 中所示的 A 点，此点的价格为 110.99 元，显然，根据价值投资理论，其价格已经偏离其价值，价格明显被高估，此时不可以追高。当价格运行到 B 点时，短期均线组（5、8、13 日均线）跌穿 60 日均线，大乾坤倒转，中长期趋势下跌信号已经发出。此时不能做多买进，也不能继续持有，卖出是唯一的选择。

而价格运行到 E 点时，此时已经完成了底分形、小乾坤转折和大乾坤转折，中长期上涨趋势信号发出。D 点的价格是 84.82 元，E 点的价格在 86 元左右，与面值 100 的内在价值相比，价格已经远远偏离其内在价值，价格明显低估，因此，此时正是买进做多的最佳时点。

根据缠论和趋势投资理论，交易时应在上涨段买进并持有，在下跌段空仓。因此，在 E 点做多买进后，持有至 F 点可以卖出；同理，在 G 点可以做多买进，H 点可以卖出；在 I 点可以买进，J 点可以卖出。

如此操作，全部根据客观信号操作，不需要主观臆想。每次进出，都有盈利，只是赚多赚少而已。

而事实上，在债券二级市场，债券的发行人也会在价格明显低于价值的时候买进，然后把标的物注销。这样做是减少成本支出、增加盈利的通常做法。

国债因为有国家信誉作为背书，因此，相对来说，兑付的安全性是最高的。但是企业债、公司债等品种，到期能否按期兑付本息，存在一定程度的风险。严重时还可能出现企业以破产名义逃废债务的情况。因此，交易者在参与这类债券交易时，要对企业的基本面进行深入的了解。

2020 年 11 月 10 日，永煤控股发布公告称，因流动资金紧张，在中国银行间市场上市的"20 永煤 SCP003"未能按期足额偿付本息，已构成实质性违约，违约本息金额共计约 10.32 亿元。随后，"20 永煤 SCP004""20 永煤 SCP007"也构成实质违约，违约金额累计可达 30 亿元。

此时在二级市场交易的"13 平煤"因为受到永煤违约事件的影响发生剧烈的波动，2020 年 11 月 11 日和 12 日，连续两天下跌累计超过 20%，最低点达 66.72 元（面值 100 元）。如图 5-3 所示，如果能够用好均线结构理论，则在 A 点之后，没有再持有的理由，空仓是唯一的选择。因为 A 点出现了短期均线组下穿 60 日均线的信号，此为中长期趋势下跌的信号。直到 B 点出现"小乾坤转折"信号，但由于 60 日均线仍然凌厉朝下，因此 C 点的"大乾坤转折"没有成功。60 日均线没有走平的"大乾坤转折"是不可靠的。

E 点再次出现"小乾坤转折"信号，此时证明 D 点的底分形成立。当 F 点出现"大乾坤转折"信号时 60 日均线已经走平。因此，F 点才是真正的买点信号。

当某只债券价格下跌远离其内在价值，且在完成底分形、小乾坤转折和大乾坤转折后，往往是最安全的开仓买进介入点。掌握这个知识点，对于二级市场的债券交易是大有裨益的。

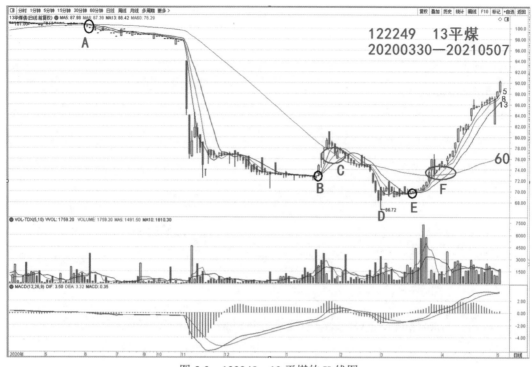

图 5-3　122249　13 平煤的 K 线图

四、可转换债券的交易技巧

可转换债券是债券持有人可以按照发行时约定的价格将债券转换成公司的普通股票的债券。可转换债券的特点是同时具有股性和债性，换句话说，可转换债券在正常情况下最后的归宿有两个：一是选择债券到期后兑付本息；二是选择将可转债转换为股票。

不过，可转换债券还有两条特别的条款：一是其持有人享有在一定条件下将债券回售给发行人的权利；二是发行人在一定条件下拥有强制赎回债券的权利。因此，市场上流通的转债，最终注定只有 4 个归宿：回售、到期兑付、强制赎回、转股。

可转换债券没有涨跌幅限制，实施的是"T+0"交易。可转换债券的价值依托正股而存在，正股价格的波动及正股与可转债之间的价差会对可转换债券的价格波动产生联动的影响。

以 113016 小康转债为例，其正股为 601127 小康股份。如图 5-4 和图 5-5 所示，2020 年 11 月 9 日，小康转债的价格为 100.24 元，对应小康股份的股价为 10.10 元。一直运行到 2021 年 5 月 7 日，小康转债的价格为 413.56 元，对应小康股份的股价为 55.69 元。转债价格的走势与正股价格的走势基本保持一致。

正股小康股份的 B 点为中长期趋势朝上的确认点，对应于小康转债的 A 点也是大乾坤转折点，正股与转债基本同步，这就为操作可转债提供了同步共振的信号，同步共振是一种双保险。

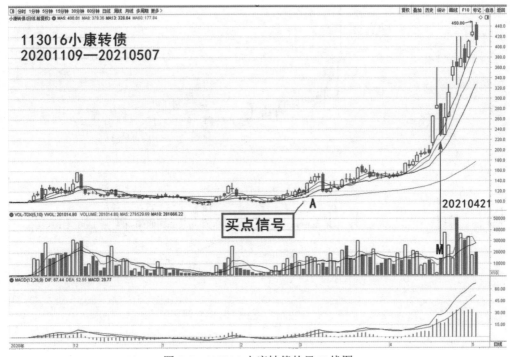

图 5-4　113016 小康转债的日 K 线图

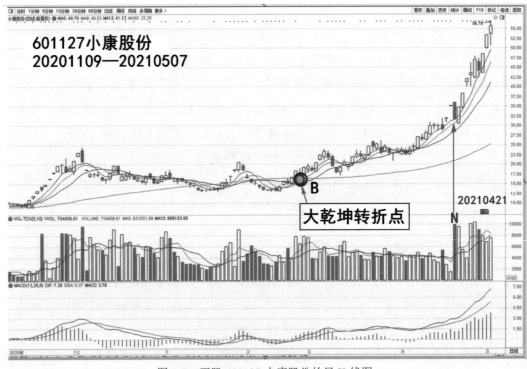

图 5-5　正股 601127 小康股份的日 K 线图

相对于可转债而言，与股票相比，更大的优势在于可以做"T+0"，短线如果做反了方向，可以立马纠错，而股票交易当天是不能纠错的。对于有较好市场盘感且有时间盯盘的职业交易者而言，无疑增加了交易机会，减少了资金的机会成本。

如图 5-6 所示的小康转债 M 柱分时结构，如果当天集合竞价阶段高开买进，而开盘之后，发现运行方向与预期不一致，那么开盘 3~5 分钟后，则可以立马纠错卖出，当天至少可以减少 15% 的亏损。而同一天在 N 柱买进正股小康股份，因其为"T+1"交易制度，当天买进后只能眼睁睁看着其跌停。

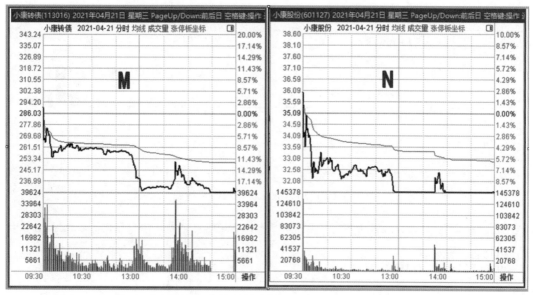

图 5-6　小康转债 M 柱分时结构与小康股份 N 柱的分时结构

需要说明的是，在股票市场适用的趋势理论、均线思维等，在债券和可转债交易中一样适用。但有时候，可转换债券往往脱离正股的价格独立运行，这是主力高度控盘与市场投机情绪高涨等因素叠加造成的结果。

以 123043 正元转债为例（图 5-7），在 2020 年 10 月 22 日，当天涨幅达 176.41%；而其正股 300645 正元智慧当天的涨幅只有 6.9%（图 5-8）。虽然双双上涨，但上涨的幅度相差巨大。正元转债在这一天是受操盘主力的操控叠加市场投机情绪高涨的影响而形成的。

理论上，可转换债券可以脱离正股进行击鼓传花的博傻游戏，在可转债到期前可以一直玩下去。但是不要忘记，可转换债券还有个潜在风险，即强赎条款，一旦满足强赎条件，上市公司有权以低价对转债进行强制赎回，被强制赎回意味着凡是高价买进的投资者都可能面临巨大的亏损。因此，与正股股价偏离太远的可转换债券，往往潜伏着不可控的风险。

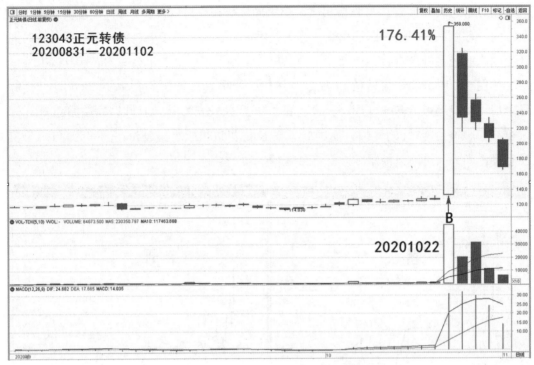

图 5-7　123043 正元转债的日 K 线图

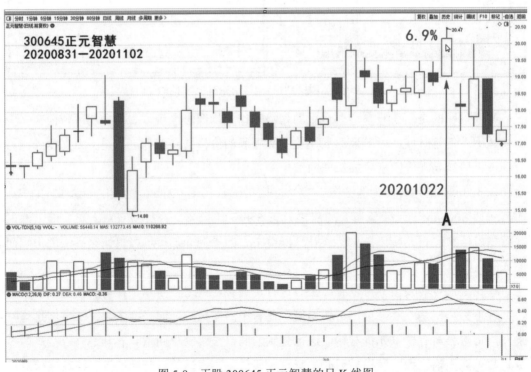

图 5-8　正股 300645 正元智慧的日 K 线图

第二节 期货交易策略

期货是指以某种大宗商品或金融资产为标的的可交易的标准化远期合同，即期货合约。期货合约是期货交易所统一制订的、规定在将来某一特定的时间和地点交割一定数量标的物的标准化合约。根据标的物的不同，期货合约可以分为商品期货合约、金融期货合约及其他期货合约。

本节视频课程

扫码学习

期货的相关衍生品包括远期、互换和期权。

远期是指交易双方约定在未来的某一确定时间，以确定的价格买卖一定数量的某种标的资产的合约。远期交易通过场外交易市场（OTC）达成。

互换是指两个或者两个以上当事人按照商定条件，在约定的时间内交换一系列现金流的合约，包括利率互换、货币互换、商品互换、股权互换、远期互换等。

期权是一种买卖选择权，即买方能够在未来的特定时间或者一段时间内按照事先约定的价格买入或者卖出某种约定标的物的权利。期权是给予买方（或者持有者）购买或者出售标的资产的权利，买方（或者持有者）可以在规定的时间内根据市场状况选择买或者不买、卖或者不卖，既可以行使该权利，也可放弃该权利。常见的期权有利率期权、外汇期权、股票期权和商品期权等。

一、期货交易的基础知识

（1）交易场所。期货交易是在交易所内或者通过交易所的交易系统进行的标准化远期合同（期货合约）的买卖交易。期货交易实行场内交易，所有买卖指令必须在交易所内进行集中竞价成交。只有交易所的会员才能进场交易，其他交易者只能委托交易所会员，由其代理进行期货交易。

（2）杠杆交易。期货交易实行保证金制度。交易者在买卖期货合约时按合约价值的一定比例缴纳保证金（一般为5%~15%）作为履约保证，即可进行数倍于保证金的交易。这种以小博大的保证金交易，也被称为"杠杆交易"。这种交易使得期货交易具有高收益和高风险的特点。

（3）双向交易。期货交易采用双向交易的方式。交易者可以买入建仓，也可以卖出建仓。前者称为"买空"，后者称为"卖空"。这种双向投资的机会让投资者在预期价格上升时，可以通过低买高卖获取差价，也可以在预期价格下降的情况下通过高卖低买来获利。

（4）对冲了结。交易者在期货市场建仓以后，多数情况下不是通过交收现货来结束交易，而是通过对冲了结束交易。买入建仓后，可以通过卖出同一数量的期货合约来解除履约责任；卖出建仓后，可以通过买入同一数量的期货合约来解除履约责任。对冲了结使得投资者不必通过交割现货来结束期货交易，从而提高了期货市场的流动性。

（5）当日无债结算。结算部门在每日交易结束后，按照当日结算价对交易者结算所有合约的盈亏、交易保证金及手续费、税金等费用，对应收应付的款项实行净额一次划转，相应增加或者减少保证金。如果交易者的保证金余额低于规定标准，则必须追加保证金，从而做到"当日无负债"。

（6）交易者资格。个人投资者申请开户时保证金账户可用资金余额不得低于50万元人民币，具备金融期货基础知识，通过相关测试；具有累计10个交易日、20笔以上金融期货仿真交易成交记录，或者最近3年内具有10笔以上期货交易成交记录；不存在严重不良诚信记录；不存在法律、行政法规、规章和交易所业务规则禁止或者限制从事金融期货交易的情形。机构投资者分为特殊单位客户和一般单位客户。特殊单位客户包括证券公司、基金管理公司、信托公司、银行和其他金融机构、合格境外投资者、社会保障类公司等，这些投资者本身符合投资者适当性制度的规定，不用进行综合评估就可以向期货公司申请开立交易编码。一般单位客户是指除特殊单位外的机构投资者，需要期货公司对投资者的适当性进行综合评估，评估的内容包括单位的基本情况、相关投资经历、财务状况、诚信状况等。

（7）涨停板制度。涨停板制度又称每日价格最大波动限制制度，是指期货合约在一个交易日中的交易价格波动不得高于或者低于以上一个交易日结算价为基准的规定涨跌幅度，超过该涨跌幅度的报价将被视为无效报价，不能成交。

（8）持仓限额制度及大户报告制度。持仓限额制度是指交易所规定会员或者客户可以持有的、按单边计算的某一合约投机头寸的最大数量。大户报告制度是指交易所的会员或者客户在持有某种合约超过交易所规定的持仓标准时，必须向交易所报告。对持仓限额，交易所通常只针对一般的投机头寸，而套期保值者则可以向交易所申请豁免持仓限额。对持仓限额和持仓报告标准，交易所可以根据不同期货品种及其市场风险状况进行适当的调整。

（9）强行平仓制度。强行平仓是指交易所或者期货公司按照有关规定对会员或者客户的持仓强制平仓，其目的是控制期货交易的风险进一步扩大。当出现以下情况时，期货交易所或者期货公司将采取强行平仓措施：①交易者账户中的保证金不足；②持仓超过规定的持仓限额，超出限额部分为强行平仓的对象。

（10）套期保值。套期保值是指实体企业通过持有与其现货市场头寸相反的期货合约，以期对冲因价格波动而带来的潜在风险。套期保值的本质是风险对冲。风险对冲没有把风险消灭，而是把风险转移给了期货市场上的其他投机者。操作套期保值没有过多的技巧，只要把握两个关键点：一是期货与现货的方向要相反，即当企业现货头寸处于多头时，则期货头寸必须空头；二是持仓的时间要基本一致，即当企业已经了结了现货头寸时，则用于套期保值的期货头寸必须同步平仓。

二、期货投机交易技巧

期货投机是指以赚取差价收益为目的，通过预测期货合约未来价格变化，在期货市场上进行买空卖空的交易行为。市场参与者一般包括机构投机者和个人投机者。

期货市场是风险偏好者的天堂，在交易制度安排上，与 A 股股票市场最大的不同在于以下 3 点：第一，股票交易为单向交易，期货交易为双向交易。股票交易只能先买进持有股票，然后才能卖出，同时，当天买进的股票当天不能卖出。而期货交易是双向交易，既可以先买后卖，也可以先卖后买，在交易时间内，随时可以进出，非常方便。第二，股票交易实行的是"T+1"交易模式，即当天买进的股票当天不能卖出。而期货交易实行的是"T+0"交易模式，即当天买进的标的当天就可以卖出，也可以当天卖出然后当天买，而且不限制交易次数。第三，期货交易实行的是交易保证金制度，属于"杠杆交易"；而股票交易虽然有融资的杠杆工具，但与期货相比，其杠杆率要低得多。

期货市场的投机交易虽然在交易制度的安排上与股票市场的交易有较大的区别，但分析的理论基础与股票市场基本一致。期货的基本分析，与股票市场的价值投资理论是一致的；期货的技术分析法，也涉及道氏趋势理论、缠论、混沌与分形理论、新资金流派理论等，用于分析股票的所有技术，理论上在期货市场上也是适用的。

（一）技术分析法

参与期货交易，第一件事情就是辨识价格的运行趋势。其总原则是：顺势而为，不与趋势作对。即建仓时，在市场信号已经确认其为上涨趋势时，买入期货合约；在市场信号已经确认下跌时，卖出期货合约。如果趋势不明朗，或者无法判定市场发展趋势，就不要匆忙建仓。

对于趋势的确认信号，不仅适合股票市场，而且适合债券、期货、期权等证券市场上所有的交易品种。上涨趋势的确认信号为底分形、小乾坤转折、大乾坤转折三部曲。下跌趋势的确认信号为顶分形、小乾坤倒转、大乾坤倒转三部曲。

以中金所金融期货 IC500 中证 500 为例，从日 K 线级别来阐述交易信号与交易节奏的技巧。图 5-9 所示为 2019 年 1 月 18 日至 2019 年 6 月 11 日期间的日 K 线运行图。A 点出现底分形，B 点出现小乾坤转折（5、8 日均线上穿 13 日均线，短期上涨趋势确认信号），C 点出现大乾坤转折（5、8、13 日均线短期均线组上穿 60 日均线，中长期上涨趋势确认信号）。B 点为短期趋势上涨信号，此时可以开仓多头头寸；当 C 点确认中长期上涨趋势，则可以进一步加仓多头头寸。

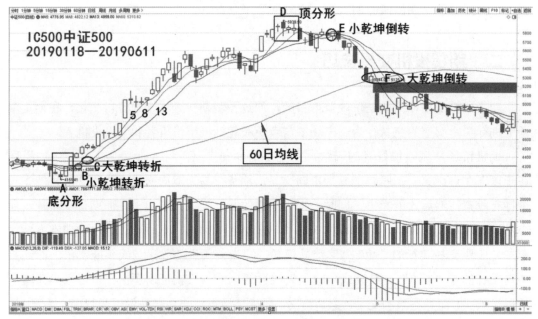

图 5-9　IC500 中证 500 的 K 线图

当行情运行到 E 区域，出现小乾坤倒转信号时，在 C 区域买进的多头头寸应该全部平仓。同时，可以试着新开空头头寸。当行情运行到 F 区域，短期均线组（5、8、13 日均线）下穿 60 日均线，出现大乾坤倒转信号时，中长期下跌趋势被确认，F 点之后，适宜进一步加仓空头头寸。

图 5-10 所示是 IF300 沪深 300 在 2017 年 10 月 13 日至 2019 年 5 月 9 日的日 K 线级别的截图。其下降趋势也是从 A 点的顶分形开始的。到 B 点小乾坤倒转，短期趋势朝下确认。C 点为大乾坤倒转，中长期朝下趋势确认，其后价格一路下行，到 E 点出现底分形才宣告结束。而 E 点的底分形，加上 F 点的小乾坤转折和 G 点的大乾坤转折，一轮上升趋势就这样一步一步形成了。

以上是以日 K 线为级别而言的。而在实战交易中，有一部分交易者是以 5 分钟级别或者 15 分钟级别来做交易的，也有以 30 分钟级别或者 60 分钟级别来做交易的。级别由低到高分别为：1 分钟 K 线级别、5 分钟 K 线级别、15 分钟 K 线级别、30 分钟 K 线级别、60 分钟 K 线级别、日 K 线级别。级别越低，灵敏度越高。但底分形和乾坤转折与乾坤倒转信号的设置数据是一样的，即短期均线组为 5、8、13 日均线，中长期均线为 60 日均线，这个参数不变。

究竟应该以哪个级别来做交易，坊间没有定论。选择 K 线级别的高低，一方面与交易品种的波动习惯有关，另一方面与交易者的风险偏好习惯有关。如果某期货品种波动幅度较大，那么就以 K 线级别较低的来做；反之，如果某期货品种日间波动幅度不大，那么就选择 K 线级别较高的来做。如果交易者风险偏好是较为敏感的，就选择 K 线级别较低的；如果交易者风险偏好是较为迟钝的，就选择 K 线级别较高的。

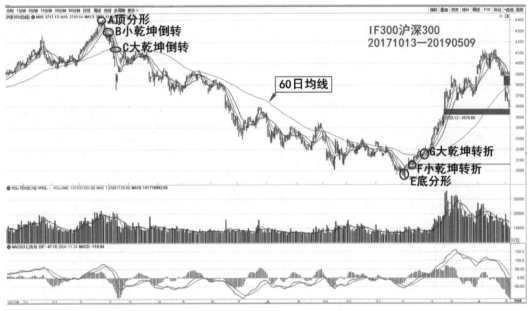

图 5-10　IF300 沪深 300 的 K 线图

（二）基本分析法

基本分析法又称基本面分析法，是指交易者根据经济学、金融学、财务管理学、投资学、政治学、统计学等基本原理，对决定证券价值和价格的基本要素，如国家产业政策、国际政治与经济的关系、宏观经济指标、产业生命周期、价格波动周期、市场供求状况、自然灾害、气候变化等进行分析，评估证券的内在价值与价格之间的差异，分析政策变化与自然灾害对标的物的影响，提出相应的投资与投机建议的一种分析方法。

期货市场大宗商品标的物价格波动不仅受市场价格和商品的内在价值之间差异的牵引，也与市场情绪、周期等因素有关，更重要的是受国际政治与经济变化、国家与地区产业政策变动的影响。

美国从 2020 年上半年起，为应对新冠肺炎疫情对经济的影响开启了无限量印钞政策。因为美元为世界储备货币，也是世界贸易的主要结算货币，美国无限量印钞引发了通货膨胀，从 2020 年 4 月开始，期货市场的焦炭、铜、铝、铁、玻璃等大宗商品开启价格疯涨模式，到 2021 年 5 月上旬，几乎翻倍。大宗商品价格的暴涨给世界经济的平稳发展带来了严峻的挑战。

因原材料价格上涨过快，半年时间内生产成本至少提高了 50%，给下游的加工企业带来了巨大的压力。但前期签订的产品合同不能更改，企业执行原合同供货价格，继续生产就得面临巨大的亏空。如果任由其继续暴涨，将对产业链下游企业造成巨大的伤害。

以铜期货为例（图5-11），2021年5月10日，CU2107沪铜2107突破77000元大关，最高触及78470元，一度刷新2006年5月以来新高，突破近16年纪录。从2020年11月2日的A点到2021年5月10日的B点，7个月涨幅达53%。以螺纹钢期货为例（图5-12），RBL9螺纹指数从2020年9月29日的A点到2021年5月12日的B点，6个月涨幅达77%。

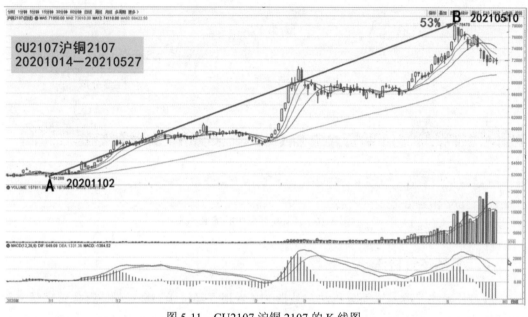

图5-11　CU2107沪铜2107的K线图

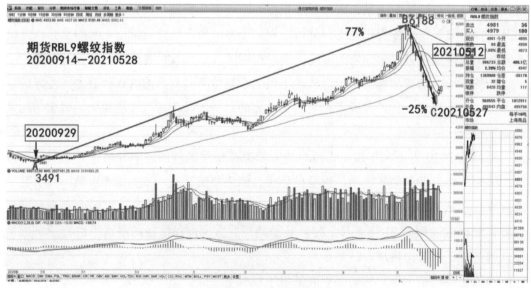

图5-12　期货RBL9螺纹指数的K线图

面对不断暴涨的大宗商品价格，2021 年 4 月 8 日，国务院稳定发展委员会会议提出"要保持物价基本稳定，特别是关注大宗商品价格走势"。5 月 10 日收盘后，大连商品交易所、郑州商品交易所、上海期货交易所发布提示函，紧急出手降温，要求交易者提高交易保证金比例和交易手续费。5 月 12 日，国务院总理李克强主持召开国务院常务会议，会议要求各相关部门要做好市场调节，应对大宗商品价格过快上涨及其连带影响。5 月 19 日，国务院常务会议再次提出要采取措施全方位遏制大宗商品价格不合理上涨。

虽然国际期货市场的定价权不全由中国政府主导，但政府的一系列重拳出击，对抑制过度投机的行为还是非常有效的。从 5 月 10 日以后，大宗商品价格疯涨模式得到有效抑制，单边上扬的趋势迅速得到扭转。两个星期之内，"沪铜 2017"的期货价格下跌 10% 左右，"RBL9 螺纹指数"下跌 25% 左右。

因此，技术分析讲的是"趋势第一"，在遇到政府干预时，要优先考虑政府对于市场干预的影响。任何时候，国家意志都是第一位的，任何趋势与结构，在国家意志面前都不值一提。作为交易者，无论是出于投资的目的还是投机的目的，都不能与"国家意志"对抗。服从党的领导，理解政策意图，是操作国内期货的基本原则。

但是这里需要说明的是，"政府干预"并非可以百分之百地战胜"市场意志"。当市场趋势开启从一个极端冲向另一个极端时，政府出手干预也很难扭转趋势的方向。比如，2015—2016 年 A 股市场爆发"股灾"，"国家队"果断拿出真金白银出手"救灾"，但收效并不理想。上证指数从 2015 年 6 月 12 日的 5178 点跌到 2019 年 1 月 4 日的 2440 点，跌幅达 53%。"国家队"出手，仅仅是延缓了下跌的时间和速度而已。证券市场的复杂性可见一斑。

第三节　证券投资基金的交易策略

一、证券投资基金交易的基础知识

证券投资基金，是指通过发售基金份额，将众多不特定投资者的资金汇集起来，形成独立财产，委托基金管理人进行投资管理，基金托管人进行财产托管，由基金投资人共享投资收益、共担投资风险的集合投资方式。

本节视频课程

扫码学习

（一）公募基金和私募基金

按照资金募集方式，可以把基金分为公募基金和私募基金两大类型。

公募基金是证监会批准公开发行的，是向不特定的投资者公开发行受益凭证进行资金募集的基金。它一般在法律和监管部门的严格监管下，有投资品种、利润分配、投资限制等规范要求。投资风格在发行之前就确定了（比如，有的专做大盘蓝筹；有的专做成长；有的专做价值；有的一部分投资债券，另一部分投资股票或者其他证券），续存期间不能任意更改。公募基金管理机构和公募基金托管机构分别作为基金管理人和托管人，一般按照资产规模获得一定比例的管理费收入和托管费收入。公募基金每个季度都要公开披露其投资组合、持仓比例等信息。

私募基金是向少数特定投资者采用非公开的方式募集的资金，私募基金一般为注册的法人单位，需要进行工商注册，接受行业协会的指导和管理。其投资的品种和投资比例由协议约定。执行的过程中相对比较灵活，既可空仓也可满仓，也可参与股票、股指期货、商品期货等多种金融品种的投资。私募基金的收益则来自其基金的单位净值为正的部分的提成，一般为盈利部分的 20%。如果单位基金为负值则没有盈利，没有盈利，则私募基金管理人就没有收益。私募基金的信息披露要求较低，在投资过程中有着较强的保密性。

（二）封闭式基金与开放式基金

按照运作方式的不同，证券投资基金一般分为封闭式基金与开放式基金两大类型。封闭式基金是指基金份额在基金合同期内固定不变，基金份额可以在依法设立的证券交易所交易，但基金份额持有人不得申请赎回的一种基金。开放式基金是指基金份额在基金合同期内不固定，基金份额可以在基金合同约定的时间和场所进行申购或者赎回的一种基金。

（三）其他类型基金

随着基金行业的快速发展，基金品种越来越多，其名称也越来越庞杂。为帮助读者厘清头绪，我们根据投资对象、投资目标、投资理念、资金来源和用途的不同，对基金的名称进行梳理和分类。

根据投资对象的不同，可以把基金分为股票基金、债券基金、货币市场基金、混合基金、基金中基金、另类投资基金。

根据投资目标的不同，可以把基金分为增长型（成长型）基金、收入型基金和平衡型基金。

根据投资理念的不同，可以把基金分为主动型基金和被动型（指数）基金。

根据资金的来源和用途的不同，可以把基金分为在岸基金、离岸基金、国际基金。

此外，还有特殊类型基金，如避险策略基金、上市开放式基金（LOF）、分级基金等。指数基金是其中的一种。

指数为各种数值的综合，用于衡量市值或者经济的变化。指数基金，就是以指数成分股为投资对象，以获取与指数大致相同收益率为投资目标的被动型基金。近年来，交易型开放式指数基金（ETF）发展最为迅速，它是一种可以在交易所上市交易的、基金份额可变的一种开放式基金。比如，你买了上证50ETF（代码510050），就如同拥有了上证50只股票，如果指数涨了，你就赚钱了；如果指数跌了，你就亏钱了。二级市场ETF交易门槛与普通股票相同，1手100份起。不同的是，ETF交易无印花税。

全球第一只指数基金是美国的先锋基金，是在1975年发行的。2004年我国第一只ETF即上证50ETF上市。经过几十年的发展，ETF已经成为世界上增长最快、交易最活跃的金融品种。

在二级市场交易的ETF的种类较多，常见的包括股票ETF、债券ETF、货币ETF、黄金ETF、科技ETF、期货ETF、跨境市场ETF等。

其中，股票ETF是最受普通投资者喜爱的一个品种。股票ETF的种类也比较多，根据行业覆盖面的不同，可以把股票ETF分为宽基指数、窄基指数。宽基指数包括中证100、沪深300、上证50、中证500等；窄基指数包括行业指数、策略指数、主题指数等，如中证全指医药指数、中证全指消费指数、中证全指信息技术行业指数、中证军工指数、中证环保产业指数、中证5G通讯指数等。

二、ETF 交易技巧

由于指数为各种数值的综合，对应于ETF而言，也是一篮子的标的物，很难被市场操纵。由于存在信息不对称的问题，并且各种基本分析法都带有主观的成分，因此，建议读者在进行ETF交易时要把握好趋势与周期，利用客观趋势信号进行顺势而为的操作，那么在交易中实现稳定盈利是大概率事件。

根据ETF波动的历史来看，顺势而为，是交易成功的不二法门。

自然界，有春夏，也有秋冬。秋冬过后，又是春夏。春夏秋冬四季循环，草木生长也是顺应季节。只要草木的根基未受损伤，当春天来临时，草木还会自然发芽、开花、生长。

参与ETF的交易，只要悟透草木顺应季节生长的逻辑，就会自然想到我们用来判断证券市场运行趋势的工具。高氏趋势定理1：一个上升趋势的形成，必须经过底分形、小乾坤转折和大乾坤转折这3个步骤。高氏趋势定理2：一个下降趋势的形成，必须经过顶分形、小乾坤倒转和大乾坤倒转这3个步骤。

（一）短线持有的交易策略

短线交易以短期均线组（5、8、13日均线）为参照物建立交易系统。交易技巧为：连涨不追，靠线买进，破线出局。

以159813芯片为例，图5-13所示为2020年5月25日至2020年7月28日的走势，A点为小乾坤转折点，即5、8日均线上穿13日均线，短期均线组呈现多头发散之后，在B、C、D、E、F、G、H这些点位，价格每次靠近5日均线时，都是买点信号。

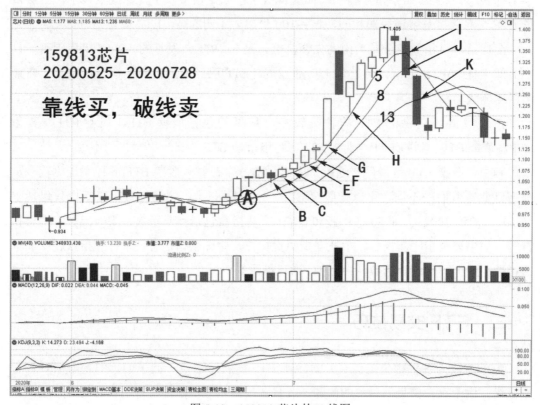

图5-13　159813芯片的K线图

买进之后，可以一直持有。当在I点有效跌破5日均线时，要减仓50%~70%；当在J点有效跌破8日均线时，继续减仓；当在K点跌破13日均线时，不可以再持有。

（二）中长线持有的交易策略

中长线交易需要借助短期均线组（5、8、13日均线）和牛熊分界线60日均线的金叉信号或者死叉信号作为参照物。交易技巧为：金叉买进，死叉清仓。

以500ETF（代码：159922）为例，图5-14所示为2014年4月23日至2015年7月6日的走势，A点为底分形点，B点为小乾坤转折点，C点为短期均线组（5、8、13日均线）上穿60日均线的节点，此为中长期趋势上涨金叉信号，也为"大乾坤转折"信号，只要 60 日均线走平且上翘，则应该在 C 点以后尽快买入并持有。买入之后，只要短期均线组（5、8、13 日均线）不下穿 60 日均线，则可以一直持有。直到 D 点完成顶分形，E 点完成小乾坤倒转，F 点为短期均线组（5、8、13 日均线）下穿 60 日均线的节点，此时为中长期上涨趋势死叉信号，也就是我们所说的"大乾坤倒转"信号，此时应该空仓观望，不宜再持有。

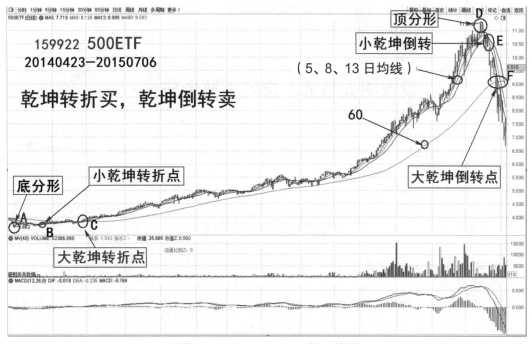

图 5-14　159922 500ETF 的 K 线图

（三）空仓观望的策略

当你选中的标的物短期均线组（5、8、13 日均线）处于缠绕阶段，或者短期均线组与中长期均线组（45、55、65 日均线）同时处于缠绕阶段时，为箱体震荡，此时没有明显趋势，参与价值不大。

以 510270 国企 ETF 为例，图 5-15 所示为 2019 年 6 月 16 日至 2020 年 2 月 3 日的走势，从图上可以明显看出短期均线组与 60 日均线大体为水平方向的缠绕，这个阶段没有明显的发展方向。因此，遇到这样的情况，最好不要参与。如果已经陷在里面，应尽快脱身。横盘缠绕之后，原则上会选择方向，但是朝上还是朝下，不得而知。

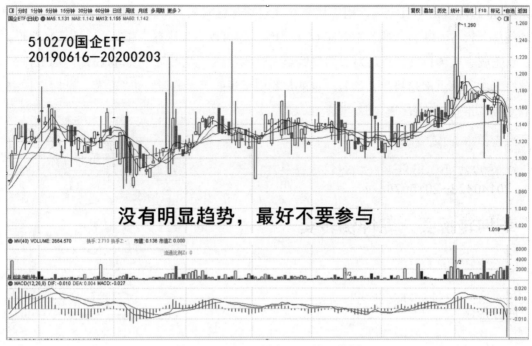

图 5-15　510270 国企 ETF 的 K 线图

（四）用"历史照亮未来"

以 159813 芯片为例（图 5-16），2020 年 7 月中旬之后短期趋势朝下，首破 5 日均线，再破 8 日均线，跌破 13 日均线之后，短期没有介入的必要。接下来，可以空仓等待再一次雄起的机会。

经过漫长的等待之后，机会来了。2021 年 4 月 20 日至 2021 年 6 月 28 日的走势显示（图 5-16），A 点为底分形点，B 点为小乾坤转折点，C 点为大乾坤转折点。A、B、C 三部曲到齐之后，基本上可以确认中长期趋势朝上。假如在 D 点买进，持有到 E 点，一个多月的时间，涨幅可达 30%。

ETF 基金交易技巧其实很简单，一句话就是做趋势。有趋势就做，没有趋势就等待趋势。趋势朝上信号确认，就买进去，一直持有到上涨趋势被破坏。趋势朝下时空仓休息，等待下一个趋势朝上的信号来临。如同大自然的春夏秋冬四季更迭，我们要做的就是辨识客观信号，根据信号操作。该买进时买进，该卖出时卖出。

也许有读者会问：如果大家都学到了这一招，那怎么办？

答：参与证券交易的交易者，进进出出，来来往往，不乏存在大量认知盲区的人。即便不存在认知盲区，也存在执行力偏差者。因此，唯有不断学习，减少认知盲区，方能取胜。

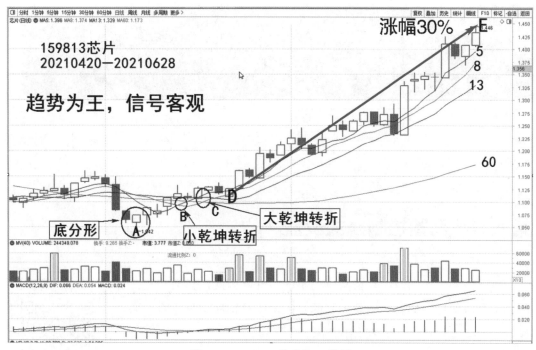

图 5-16   159813 芯片的 K 线图

【即测即练】扫描书背面的二维码，获取答题权限。

第六章
证券交易风险控制

第一节　风险控制线的设置

由于证券市场的波动存在高度的不确定性，因此，任何一笔交易都必须有风险控制预案。风险控制的目的，不是彻底消灭风险，而是尽可能把风险控制在一定的范围之内。

虽然不同的资金规模和不同的交易动机对风险的好恶程度有较大的差异，但风险控制的目的是一样的。风险控制线的设置有很多种方法，比如，有以均线系统作为参照物的，也有以高量柱为参照物的，还有以缺口作为参照物的。

不论采用哪种方法，风险控制线的设置都含有被动减仓或者被迫出局的意味，主要用来应对短期预判失误或者中长期趋势逆转的情况。主动减仓或者落袋为安的行为，不属于这种情形。

一、以重要均线为参照物设置风险控制线

风险控制的具体预案，与买点的位置有关。比如，习惯用均线来作为趋势参照物的，原则上"鳄鱼三线"（5、8、13日均线）就是短期操作的"靠山"，60日均线则是中长期趋势的"靠山"。

所谓的"靠山不倒我就不跑，靠山一倒撒腿就跑"，这个"靠山"，就是风险控制防线的意思。买进标的证券之后，符合预期，则持股待涨；而买进之后，一旦不符合预期，则需要有一个弹性的空间，一旦股价跌破这个弹性空间的极限，就得采取风险控制措施。

（一）做超短线，鳄鱼三线（5、8、13日均线）就是天然的"靠山"

一般是参与强势股票的交易，但风险控制分以下三步走。

　　第一步，一旦 5 日均线被跌穿，说明股票强势上涨的势头被遏制，此时应该适当减仓。以 000002 万科 A 为例（图 6-1），假如在 A 柱之前已经持股，而到了 A 柱这一天，在收盘前 5~15 分钟内，应该可以预判当天收盘价铁定有效跌破 5 日均线，因此在收盘之前 5 分钟，应该主动减仓。

　　第二步，B 柱这一天，有效跌破 8 日均线，以短线为基准，应该继续减仓。

　　第三步，C 柱这一天，有效跌破 13 日均线，短期趋势完全被破坏，此时应该全部出局。

　　需要特别指出的是，D 柱这一天，有效跌破牛熊分界线 60 日均线。而 E 柱这一天，短期均线组（5、8、13 日均线）有效跌破 60 日均线，此时下降周期已经开启，没有理由继续持有或者买进了。

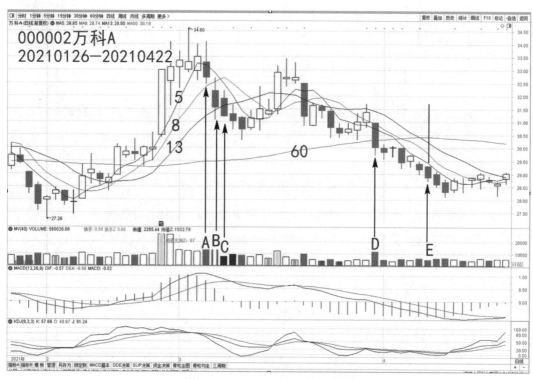

图 6-1　000002 万科 A 的 K 线图

（二）做中长线的趋势票，60 日均线就是"靠山"

　　60 日均线又叫"牛熊分界线"，是均线系统中代表中长期趋势的重要分水岭。实战中，只要股价不有效跌破 60 日均线，就意味着趋势尚在，就可以持有。

　　以 600876 洛阳玻璃为例（图 6-2），A 柱回打到 60 日均线附近，只要不有效跌破 60 日均线，就可以一直持有。不仅如此，当趋势没有被破坏时，股价回落到 60 日均线附近，往往意味着加仓买进的机会来了。而事实上，此时 60 日均线已经走平且微微上翘，B 柱跳空高开，就是 60 日均线线上起跳的最佳买点。

假如 B 柱当天买进,当天必须找好"靠山",也就是设置好风险控制线。此时的"靠山",最好就是 60 日均线。B 柱当天涨停,买进符合上涨预期,"靠山"很稳固,接下来自然是持股待涨。

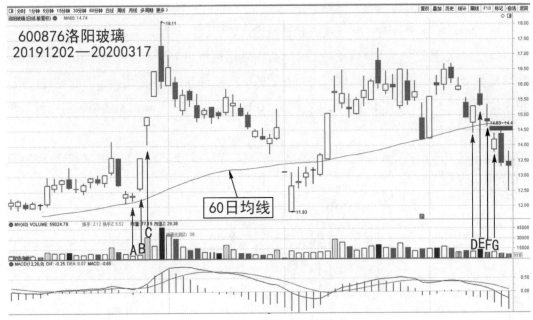

图 6-2　600876 洛阳玻璃的 K 线图

D 柱则是又一次回打到 60 日均线,E 柱跳空高开,理论上自然是线上起跳的买点信号。假如 E 柱当天买进,"靠山"依然应该选取 60 日均线。遗憾的是,E 柱当天没有出现大阳,与预期有一定的差距。F 柱这一天,接着 E 柱的跌势继续回调,此时应该做好风险控制的准备工作。如果 F 柱当天收盘前 5 分钟预判期收盘价股价还在 60 日均线上方,则还可以留待观察。而到了 G 柱这一天,股价有效跌穿 60 日均线,此时就是"靠山"被推倒了。"靠山"不在了,应该在 G 柱这一天执行风险控制纪律,实施"斩立决",空仓出局,以防止风险的进一步扩大。实践中,有些人在 G 柱这一天,缺乏执行纪律的决心,容易产生幻想症,幻想 G 柱之后能够迅速重新站上 60 日均线,因而在纠结的过程中错失第一时间"斩立决"的机会。其后越跌越多,越来越被动。

二、以高量柱对应的价柱为参照物设置风险控制线

高量柱,是指与左侧相邻的量柱相比,明显高于左侧的量柱。高量柱是相对的,是与左右两侧的柱子相比较而言的。

当一轮趋势行情确定之后,原则上就可以用高量柱来做"靠山柱"。

以 688595 芯海科技为例(图 6-3),在 M 点,5、8、13 日均线上穿 60 日均线,

此时中长期趋势得以确认。中长期趋势朝上得以确认之后，就可以用高量柱来作为"靠山柱"了。

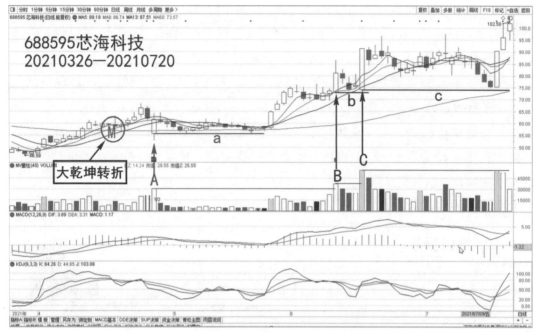

图 6-3　688595 芯海科技的 K 线图

从图 6-3 可以看出，A 柱的成交量明显高于整个图面左侧的所有量柱，因此 A 柱是高量柱。以 A 柱的实底往右侧画水平线，就是风险控制线 a，以后不管价格如何调整，只要不跌破 a 线，投资者可以继续持有；而一旦有效跌破 a 线，则投资者应该执行风险控制指令，减仓或者出局。因此，A 柱也叫作"靠山柱"。

"靠山柱"不是一成不变的。随着新的高量柱出现，"靠山柱"会转移到新的高量柱。

A 柱之后，比 A 柱高的量柱是 B 柱，B 柱出现之后，风险控制线转移到 B 柱。以 B 柱的实底画水平线，以后不管价格如何调整，只要不跌破 b 线，投资者可以继续持有；而一旦有效跌破 b 线，则投资者应该执行风险控制指令，减仓或者出局。

以此类推，C 柱高于 B 柱，C 柱出现之后，"靠山柱"就从 B 柱转移到 C 柱。以 C 柱的实底画水平线，以后不管价格如何调整，只要不跌破 c 线，投资者可以继续持有；而一旦有效跌破 c 线，则投资者应该执行风险控制指令，减仓或者出局。

必须指出的是，用高量柱做"靠山柱"时，其趋势一定是朝上的，价格正在走上升周期。

三、以缺口线为参照物设置风险控制线

这里所说的缺口是指在上涨途中形成的筹码断层。筹码断层特指实缺，不是虚缺。

实缺留下的一条线，其作用与重要的均线类似，都有一定的支撑作用。特别是在上升途中形成的实缺线，可以作为参照物设置风险控制线。

以 600624 复旦复华为例（图 6-4），A、B 两根价柱之间有个 0.01 元的筹码断层，形成 ab 缺口线；C、D 两根价柱之间有一个 0.1 元的筹码断层，形成 cd 缺口线；E、F 两根价柱之间也有一个 0.1 元的筹码断层，形成 ef 缺口线。

风险控制线的设置是：B 柱之后，只要价格不有效跌破缺口线 ab，可以继续持有；如果有效跌破 ab，则需要斩仓出局。D 柱之后，风险控制线由 ab 上移至 cd，只要价格不有效跌破 cd 线，可以继续持股待涨；如果有效跌破 cd 线，则斩仓。F 柱之后，风险控制线由 cd 上移至 ef，只要价格不有效跌破 ef 线，可以继续持股；如果有效跌破 ef 线，则斩仓，以此类推。

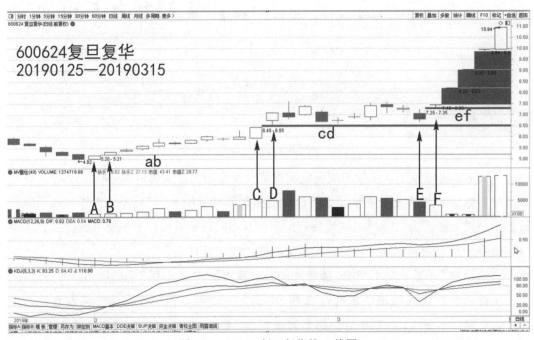

图 6-4　600624 复旦复华的 K 线图

第二节　早盘停顿法风险控制

一、停顿法的内在逻辑

早盘买入停顿法，是指在早盘 9:30 开盘以后，观察 3~5 分钟，根据价格线、成交均线、零轴线三线的结构形态（正三围、倒三围、

本节视频课程

扫码学习

蛇缠龙）来决定当天是否按照计划进行买进或者卖出。

A 股市场是上午 9:25 集合竞价决定开盘价，开盘价高于上一个交易日的收盘价为跳空高开，低于上一个交易日收盘价为跳空低开，等于上一个交易日的收盘价为平开。在市场外部消息相对平稳的时期，即在没有明显的利好或者利空消息刺激的交易日，是跳空高开、平开还是跳空低开，往往代表了主力当天的意图。一般来说，跳空高开表示在主力引导下的市场当天合力有做多的意图大于做空的意图，而跳空低开则表示当天有做空的意图大于做多的意图。

但实战交易中，经常遇到主力采取骗线的方法，高开之后迅速低走或者低开之后迅速高走，普通交易者容易上当。看见高开，立即跟进；看见低开，就"跳空阴，快出清"。但几分钟后，走势恰恰相反。为了摸清主力的真实意图，建议使用"停顿法"，即从 9:30 开始正式显示成交价格与成交量的分时结构图之后观察 3~5 分钟，根据价格线、成交均线和零轴线"三线结构图"及成交量与价格是否匹配来决定当天是否进行交易。

二、分时结构的"正三围"

如果在早上 9:30 之后的 5~15 分钟内，分时结构呈现"正三围"的形态，也就是说，价格线在当天的成交均线之上，特别是价格线和均线都在零轴之上，则当天上涨是大概率事件。

那么什么样的形态叫作"正三围"？什么样的形态叫作"倒三围"？

如图 6-5、图 6-6 所示，603499 翔港科技在 2018 年 2 月 27 日这一天的分时结构就是典型的"正三围"结构。300487 蓝晓科技在 2018 年 1 月 16 日这一天的分时结构也是典型的"正三围"结构。但二者略有区别，前者为低开高走的"正三围"结构，后者为高开高走的"正三围"结构。统计研究表明，A 股市场低开高走型明显多于高开高走型。因此，在实战交易中，要多关注低开高走型。

至于平开高走的"正三围"结构，指的是当天开盘价就是上一个交易日的收盘价，也就是说，当天的价格线从零轴上起步。如图 6-7 所示，603058 永吉股份在 2018 年 1 月 17 日的分时结构就是典型的平开高走的"正三围"结构。

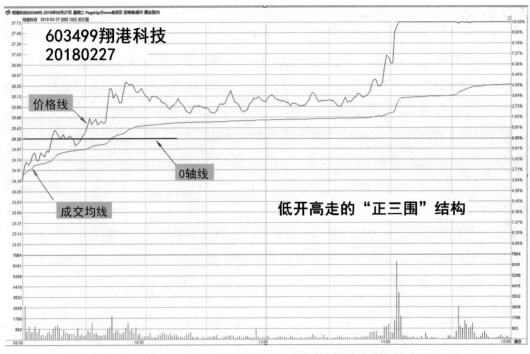

图 6-5　603499 翔港科技 20180227 的分时结构图

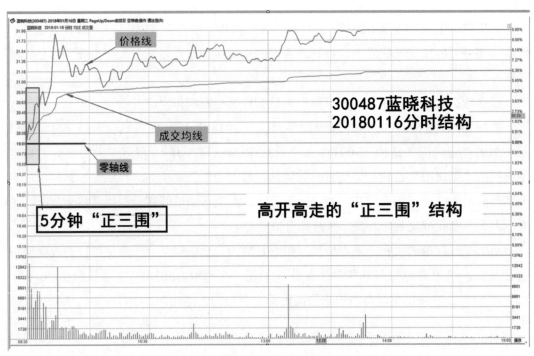

图 6-6　300487 蓝晓科技 20180116 的分时结构图

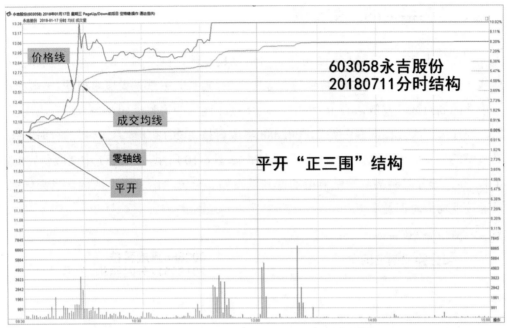

图 6-7　603058 永吉股份 20 180117 的分时结构图

三、分时结构的"蛇缠龙"

所谓"蛇缠龙"，就是在分时结构图中，价格线与成交均线缠绕交织在一起，并且在 5~15 分钟都是这样一种形态（图 6-8）。理论上，只要早盘开盘 5~15 分钟，价格线与成交均线始终缠绕纠结，则当天上涨或者下跌方向不明。

（a）高开"蛇缠龙"　　　　　　（b）低开"蛇缠龙"

图 6-8　300479 神思电子 20210719、20210714 的分时结构图

四、分时结构的"倒三围"

如果在早上 9:30 之后的 5~15 分钟，分时结构呈现"倒三围"的形态，也就是说，价格线在当天的成交均线之下，特别是在零轴之下，则当天下跌是大概率事件。一般而言，在阶段性的高点或者左侧遇到压力时，会产生接二连三的调整，如果当天没有卖出反而买入，则损失巨大。如图 6-9 所示，002888 惠威科技在 2018 年 5 月 17 日的分时结构，就是典型的高开低走 5 分钟"倒三围"结构；如图 6-10 所示，600787 中储股份在 2018 年 1 月 30 日的分时结构，则是典型的低开低走的 5 分钟"倒三围"结构。当天任何一次反弹接近均线时都是卖点。

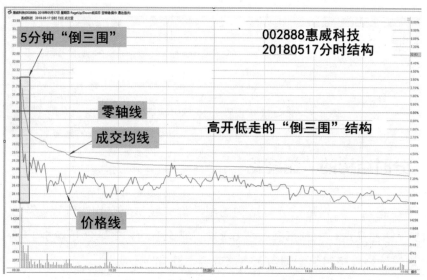

图 6-9　002888 惠威科技 20180517 的分时结构图

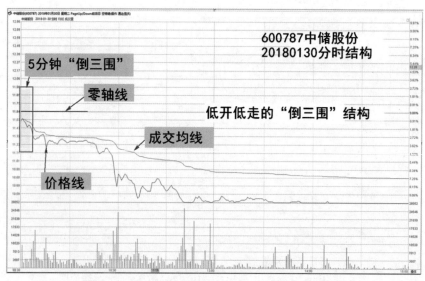

图 6-10　600787 中储股份 20180130 的分时结构图

五、正确使用早盘停顿法

使用早盘停顿法也有缺陷，即有些股票开盘 3~5 分钟就封住涨停了，而且在市场状况比较好的时候，5~15 分钟涨停的概率还比较高。如果你使用早盘停顿法等待 5~15 分钟就会错失当天介入的机会。以 002829 星网宇达在 2018 年 6 月 12 日这一天的分时走势为例（图 6-11），该股上午 9:35 就封住涨停，如果使用早盘停顿法则没有机会买入了。

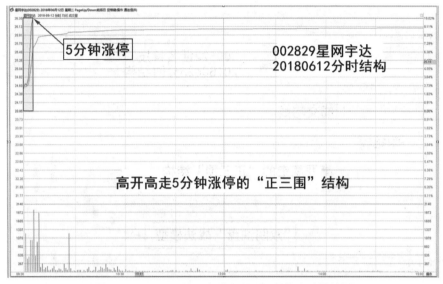

图 6-11　002829 星网宇达 20180612 的分时结构图

为弥补早盘停顿法带来的遗憾，唯一的办法是要弄懂集合竞价形态结构，看懂集合竞价的量价结构图，在集合竞价阶段介入。看不懂集合竞价图的投资者，不建议在集合竞价阶段介入，还是老老实实地使用早盘停顿法，宁可放弃一些机会以换来资金的安全与操作的稳妥。

需要特别指出的是，"正三围""倒三围"和"蛇缠龙"的形态，对于早盘时是否参与交易的指导价值，不是绝对的，只是一个概率事件。事实上，早盘 15 分钟之内分时结构为"倒三围"的，其后突然涨停的，也是有的；反过来，早盘 15 分钟之内分时结构为"正三围"的，其后走势突然变弱的，也有不少。"蛇缠龙"之后，必须选择方向。至于选择朝上还是朝下，与当天的大盘指数走势和板块指数走势有关，与个股的趋势结构也有关。股票市场的情况比较复杂，但早盘停顿法作为一种风险预防手段和增加出手见红的胜算，是大有裨益的。

有些交易者不看趋势和位置，也不看周线和日线的形态结构，只根据微观的"正三围"或者"倒三围"进行交易，这是不行的。"正三围"或者"倒三围"只提供一个微观状态的买入信号或者卖出信号，是否买入或者卖出，一定得根据趋势、位置、周线或者日线的形态结构，以及当天的大盘情况进行综合决策。

"正三围"结构要结合具体的战法模型来操作才比较靠谱。比如，2018年6月25日，"双阴洗盘战法"模型出现批量涨停，这种战法模型的分时结构，在这一天大多数呈现"正三围"结构。

以300522世名科技为例（图6-12），其A、B、C、D四柱组合就是典型的"双阴洗盘战法"模型，A柱为阳柱，B、C两根柱子为有序的缩量调整阴柱，D柱为确认柱，高开高走，开盘后5~15分钟为"正三围"结构，买点信号明确。

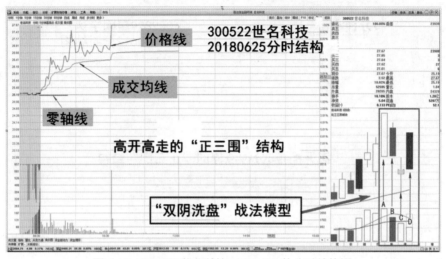

图6-12　300522世名科技20180625的分时结构图

再以300706阿石创为例（图6-13），其A、B、C、D四柱组合就是典型的"双阴洗盘战法"模型，A柱为阳柱，B、C两根柱子为有序的缩量调整阴柱，D柱为确认柱，低开高走，开盘后5~15分钟为"正三围"结构，买点信号确切。

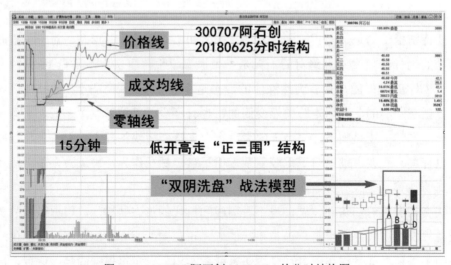

图6-13　300706阿石创20180625的分时结构图

第三节　黑天鹅事件的事前识别

一、什么是黑天鹅事件

就证券市场而言，黑天鹅事件特指个股因利空而发生闪崩，出现连续的一字板跌停。

本节视频课程

扫码学习

新浪博主"缠中说禅"曾经说过，市场是一场围猎游戏，没有什么庄家，有的只是赢家和输家。很多所谓的庄家，赔得比散户还难看。

市场里所谓的庄家，并不是无所不能的。把庄家描绘成能够超越技术指标、超越基本面、超越大势、超越大盘的人物，是一种常识性的谬误。比如，2017 年 12 月至 2018 年 2 月闪崩的 002188ST 巴士，2017 年 6 月闪崩的 002134 天津普林，2018 年 2 月初闪崩的 000793 华闻传媒、002178 延华智能、002112 三变科技，2018 年 5 月闪崩的 002072 凯瑞德，2018 年 6 月闪崩的 000752 西藏发展，2018 年 7 月闪崩的 002143 印纪传媒等的走势图，从图形上可以发现主力坐庄的酸甜苦辣，个中滋味，难以言表。当然，个股发生闪崩，城门失火殃及池鱼，最受伤的还是持有该股票的投资者，也许多年积累的血汗钱，顷刻间就被连续的一字板跌停而打入地下，而且可能永远也无法知道闪崩背后的真相。

最著名的闪崩是 600132 重庆啤酒，就是因为 2011 年 12 月这个闪崩，成就了一个家喻户晓的新词，即"关灯吃面"。在经历了连续 6 个跌停之后的一个晚上，一名网友发布了一篇题为《一边吃，一边哭》的帖子。帖子的内容就这么几句话："今天回到家，煮了点儿面吃，一边吃面一边哭，泪水滴落在碗里，没有开灯。"这位股民没有一句咒骂，没有一句埋怨，但其身心备受煎熬的痛苦淋漓尽致地展现在人们面前。从此以后，"关灯吃面"就成为一个股市专用术语，用以表达股票投资失利后极度痛苦的心情。

关于"闪崩"背后的逻辑，坊间流传有以下 4 种类型。

第一，阴谋论，即上市公司与庄家联手搞阴谋诡计。庄家先让上市公司发出业绩突然飙升的利好，引诱公众投资者抢筹，主力顺势派发手中持有的筹码。等庄家把持有的筹码差不多派发完毕，上市公司配合出公告，宣布公司将进行资产重组。股票停牌数日或者数月之后，该公司却宣布重组失败。股价于是像决堤的水库大坝，连续十几个或者几十个跌停。而庄家却静静地在低位接货。这些低成本的筹码，大多是散户带血割肉的结果。如果散户不愿意割肉，那么主力利用自己的优势把股价再下一个台阶，待主力低成本收集到足够的筹码之后，便开始拉升。快速拉升，股价上涨 50%，甚至翻番，主力在相对高位的平台上再行出货。股市弱肉强食的生态链，就这样形成了。

第二，阿斗论，即上司公司为"扶不起的阿斗"。这些公司或是管理混乱，或是经营无方，或是技术和产品被市场淘汰，或是经营决策失误，造成庄家入驻的上市公司连续亏损；可能即将被证监会宣布为 ST，或是上市公司因数据造假而被证监会立案调查，或是因为公司遇到重大诉讼，或是因为商誉减值。林林总总的原因，一句话，就是公司不行了，玩不下去了。那么深陷其中的庄家为了尽快脱身，想方设法瞒天过海，利用其第一时间获取信息的优势，在盘面上制造虚假供求关系，营造虚假繁荣景象，然后变戏法出逃，出逃之后，股价如同弃儿，飞流直下，形成闪崩。最显著的例子是000816 智慧农业在 2018 年 4 月被宣布为 ST 之前，主力奋力一搏弄出 7 连板，终于在3.8~4.5 元时把筹码抛给不明就里的接盘者，而原庄家成功出逃。庄家出逃之后的 ST 慧业，门前冷落鞍马稀。

第三，断裂论，即庄家因资金链断裂或者其他原因而引起股价的闪崩。如同 2 亿年前的恐龙曾经主宰世界，但突然灭绝，从这个世界消失一样。比如，002054 德美化工在 2018 年 2 月初突然闪崩。公司公告称经营正常，并无重大事项发生。坊间传言，此次闪崩与上市公司本身并无多大关联，但主控庄家的资金链出了问题，无法在高位维持自弹自唱的局面，庄家无力护盘，于是股价如同脱缰的野马，奔流而下。

第四，减持论，即大股东减持。大股东减持会对盘面形成强大的冲击。控庄主力一般与大股东有着密切的联系，因此会提前获得大股东要减持的消息。在大股东减持消息公布之前，控庄主力一般会要求大股东公布诸如短期业绩大增、业务签单量大增等利好消息，以利于把股价做高出货。因此，一些公司多年业绩平平，突然来一个业绩大增的消息，也许就是多头陷阱。

市场就是一个狩猎场，要在市场中生存，必须成为一个好猎手。猎手只关心猎物，但猎物不是靠分析基本面而得到的，也不是看财务报表和企业公告得来的，而是要用眼睛去捕捉。唯一靠得住的是自己的眼睛，要相信自己的眼睛。这些闪崩的股票，公司的公告中多数都是"公司经营正常，没有该披露而未披露的信息"，但股票就是闪崩了。仅从信息的披露来审查基本面，可能永远也找不到闪崩的答案。但 K 线图不会欺骗人，所有的资金面、政策面、基本面等，最后都体现在你看得到的图形上，体现在量价阴阳结构里。

无论多么狡猾的狐狸，只要猎手仔细观察，总可以查看到其闪崩前的蛛丝马迹。比如，2017 年 12 月闪崩前的 002188ST 巴士，在图形结构上（图 6-14），就明显表现了出来，其价柱表现为长长的上影线和长长的下影线交替出现，披头散发，形似猪八戒手中的钉耙。间或出现高高的倍量柱，但付出的努力与得到的结果明显不太匹配。这种收盘价节节败退的倍量柱大家千万不要用数羊战法去对待，否则就会"吃大面"。这种在箱体平台内表现出来的钉耙，是筹码高度集中、流动性缺失、主力自弹自唱的真实写照。

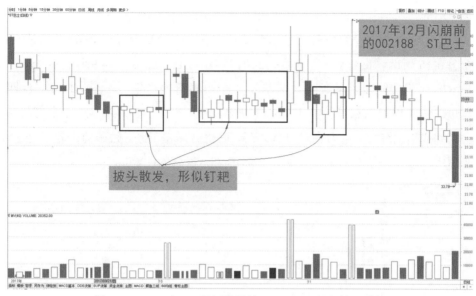

图 6-14　2017 年 12 月闪崩前的 002188ST 巴士的 K 线图

二、闪崩前的量价结构形态

统计发现，闪崩前的个股，其形态结构有一些共同特征。

（一）相对高位显著放量，主力高位成功出逃

企业进行资产重组，如果成功，一般情况下会有意想不到的连续一字板涨停；而如果失败，一般情况下会有意料中的连续一字板跌停。

以 300198 纳川股份为例，该股在 2018 年 2 月 2 日公告因重大资产重组而停牌，而在公告的前一日即 2 月 1 日的 K 线图显示（图 6-15），E 柱为一根长长的放量阴柱，该日成交 1.56 亿元，跌停收盘，当天同时跌破 5、8、13 日均线这 3 根短期均线组，表明空头开启。2018 年 7 月 31 日宣布中止重大资产重组，8 月 2 日复牌，持续跌停 5 个一字板。

其实，从量价关系看，宣布重组之前的 E 柱已经充分表明，一部分人已经提前获得该公司即将公告资产重组的消息，并且并不看好资产重组的预期结果。因此，在宣布停牌前提前出逃，图形上的表现非常明显，即这一天为高开低走的放量大阴柱。从提前出逃的这个动作看，出逃者显然是对该公司进行资产重组结果的预期不看好。而作为市场的普通参与者，是无法提前预知该公司要宣布进行资产重组的，只有那些提前获得内幕消息的才可以提前出逃。2018 年 2 月 1 日当天开盘高开 2%，然后为倒三围结构，到上午 11：06 之后直线下跌，11:12 封住跌停板。从局部形态来考察，留给一般市场参与

者盘中出逃的反应信号在直线下跌之前并不是特别的强烈。

那么，对无法提前获得内幕消息的普通参与者，市场是否有预警信号呢？答案是有的。如图 6-15 所示，我们从右往左看，300198 纳川股份在 2017 年 9 月初有一波上涨，幅度是 67%。但在阶段性的顶部，构筑了一个阴高量的密集区，A、B、C、D 四柱均为阴高量，这 4 根阴高量累计换手率达 117%，也就是说，主力通过 4 个交易日，基本上已经完成出货任务。主力完成出货之后，股价就慢慢下跌，跌破前一轮上涨的起点，并且新的底部没有一个涨停板，说明没有新的主力资金入驻。

图 6-15　300198 纳川股份的 K 线图

因此，对于主力已经出货完毕、被主力抛弃的个股，即便价格跌到起涨点附近，底部没有主力明显介入的标志信号，一般不要参与。而一旦发现某一天突然莫名其妙地出现高量阴，那就不要幻想，立马"斩立决"，否则，接下来可能就是万丈深渊。

（二）长阴长柱高量阴，翻番之后要小心

以 300517 海波重科为例，该股在 2018 年 7 月底 8 月初，大盘连续下跌的情况下，却逆势上涨（图 6-16）。在 8 连阳之后的 8 月 6 日，出现一个高位的温和放量的假阴真阳，8 月 7 日突然出现一根长阴长柱，即 C 柱，跌破短期均线组（5、8、13 日均线），跌破左峰平衡线，接下来是连续的一字板跌停。而该公司却连续公告并无重大利空因素。查阅该公司最近的公告，除了 7 月 12 日公布的上半年公司利润可能比上年同期减少 5%~20%，并无其他利空消息。公司利润比上年同期下降 20% 左右也不是什么大的利空因素，如果一定要把这个公告看成利空，那么后面的 8 连阳则说明股价并没有受上

半年预期利润减少的影响。8 月 7 日之后的突然跌停总不会是无缘无故的，其背后的真实情况无法从公司的公告中得到答案。

作为普通的公众投资者，虽然无法了解其背后的逻辑，但从图形上可以提前辨识该股可能成为"地雷"股的蛛丝马迹。

如图 6-16 所示，该股在闪崩前最近的这一波涨幅，从 14.19 元起步，到最高的 27.95 元，差不多翻番。在这一波的上 1/3 的位置，即 6 月 8 日和 22 日先后出现了两根长阴长柱，这两根阴柱的合计换手率接近 23%。这两根长阴长柱就是识别"地雷"股的明显信号，其背后的逻辑是有人在这两个交易日里大量卖出了手中的筹码。A、B、C 这 3 根长阴长柱，就是我们眼睛看到的现实。资金面、基本面等最后都体现在看得到的图形上。

图 6-16　300517 海波重科 20180129—20180809 的 K 线图

再看 000673 当代东方，2018 年 3 月 19 日公告称该公司第一季度净利润预计同比增长 6 倍，但次日即 3 月 20 日该股却出现放量的长阴长柱，即 A 柱（图 6-17），说明有人借好消息在集合竞价阶段就出货了。3 月 21 日该股从跌停板上拉起，当天成为天地板，即 B 柱，从跌停到涨停。不过，事实却证明这个天地板是一个假动作，因为 3 月 22 日的 C 柱为显著低开的假阳真阴，并且当天明显放量，成为看起来是阳柱，实际上却是阴柱的"假阳鬼子"。C 柱之后，该股走势为小阴小阳，并无特别怪异的地方。5 月 4 日该股走出"鳄鱼三线"腾空阳涨停，并且连续涨了 3 个涨停板。但 5 月 10 日就露出了真实的面目，一根高开低走的长阴长柱出现了，这就是 D 柱。该股股价从 2017 年 12 月 6 日的 9.31 元起步，到 D 柱的最高点 23.00 元，股价已经翻番。2018 年

5月21日的E柱又是长阴长柱，主力拼命抛出筹码的狰狞面目完全暴露。5月23日公告当代东方拟筹划非公开发行股票，公告出来之前，已经连续两个跌停，说明有人提前得到消息，并不惜一切代价出货。从不惜一切代价出货这个行为看，出货者对当代东方拟筹划非公开发行股票的前景并不看好。该公司随后在6月25日起停牌，公告称是因为筹划资产重组。8月2日该公司发布公告复牌，但声称重组事宜还在继续推进的过程中。8月2日起，该股连续一字跌停。

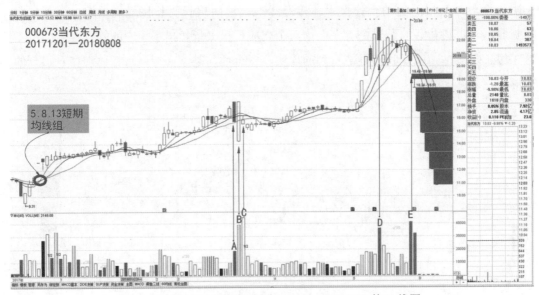

图6-17 000673当代东方20171201—20180808的K线图

从图形看，A、C、D、E这4根放量的长阴长柱已经说明，先知先觉者已经出逃。普通参与者无法理解放量的长阴长柱背后的逻辑。事实上，普通参与者可以借助一个简单的工具，即13日均线来决定自己手中筹码的去留。一旦13日均线被有效跌破，一定要减仓甚至空仓，这是规避风险的法宝。

从上面两个案例可以看出，凡是一轮涨幅已经翻番，一旦出现高量的长阴长柱，必须尽快逃跑。

（三）小阴小阳像钉耙，披头散发似魔怪

与前面两类情况不同，当主力对某只股票实现高度控盘之后，由于标的公司内在质量变差、盈利能力显著下降或者因为连绵不断的诉讼等其他原因，造成市场参与者稀少，盘面全靠主力维持。当数据造假被发现，或者资产重组涉嫌内幕交易遭到立案调查，或者因为主力资金链断裂，或者重组失败，就会发生闪崩。

这种类型的股票形态有一种显著的特征，就是股价长期在某个平台上横盘，股价为波动范围很窄的小阴小阳，形态类似钉耙，并且不断有长长的上影线或者长长的下影线

反复出现，披头散发，类似妖魔鬼怪。

　　以 000576 广东甘化为例，我们分析一下该股在闪崩之前的形态。A 柱、C 柱、E 柱都是诡异的长腿（图 6-18），而 B 柱和 D 柱为明显的放量长阴长柱。F 区、G 区和 H 区为波动范围很窄的小阴小阳，类似猪八戒的钉耙。这种钉耙状的形态表明市场参与者稀少，主力自弹自唱，维持盘面的交易，间或有人出货，股价迅速下沉，主力又迅速拉起，以维持盘面的稳定。

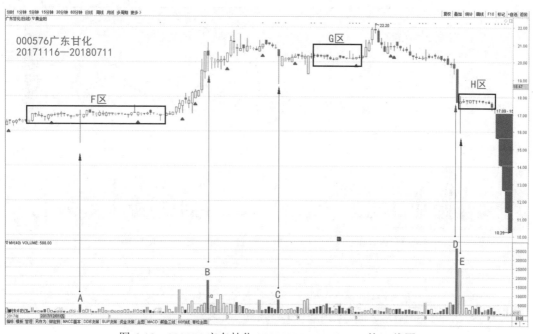

图 6-18　000576 广东甘化 20171116—20180711 的 K 线图

　　以 002054 德美化工为例，该股在 2018 年 2 月 1 日开始闪崩，连续 7 个交易日跌停。2018 年 2 月 5 日发布公告称公司近期经营情况正常，内外部经营环境未发生重大变化。因此，从公开的资料信息中找不到该股闪崩的原因。

　　但该股的形态结构已经充分说明主力因资金链断裂而力不从心的窘态。如图 6-19 所示，A、B、C、D、E、F 柱均为高量阴柱，在 G 区的方框平台内维持小阴小阳的价柱形态，即使从量柱看，间或有倍量阳，但付出的努力与得到的结果不匹配，也就是花了很多钱，却无法把价格拉起来。事实上，是主力通过倍量柱的办法在悄悄出货。因供过于求而无法使价格拉起来。在闪崩前，我们可以看到其价柱的形态类似猪八戒的钉耙，拖着长长的上下影线，而价柱实体却很短。

　　因此，一旦发现手中的股票，在某一箱体内长期横盘且形似钉耙，间或出现莫名其妙的阴高量，并且倍量阳对应的价柱实体短小，那么就要引起高度警觉了。

　　看似杂乱无序的股票市场，其实是有一定规律可循的。但规律需要发现，规律更需要总结。再狡猾的主力，也有露出尾巴的时候。当然，作为市场参与者之一的社会公众投机者，能否利用规律保护好自己的胜利果实，确保自己盈利，那还需要一定的经验积累。

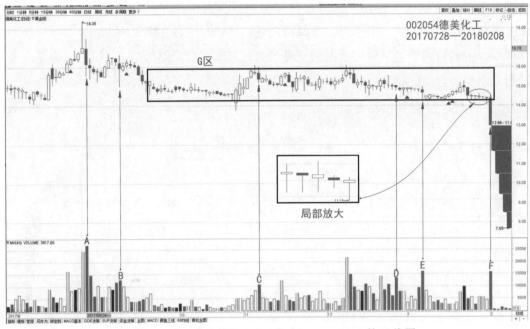

图 6-19　002054 德美化工 20170728—20180208 的 K 线图

第四节　基本面急剧恶化与风险规避

基本面急剧恶化，指的是标的企业的内部环境或者外部环境发生重大变化，影响到正常的生产与经营，从而可能导致该证券产生不可控的风险。

企业的内部环境或者外部环境发生重大变化，指的是：

（1）因涉嫌财务造假或者操纵股价等事由被证监会立案调查。

（2）因产品质量问题被相关部门调查。

（3）涉及重大诉讼，诉讼标的数量巨大。

（4）生产过程中造成重大环境污染。

（5）实际控制人涉嫌犯罪被逮捕。

（6）企业财务状况急剧恶化。

（7）寄予厚望的资产重组突然宣布终止。

（8）大股东宣布大规模减持。

（9）公募基金大规模减仓。

（10）国家出台新的政策，企业主营业务遇到限制。

（11）可能引发被特别警告或者退市的事项。

（12）其他突发事件，如自然灾害、国际政治等因素可能给企业带来不利影响等。

原则上，当企业基本面发生恶化，其证券的价格可能发生连续下跌。因此为规避风险，应该在知晓情况之后，第一时间出逃。除了不可预测的突发事件，一般都会有前兆。

以 000526 学大教育为例说明国家政策对该企业股票走势产生的影响。2021 年 7 月 23 日，中共中央办公厅、国务院办公厅印发《关于进一步减轻义务教育阶段学生作业负担和校外培训负担的意见》，该意见要求：各地不再审批新的面向义务教育阶段学生的学科类校外培训机构，现有学科类培训机构统一登记为非营利性机构。学科类培训机构一律不得上市融资，严禁资本化运作；上市公司不得通过股票市场融资投资学科类培训机构，不得通过发行股份或支付现金等方式购买学科类培训机构资产；外资不得通过兼并收购、受托经营、加盟连锁、利用可变利益实体等方式控股或参股学科类培训机构。

这个政策的出台，对培训类上市公司产生了重大影响。从 2021 年 7 月 24 日起，学大教育连续 3 日跌停。

其实，任何一项政策的出台，都不属于突发事件。政策出台之前，一般会从群众中来到群众中去，上上下下会多次征求意见，从调查研究到最后定稿，有一个漫长的过程。早在 2021 年 5 月，中央全面深化改革委员会第十九次会议就审议通过《关于进一步减轻义务教育阶段学生作业负担和校外培训负担的意见》。到 7 月 23 日中共中央办公厅、国务院办公厅印发之前，中间间隔了 2 个月左右。

一般来说，公募基金、社保基金、保险基金、券商自营、QFII 等大机构获取相关政策信息的能力比较强，它们会选择在政策出台前提前规避。从公开信息看（表 6-1），2021 年 3 月 31 日，有 15 家机构持有 5577.23 万股，但到 6 月 30 日，只剩下 1 家机构持有 7.79 万股。说明机构在政策出台之前，已经基本上完成出货。

对一般散户而言，虽然获取信息能力较差，但并不是说完全无感。就算对相关政策的信息全然无知，单凭技术分析，也可以提前进行风险规避的。

我们用前面章节所学到的知识点来分析 000526 学大教育在 2020 年 5 月 25 日至 2021 年 7 月 30 日的走势。

先看趋势。如图 6-20 所示，A 点完成顶分形；B 点是 5 日均线和 8 日均线下穿 13 日均线的地方，此处为小乾坤倒转，也就是短期趋势朝下的标志性信号。C 点是短期均线组（5、8、13 日均线）下穿 60 日均线的地方，此处为中长期趋势下跌的确认信号。A、B、

C 三步之后，中长期趋势明确朝下。从趋势的角度看，没有介入的理由，也没有继续持有的基础。

表 6-1　学大教育公开信息

指标	2021-06-30	2021-03-31	2020-12-31	2020-09-30	2020-06-30
机构数量（家）	1（更新中）	15	37	9	27
机构数变化（家）	−14	−22	28	−18	21
持仓量（万股）	7.79	5577.23	5808.93	5162.77	5125.57
持仓变化量（万股）	−5569.44	−231.70	646.17	37.19	487.50
持仓市值（亿元）	0.02	21.24	30.43	28.73	29.35
持仓占已流通 A 股比例（%）	0.08	57.98	60.39	53.67	53.28
持仓变化量占已流通 A 股比例（%）	−57.90	−2.41	6.72	0.39	5.07

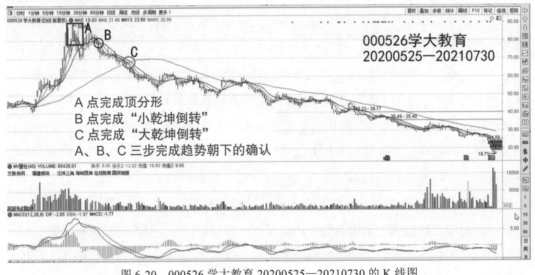

图 6-20　000526 学大教育 20200525—20210730 的 K 线图

再看细节。图 6-21 所示是学大教育在 2021 年 5 月 17 日至 7 月 30 日的走势。图上的 A、D、G 柱莫名其妙出现阴高量，B 柱和 E 柱虽然是涨停板，但关于其后的 C 柱和 F 柱，如果把量柱看成资金"付出的努力"，把对应的价柱看成"付出努力之后得到的效果"，那么可以明显看出"付出的努力与达成的效果不成比例"。连续出现莫名其妙的高量阴柱，其背后的逻辑是有资金出逃；"付出的努力与达成的效果不成比例"，其背后的逻辑是有资金逢高派发，真实的目的不是拉升。

就算细节看不懂，但趋势已经说明一切。中长期趋势朝下已经明明白白地摆在那里。稍微懂一点儿技术，也不至于越套越深。

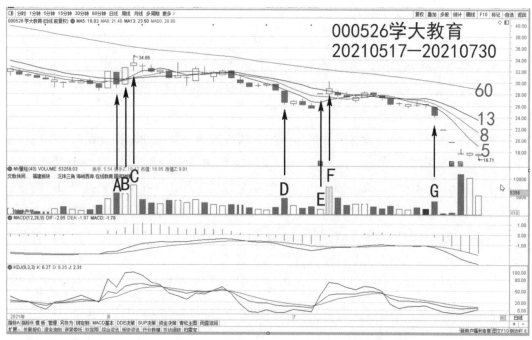

图 6-21　000526 学大教育 20210517—20210730 的 K 线图

第五节　风险的分类与控制

证券投资收益率的不确定性通常被称为风险。根据风险发生原因的不同，可以分为系统性风险和非系统性风险。

系统性风险，是指因全局性事件引起的投资收益变动的不确定性。这种全局性事件对所有投资者的收益均产生影响，风险无法通过多元化投资来抵消，因而又称为不可分散风险。全球性或者地区性自然灾害、全球性的瘟疫、突发性战争、国际政治关系的突然变迁、国家政策的变化等造成的风险，都属于系统性风险。

非系统性风险，是指由非全局性事件引起的投资收益变动的不确定性。这种非系统性风险可以通过投资组合或者多样化投资来降低对整体收益的不利影响，因此又称为可分散性风险。比如，某上市公司经营业绩急剧下滑、某上市公司财务造假被证监会立案调查、某上市公司重大资产重组失败、某上市公司某个投资项目因环保因素被环保督察叫停等。类似于这样的单个企业发生的事件，不影响其他投资标的的收益，这种事件造成的风险就属于非系统性风险。

在证券投资活动中，除了以上列举的因素造成的系统性风险和非系统性风险，还有一些风险，如认知性风险、操作性风险、周期性风险等，对投资者的收益率影响也是很大的，如果不引起足够的重视，有时候可能会引发致命的风险，导致巨大的亏损。

认知风险，是指在证券市场上存在一些常识性的事情，投资者本应该知道，但由于存在认知盲区而导致投资收益的不确定性。这种因认知盲区而带来的不确定性，在证券市场上比较多见。市场上俗称的"新韭菜"，就是指刚刚入市、缺乏一些基本交易认知常识，从而引发"无知者无畏"的行为结果。

操作性风险，是指投资者因为操作失误导致收益的不确定性。投资者在交易的过程中，可能出现诸如把本应卖出操作成买进，把本应买进操作为卖出；或者输入代码错误，买进了不该买进的标的；或者因操作键盘时手指发抖多输入一个0或者几个0，而导致买进或者卖出乌龙事件等。这种操作性风险，一般出现在操作人员性格急躁，或者精神状态不好，或者精力被其他事情分散，或者粗心大意的时候。虽然这类风险不具有普遍性，但实际操作中，很多人都曾遇到过。

周期性风险包括3种类型：一是投资标的涨跌周期风险，二是题材周期风险，三是交易者的情绪周期风险。这3种类型都有自己的运行规律，在盘中会交互影响，大部分时候，三者会处于错配的状况。

投资标的涨跌周期风险，是指投资者对证券标的物涨跌周期存在认知盲区，在上涨周期的时候空仓，或者在下跌周期的时候却一直持有，而导致收益的不确定性。

题材周期风险，是指某个题材发酵的持续性，包括时间的持续性和价格波动的区间幅度。有些题材，其持续性以年度计算；有些题材周期，则以小时计算。其发酵的持续性一般与题材级别的大小有关。题材周期的风险来自题材发酵持续时间的长短，时间越短，风险越大。

交易者个体的情绪从高涨到低落的时间间隔存在一个周期性规律，个体的情绪从高涨到低落，再从低落到高涨，时间大约为5周。但变化程度因人而异，有的人的情绪周期为23天，有的人为28天。交易者在情绪周期高涨期思路清晰，对市场涨跌的预判和涨跌的节奏把握都比较准确，但在情绪低落周期期间，失误率和错判率相对于情绪高涨周期明显增加。因交易者个体情绪周期的波动而给证券交易带来的不确定性，就是交易者自身的情绪周期风险。

认知性风险，可以通过不断学习，减少和克服认知盲区来规避。操作性风险，则可以通过团队监督或者自我监督的方法来改善。周期性风险也与认知有关，投资者只要对周期性规律有较深刻的认知，那么在执行风险控制的过程中，就会减少因认知带来的阻力。

【即测即练】扫描书背面的二维码，获取答题权限。

在线自测

扫描此码

下篇
证券交易模型

　　本篇为证券交易模型，是根据混沌与分形理论，结合人类思维结构和行为结构的自相似性开发的定量模型。这些定量模型都是在实战交易中总结出来的，具有鲜明的中国市场特色。虽然市场不会完全重复过去，但历史照亮未来，只要掌握模型结构背后的逻辑，就可以在变化中灵活借鉴模型的力量，而不是停留在刻舟求剑的层面。

　　机构均线思维模型、游资模型、庄股模型，是针对不同的金主而言的；不同的金主有不同的习性。

　　以投资股票为例，公募基金、保险基金、社保基金、券商自营及 QFII 等机构操作，原则上以价值选股为主，以技术选时为辅。因为价值趋同的缘故，往往会在相同的股票上扎堆。机构操盘的标的走势的外在表现以均线结构为主，股价沿着某条或者某几条重要的均线趋势运动。趋势一旦形成，就不会轻易改变，直到走到周期的末端。

　　游资操作一般是借助题材的东风，短期内快速拉升，连续的实体涨停板，快速拉升，快速出货，干净利落，绝对不拖泥带水。

　　庄股则是"吃独食"的做法，其操控的个股，启动前风平浪静，一旦启动往往是连续的一字板拉升。

　　把握好不同金主的习性，根据金主的习性来进行"搭车"操作，是快速提高实战技能的重要途径。

　　相对底部模型和上涨中继模型，是针对不同的位置而言的。股票价格的波动具有明显的周期性规律，因此其价格所在的位置决定了其发展空间的大小，也决定了风险概率的高低。

　　模型本身没有优劣之分，也不存在哪个最厉害的说法。有些模型在某个阶段比较常见，有些模型在某个阶段比较少见，仅此而已。

　　证券市场凶险，即便在有较高胜算把握的前提下，也不要忘记在交易的过程中事先合理设置好风险控制。合理的风险控制，是避免遭遇灭顶之灾的最佳法宝。

　　左右证券价格波动的因素非常复杂，因此证券市场具有高度的不确定性。但混沌与分形理论认为，不确定性中包含了相对的确定性，因此寻找这个相对确定性的过程，就是寻找规律的过程。寻找规律是为了利用规律，但熟练地把握规律需要一个漫长的经验积累过程。因此，建议学习者不要在没有完全理解模型背后逻辑的情况下，在没有经过严格的模拟训练和经验积累的情况下，孤注一掷地满仓投入实盘操作。

第七章
均线思维模型

第一节 "双龙腾飞"战法定量模型

一、模型的基本要素

技术分析，最核心的思想就是分类。分类的目的，就是把市场上众多的标的分为能操作的和不能操作的两大类型。

在所有技术指标中，均线系统是最简单、最实用的分类工具。作为交易决策依据，均线系统具有无可比拟的优势，因为均线系统具有客观化、定量化的特点，是用眼睛可以看到的，是就是，不是就不是，没有"是不是"。

本节视频课程

扫码学习

"双龙腾飞"战法定量模型，就是利用均线系统的两个均线组而构建的一种分类系统。这两个均线组分别是短期均线组和中长期均线组。短期均线组由 5、8、13 三条日均线构成，中长期均线组由 45、55、65 三条日均线构成。当短期均线组上穿中长期均线组且满足一些条件时，就是"双龙腾飞"战法的第一买点信号。

需要满足哪些条件呢？以下 3 条必须同时满足。

（1）中长期均线组已经走平而不是凌厉朝下。

（2）当短期均线组完成上穿中长期均线组后，在乾坤转折点可以清晰地看见筹码峰在 a 线之下。

（3）当短期均线组完成上穿中长期均线组后，在其附近可以清晰地看见 KDJ 和 MACD 都完成了金叉。

满足以上 3 条，则为"双龙腾飞"战法的第一买点信号。

以 300552 万集科技为例（图 7-1），短期均线组与中长期均线组有超过 3 个月的缠绕，而且基本上在同一水平线上。这种短期均线组与中长期均线组长期在几乎同一水平线上的缠绕，一般是主力建仓期。

建仓完成之后，会有一波拉升，这一波拉升以短期均线组上穿中长期均线组为突破信号，以一定的倾角为标志：倾角小于 15 度，则信号比较弱；倾角大于 30 度，则为短期特别强势的信号。

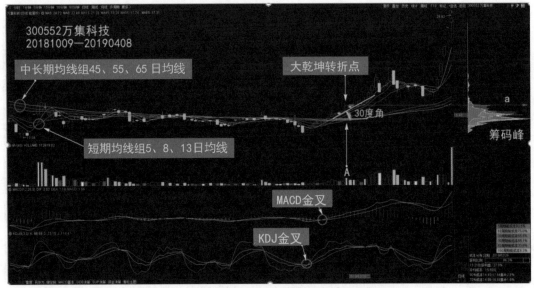

图 7-1   300552 万集科技"双龙腾飞"结构模型图

如图 7-1 所示，A 点是完成大乾坤转折点之后的标志性节点，沿着 A 柱所对应的价柱实顶画水平线，往右看会发现筹码峰在 a 线之下。a 线上面虽然还有一些筹码，但已经很少了。在 A 点的左侧先后出现 KDJ 金叉和 MACD 金叉信号。3 个条件完全满足。

从形态上看，中长期均线组最好要平躺一段时间，或者平躺稍微向上倾斜。但如果中长期均线组倾角凌厉朝下，则除个别"妖股"外，一般短期内很难扭转趋势。必须等到中长期均线组渐渐走平上翘，才会走真正的上升趋势。

二、第二买点信号

"双龙腾飞"战法第一买点信号出现之后，大部分标的会有一波 10%~50% 的上涨，其中第一波上涨的幅度在 15%~40% 为最佳，特殊情况下可能有 70%~100% 的涨幅。这种"特殊"指的是必须为战略性的大级别题材，一般的题材第一波的涨幅在 50% 以下最好。涨完第一波，一般要进行洗盘休整，把第一阶段的获利浮动筹码和不坚定分子"洗"出去。

以 002302 西部建设为例（图 7-2），在 A 点完成大乾坤转折且倾角在 30 度左右，筹码峰大部分在 a 线的脚下。第一波上涨幅度在 50% 左右，其后开始做一个"下、上、下"的上涨中继中枢结构，目的是通过"下、上、下"结构，以较低的价格吸收筹码。在完成第二个"下"的时候，股价回打到中长期均线组附近，但没有跌破中长期均线组。B柱跳空高开，放量上行，打开了MACD死叉之后的第一个金叉。此时第二买点信号出现。

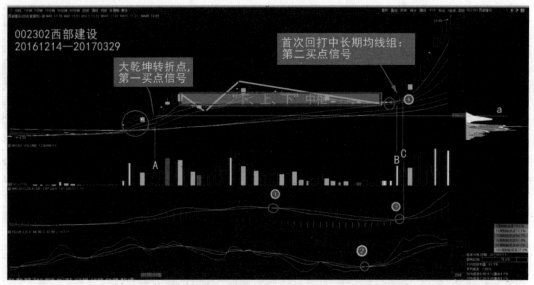

图 7-2　002302 西部建设"双龙腾飞"结构模型图

从西部建设这个案例可以发现，"双龙腾飞"战法第二买点信号有以下4个关键要素：

（1）大乾坤转折已经完成，也就是第一买点信号明确。

（2）大乾坤转折点完成之后，有一波快速的放量上涨，然后开始缩量洗盘，但洗盘调整深度有节制，即不跌破中长期均线组。

（3）调整过程中有一个完整的"下、上、下"中枢结构，在构建中枢结构时，其成交量遵循"上涨增量、下跌缩量"的要求。

（4）当完成中枢构建之后，先后出现 KDJ 金叉和 MACD 金叉，这就是买点信号。

再看一个例子。002017 东信和平是借助中国在通信领域实施 5G 战略的"东风"而起爆的一只牛股。如图 7-3 所示，在 2018 年 11 月的 A 点附近完成了大乾坤转折，短期均线组上穿了中长期均线组。如果从 A 点算起，第一波行情涨幅差不多翻番。经过一个三浪调整之后，股价回踩到 45 日均线附近。然后在 B 柱有一个跳空上行的动作。B 点就是一个确认的第二买点信号。C 点完成 MACD 的金叉信号，可以继续加仓。

由东信和平这个案例我们可以得出一个结论：如果只看裸 K 线，不利用均线系统来进行关键节点的判断，是很难找到第二买点信号的。质量较高的第二买点信号就是股价回踩中长期均线组，无限接近，但不跌破。"接近而不跌破"就意味着 MACD 不会下零轴。因此，MACD 在零轴上的金叉信号是一个非常可靠的辅助指标。

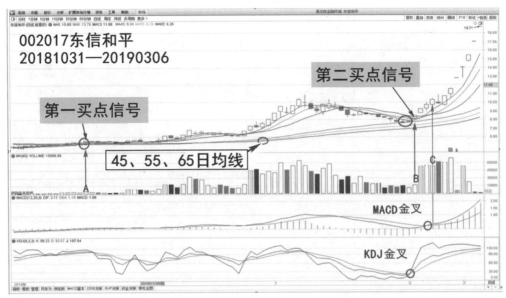

图 7-3　002017 东信和平"双龙腾飞"结构模型图

三、卖出信号的识别

根据短期均线组与中长期均线组的结构组成,我们不仅可以把它作为买入信号的识别工具,也可以把它作为卖出信号的识别工具。

当短期均线组上穿中长期均线组且呈现一定的倾角时,对应的股价的上涨趋势已经明朗,可以买入。

反过来,当短期均线组下穿中长期均线组且呈现一定的倾角时,对应股价的下跌趋势已经形成,此时既不能买进,也不能继续持有。

至于两组均线缠绕,则是横盘,但这种情况最终会结束,从而演变为上涨或者下跌。

相互缠绕之后,会有两种情况发生:中继或者转折。如果是中继,则延续之前的趋势;如果是转折,则改变之前的趋势。

以 600291 西水股份为例(图 7-4),在 2017 年 3 月至 2017 年 10 月的走势中我们可以发现,当短期均线组上穿中长期均线组时,为上升趋势的起点信号,图 7-4 中的 A 点为"买点 1";短期均线组上穿中长期均线组之后,股价第一次回踩中长期均线组时,就是第二次加仓布局的最佳时间节点,图 7-4 中的 B 点就是"买点 2"。

当上涨一定的幅度后,股价跌破 13 日均线,或者 5 日均线和 8 日均线下穿 13 日均线,此时为小乾坤倒转,短期朝上的趋势已经被破坏,因此在 C 点要适当减仓。如果股价调整有度,重新站上 13 日均线,则可以把减去的仓位再度补回。如果没有重新站上 13 日均线,则不论下跌幅度多少,都不要补仓。

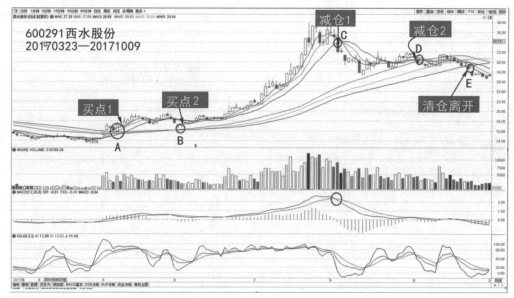

图 7-4 600291 西水股份"双龙腾飞"结构模型图

当股价有效跌破 45 日均线，即在 D 点，暗示着中长期趋势开始遭到破坏。

当股价有效跌破 65 日均线，即在 E 点，表示中长期趋势已经确认朝下，此时，周期性中长期趋势下跌确认，没有再继续买进或者再继续持有的理由。

这些买点信号与卖点信号，全部是客观的，不需要主观臆测，一切以市场信号为准。证券市场就是狩猎场。"狩猎"这两个字是有两层含义的，一个是"狩"，一个是"猎"。"狩"，就是在猎物没有出现前，要屏声静气，等待，守候，不能乱动；"猎"，就是在猎物出现时，要敢于激发，敢于出手。该狩的时候狩，该猎的时候要敢于亮剑，该离开的时候，也不要犹豫。

一旦我们确定按照这两组均线组成的交易结构来进行操作，那就严格按照客观信号来进行操作。这个纪律不容破坏，也不容修改。

可能有些人觉得这个方法过于简单，但是越简单的方法往往越有效。

四、尊重主力的习惯

通常，不同的主力，其操盘习惯是不一样的，因此首次回打的深度也有差异。为避免陷入机械教条主义的泥潭，建议读者根据主力的历史习惯对短期均线组、中长期均线组进行适当的调整。

调整方案一：把短期均线组（5、8、13 日均线）调整为一根线。这一根线，可以是 5 日均线，也可以是 8 日均线，还可以是 13 日均线。短线以 13 日均线为最佳防线，也就是说，如果你是做短线的，以 13 日均线为进退的依据。跌破 13 日均线减仓，站上

13 日均线补回，如此往复，来回做波段，上下赚差价。

调整方案二：把中长期均线组（45、55、65 日均线）调整为一根线。这一根线可以是 21 日均线，也可以是 34 日均线，还可以是 60 日均线或者 89 日均线。调整成为一根线，不是乱调，而是要根据主力的历史习惯进行调整。

以 300552 万集科技为例（图 7-5），该股在 2019 年 3 月底 4 月初调整到 34 日均线附近，有止跌现象。如果此时苦等回打到中长期均线组（45、55、65 日均线），那就犯了教条主义的错误。

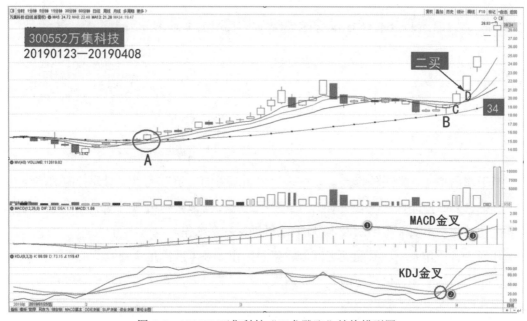

图 7-5　300552 万集科技"双龙腾飞"结构模型图

事实上，在 B 点靠近 34 日均线之后，C 柱跳空确认，可以预判为底分形开启。实践证明，得到重要均线支撑的底分形是比较可靠、值得信赖的。在 D 柱跳空高开时，可以放心买入，因为此时 KDJ 和 MACD 已经先后出现了金叉信号。

以 300482 万孚生物为例（图 7-6），该股在 2019 年 5 月至 7 月有两次回踩，如果我们把中长期均线组（45、55、65 日均线）作为参照物，则该股 3 次跌破了长期均线组（图中的 B、C、D 三点）。如果死板教条，则在股价跌破 65 日均线之后，心里就没有了底。但如果把长期均线组替换为 89 日均线，则会发现股价 3 次回打到 89 日均线而回升。掌握了这个规律后就会发现，在每次回踩 89 日均线时，都是最佳买入信号。

实践表明，中长期均线组可以用 21、34、55、60、89 这几根日均线来替换。至于具体使用哪一根来替换，需要实盘时灵活调整。不同的主力，甚至同一主力在不同的时段，都有可能会采用不同的均线系统作为其攻防线。我们要做的就是发现主力的操盘规律，并利用这个规律进行动态的跟进操作。

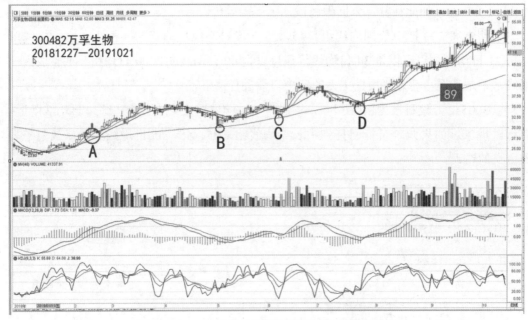

图 7-6　300482 万孚生物"双龙腾飞"结构模型图

至于卖出信号，即最佳卖点，须结合"左侧压力的大小"及"大阳分时内部结构"来进行综合判断，即在左侧有明显压力且当下的大阳内部结构出现"价涨量不增"时，就要主动减仓，不要非等到跌破 13 日均线再进行减仓动作。

任何一种操作系统，只能满足部分股票的操作，不可能满足全部股票的操作。这是由人的思维结构的多样化决定的。不同的人、不同的主力，其操作思路是有区别的，因此表现在图形上也是千差万别的。

第二节　连阳首阴缩量模型

一、模型的基本要素

连阳首阴缩量模型，特指在大趋势朝上的过程中，在某些关键的位置，股价出现连续 2~5 天温和的上涨，然后突然进行温和的调整。但调整的这一天，价柱不跌破上一个交易日的价柱实底，并且价柱对应的量柱与其上一个交易日相比是缩量的。

本节视频课程

扫码学习

这一模型的组合形态为：某关键位置出现连续 2~5 根阳价柱加上 1 根缩量的阴价柱。其后只要获得确认，就是买点信号。

这个"某关键位置"，指的是在完成底分形、小乾坤转折和大乾坤转折上升趋势确认三部曲之后，在 60 日均线，或者 13 日均线、21 日均线、34 日均线附近出现的"连阳首阴缩量"组合形态。

所谓"获得确认"，指的是在连阳首阴缩量组合之后，直接跳空高开，或者低开高走，把前面那根阴柱踩在脚下。

以 300275 梅安森为例，如图 7-7（a）所示，G、H 柱就是连阳，I 柱为首阴，J 柱为跳空高开确认。G、H、I、J 柱组合就是连阳首阴缩量（高开确认）模型。

以 600160 巨化股份为例，如图 7-7（b）所示，其 A、B、C、D 柱为连阳，E 柱为缩量阴，F 柱为低开高走的阳盖阴确认。A、B、C、D、E、F 柱组合就是连阳首阴缩量（低开阳盖阴确认）战法模型。

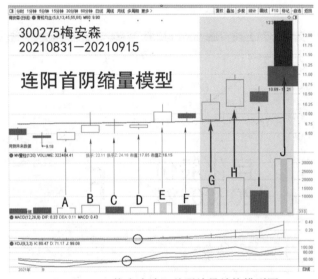

（a）300275 梅安森连阳首阴缩量结构模型图

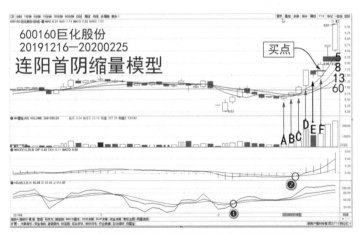

（b）600160 巨化股份连阳首阴缩量结构模型图

图 7-7　连阳首阴缩量结构模型图

不论跳空高开或者平开、低开，原则上要使用早盘停顿法等待 3~15 分钟，如果在 3~15 分钟之内，价格线在成交均线之上，也就是分时价格和成交均线呈现"正三围"形态，则买点信号确认。反之，如果早盘 3~15 分钟之内，分时价格和成交均线呈现"倒三围"形态，则当天无法确认买点信号。图 7-8 所示就是巨化股份 F 柱的分时结构图，使用早盘停顿法，5 分钟之内为典型的"正三围"结构。

需要强调的是，这个定量模型中有一个不可或缺的要素，就是 60 日均线必须走平或上翘。其背后的逻辑就是"趋势"朝上。参与 A 股交易，"趋势第一"，只有"趋势"朝上的标的，在经过短暂而又温和的风险释放之后，才能继续上扬。巨化股份在 F 点，刚刚完成短期均线组（5、8、13 日均线）上穿 60 日均线，此时，大乾坤转折完成，上升趋势确认。

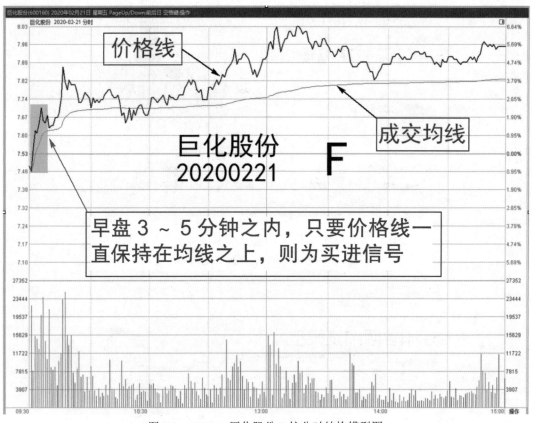

图 7-8　600160 巨化股份 F 柱分时结构模型图

因此，连阳首阴缩量组合只是一个局部的形态，是否具有实战介入价值，还需要趋势与结构的匹配。均线结构理论认为，60 日均线是牛熊分界线，股价必须上穿 60 日均线且 60 日均线走平或者上翘，才能证明上升趋势已经获得确认。当然，短期均线组上穿中长期均线组完成大乾坤转折，比股价上穿 60 日均线更为稳妥。

二、买点信号的确认

连阳首阴缩量模型的买点信号确认非常重要。如果买点信号没有确认，就冲进去，就可能被套住。

以 300900 广联航空为例（图 7-9），在 M 点完成大乾坤转折（短期均线组 5、8、13 日均线上穿 60 日均线）后，在乾坤转折点附近出现了 A、B、C、D、E 5 根连续的小阳，F 是缩量的阴柱（看起来是阳但实际上是阴）。A、B、C、D、E、F 组合就是连阳首阴缩量。同理 H、I、J、K 组合是由 3 根连续的小阳加上 1 根缩量的小阴组成的"连阳首阴缩量"。

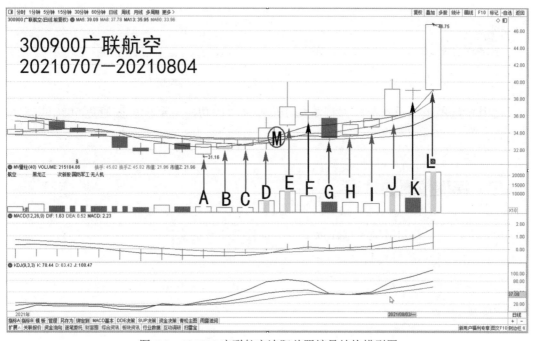

图 7-9　300900 广联航空连阳首阴缩量结构模型图

但是 A、B、C、D、E、F 组合和 H、J、J、K 组合，其后走势却不一样，为什么？

其实很简单，就是连阳首阴缩量组合之后，还需要一个分时结构的确认。

如图 7-10 所示，G 柱分时结构在早盘 5~15 分钟内为典型的"倒三围"结构（价格线在成交均线的下面）；而 L 柱的分时结构却为典型的"正三围"结构（价格线在成交均线之上）。因此，G 柱没有发出买入信号；而 L 柱发出了买入信号。细微的差别就在此处。

我们在早盘 5~15 分钟内稍微停顿一下，观察分时结构的走向，出现符合我们预期的"正三围"结构就买，未出现就放弃，这就是早盘停顿法。

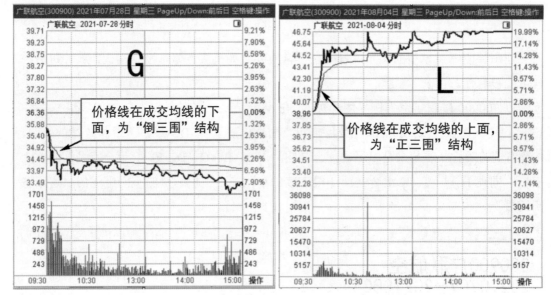

图 7-10　300900 广联航空 G 柱和 L 柱分时结构模型图

使用早盘停顿法虽然不能保证我们 100% 取得成功，但至少可以避免 90% 的方向性风险。

三、模型位置的扩展

原则上，连阳首阴缩量模型在以下 3 个位置是比较可靠的：

（1）出现在小乾坤转折点附近或者大乾坤转折点附近的位置。

（2）出现在首次或者第二次回打 60 日均线附近。股价完成大乾坤转折之后，股价涨幅不超过 50%，首次或者第二次回打 60 日均线位置。

（3）出现在其他重要均线或者支撑线附近。大乾坤转折完成之后，股价首次回打 13 日均线、21 日均线或者 34 日均线的位置。或者回打重要的支撑线，包括缺口线、谷底线等。

其中，以在 60 日均线附近出现为最佳。我们以 300174 元力股份为例来说明（图 7-11）。当均线系统完成大乾坤转折之后，意味着中长期趋势朝上得以确立。但主力不急于拉升，而是围绕 60 日均线展开震荡吸筹，A、B、C 为紧贴在 60 日均线附近的三连阳，D 柱缩量调整，E 柱跳空高开确认，A、B、C、D、E 组合就是连阳首阴缩量模型。但为稳妥起见，我们建议 E 柱在这一天的早盘开盘之后，使用停顿法。也就是在 9:30 开盘之后，观察 3 ~ 5 分钟，如果分时为"正三围"结构，则择机买进（图 7-12）。事实上，在观察 5 分钟之后，E 柱的涨幅在 3% 左右，是可以立即发出买进指令的。

图 7-11　300174 元力股份连阳首阴缩量结构模型图

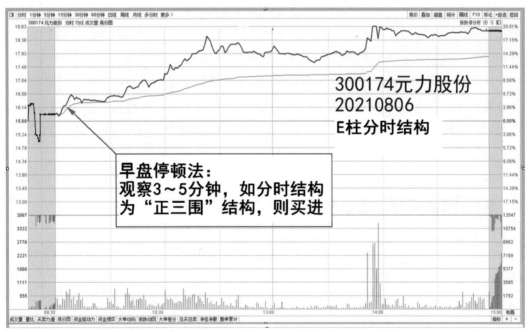

图 7-12　300174 元力股份 E 柱分时结构模型图

除了以均线为参照物，有时候还可以以缺口（注意一定是实缺）为参照物。以 002109 兴化股份为例（图 7-13），在 M 点完成大乾坤转折。完成大乾坤转折后，股价同样 3 次回踩缺口线，在缺口线附近的 P、Q、R3 个点位得到支撑，在缺口线之上形成了一个"下、上、下、上、下"中枢延伸结构。

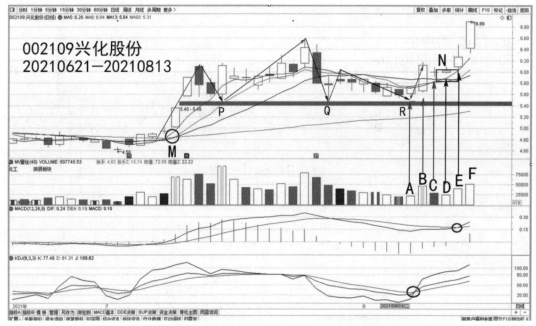

图7-13　002109 兴化股份连阳首阴缩量结构模型图

R点之后，A、B柱连阳，C柱缩量阴。D柱价柱实体太短，无法找到清晰的买点信号。而E柱跳空高开，并且E柱的分时结构在早盘3~15分钟便为"正三围"结构，买点信号出来了。

D柱无法确认买点信号，E柱出现买点信号，类似于这种形态，叫作隔日确认。

事实上，在E柱这一天开盘的时候，小乾坤转折N还没有完成。等到E柱这一天收盘，N柱才算非常清晰。因此，在小乾坤转折（5日均线和8日均线上穿13日均线）还没有完成之前，可以依靠缺口结构来进行交易决策。

四、辅助指标 KDJ 和 MACD 金叉信号

实战交易中，还有两个重要的辅助指标，就是 KDJ 和 MACD 金叉信号。以601800中国交建为例（图7-14所示），当E柱跳空高开且早盘3~15分钟分时结构为"正三围"的时候，是否有信心重仓切入，需要借助两个指标，即 KDJ 和 MACD 金叉信号。

从图7-14中可以明显看到，A、B、C 三柱之前，KDJ 已经完成金叉，C柱收盘之后，MACD 金叉信号已经出现。这是一个重要的信心指标，即当连阳首阴缩量形态出现时，伴随着 KDJ 和 MACD 金叉信号先后出现，E柱分时结构呈"正三围"的时候，则可以毫不犹豫地重仓介入。

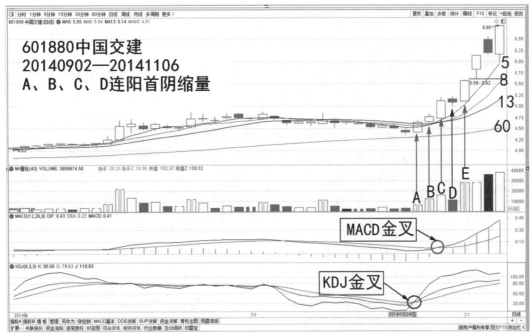

图7-14　601800 中国交建连阳首阴缩量结构模型图

第三节　"一条均线打天下"的 6 个定量模型

一、6 个定量模型的分类

"一条均线打天下"指的是股价上穿 60 日均线后，在涨幅不透支的情况下，首次或者第二次、第三次回打靠近 60 日均线，重新起跳的一种模型。

如果进行细分归类，可以分为以下 6 个模型（图7-15）。这种模型中，如果出现买入信号后及时介入，理论上赚钱是大概率事件，而且风险可控。

本节视频课程

扫码学习

这里讲的股价上穿 60 日均线，原则上需要短期均线组（5、8、13 日均线）上穿 60 日均线，也就是完成了高氏趋势定理 1 所要求的底分形、小乾坤转折和大乾坤转折三部曲，中长期上涨趋势已经确定。

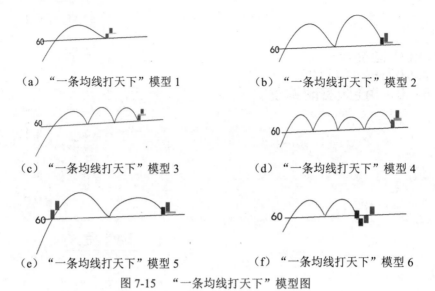

（a）"一条均线打天下"模型1   （b）"一条均线打天下"模型2

（c）"一条均线打天下"模型3   （d）"一条均线打天下"模型4

（e）"一条均线打天下"模型5   （f）"一条均线打天下"模型6

图 7-15   "一条均线打天下"模型图

涨幅不透支，指的是股价上穿 60 日均线后，不是以极端的连续涨停板上攻且在 1~2 个星期就出现涨幅翻番或者更多的情形。

一般来说，股价短期迅速上涨翻番甚至翻几番的个股，就属于透支行情。行情被透支后，后面即便首次回打 60 日均线，其连续上涨再走一波大行情的可能性也很低。

以 002807 江阴银行为例，如图 7-16 所示，从 A 点到 B 点涨幅达 156%，属于典型的透支，其后虽然第一次回打到 60 日均线的 C 点，但也毫无价值。

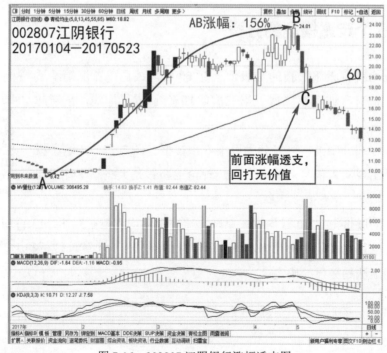

图 7-16   002807 江阴银行涨幅透支图

（一）模型1——首次回打

以300435中泰股份为例（图7-17），其在M点完成大乾坤转折（短期均线组上穿60日均线），并且60日均线逐渐走平并微微上翘。A柱首次回打到60日均线附近，B柱当天早盘跳空高开，就是最佳买点信号。

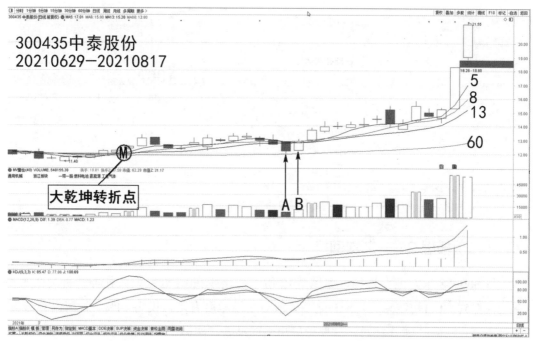

图 7-17　300435 中泰股份首次回打 60 日均线模型图

当然，这里必须强调一下，从M点往右看，对应的量柱红高绿低，红多绿少，首跌缩量，上涨增量，下跌缩量，完全符合"漂亮股票"的形态要求。反过来，如果首跌不缩量，上涨不增量，下跌却增量，那其后走势就比较纠结。

再看688128中国电研（图7-18），为方便看图，去掉短期均线组，只用60日均线。其在M点完成大乾坤转折，并且60日均线逐渐走平并微微上翘。A点首次回打且靠近60日均线，但B柱没有跳空高开，C柱也没有跳空高开，直到D柱才跳空高开，因此最佳买点信号在D柱。这种隔天确认的，只要B柱和C柱涨幅不大，原则上在3日以内是允许的。

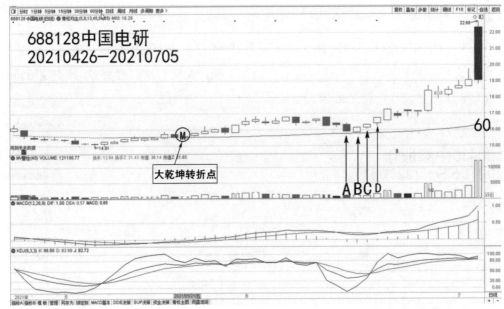

图 7-18   688128 中国电研首次回打 60 日均线模型图

（二）模型 2——二次回打

以 600958 东方证券为例，如图 7-19 所示，该股在 M 点完成大乾坤转折，在 A 柱首次回打到 60 日均线附近，A 柱之后，股价上涨幅度有限，仅为 14%，行情没有透支。因此当第二次回打到 B 柱时，就要做好出击的准备。实际上，C 柱跳空高开，就是最佳介入时点。

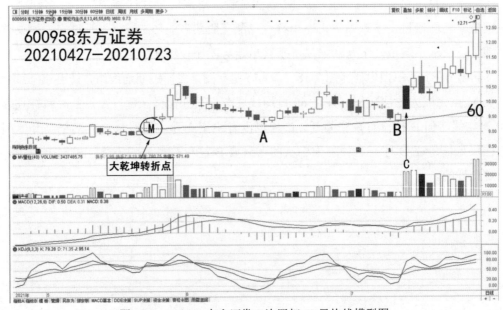

图 7-19   600958 东方证券二次回打 60 日均线模型图

在实战交易中，这种两次回打 60 日均线的结构相对比较稳定，其后走势一般都比较稳靠，涨幅也比较大。

（三）模型 3——三次回打

以 300173 福能东方为例（图 7-20），该股在 M 点完成大乾坤转折，其后股价回踩 3 次，分别为 A、B、C。其中，A 点以后股价上涨幅度为 20%，B 点以后上涨幅度也接近 20%，行情没有透支。因此，D 柱跳空高开，就是最佳介入点。

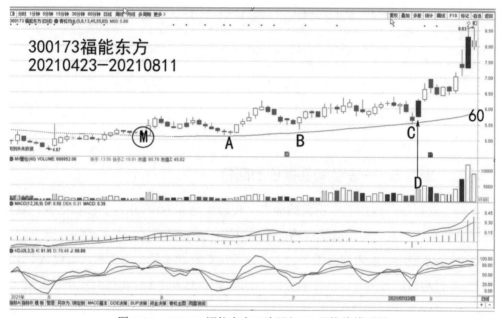

图 7-20　300173 福能东方三次回打 60 日均线模型图

为什么股价要回踩 60 日均线 3 次呢？其实这与缠论的中枢延伸是一样的，本来一个"下、上、下"就算结构完成了，但走了延伸，就变成了"下、上、下、上、下"结构。这种结构背后的逻辑是什么呢？因影响股价运行的因素较多，情形比较复杂。有可能是外部原因，比如，大盘指数走势较弱，或者板块指数整体还没有好转，或者题材概念还没有被挖掘出来，或者市场人气还没有被激发，或者是内部原因，主力还没有做好拉升的准备，等等。不管是哪种原因，只要股价还没有大幅度上涨，只要股价回调有度，到 60 日均线附近就适可而止，那么主力的拉升最终都是要爆发的，只是时间的早晚而已。

（四）模型 4——多次回打

所谓多次回打，就是回打 60 日均线的次数在 3 次以上。比如，300329 海伦钢琴（图 7-21），A、B、C、D、E、F、G、H 柱均回打到 60 日均线附近，历经 8 次回打才开始发力拉升，而且拉升也是以跳空高开的方式开始的。I 柱才是最佳介入点。

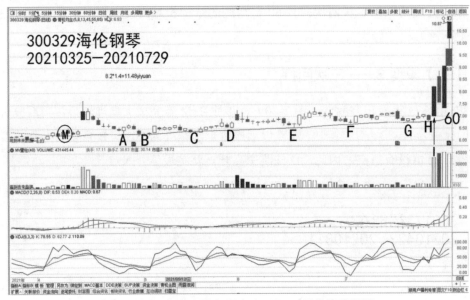

图 7-21　300329 海伦钢琴多次回打 60 日均线模型图

（五）模型 5——左侧有涨停板的回打

左侧有涨停板，这是非常积极的因素，代表主力在 60 日均线上洗盘之前，就对市场进行过试探，是主力初次试探市场留下的痕迹，也相当于主力早就设下了伏兵。

以 002240 盛新锂能为例（图 7-22），该股在 C 柱跳空拉主升之前，有过 A、B 柱两次回踩 60 日均线的行为。C 柱左侧分别有涨停板 O 柱和 P 柱。而且 O、P 柱均在 60 日均线之上，差不多水平的位置。这种提前布局涨停板的，在实战交易时，属于优选的对象。

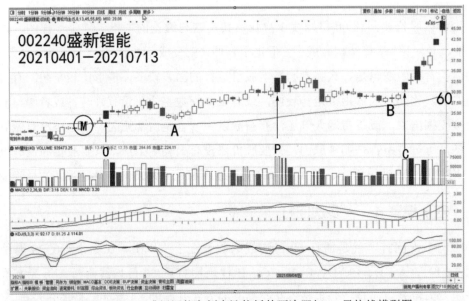

图 7-22　002240 盛新锂能左侧有涨停板的两次回打 60 日均线模型图

再看 002140 东华科技（图 7-23），该股在 M 点完成大乾坤转折后，股价有过 A、B、C 柱 3 次回打 60 日均线的行为。在 A、B 柱之间有一根涨停板 O 柱，这绝对是一个助力加持，为 C 柱以后的连续拉升奠定了坚实的基础。

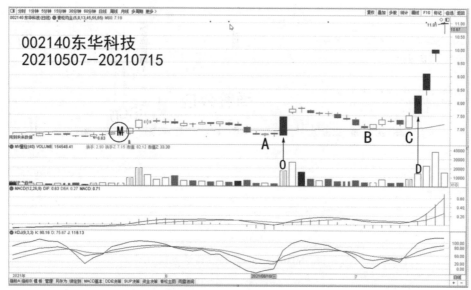

图 7-23　002140 东华科技左侧有涨停板的三次回打 60 日均线模型图

（六）模型 6——弹簧效应

弹簧效应指的是在完成大乾坤转折后，并且 60 日均线已经走平的情况下，股价回打 60 日均线时，有效跌穿了 60 日均线，但股价在 3、5、8 个交易日之内（最迟不超过 11 个交易日），重新站上 60 日均线的情形。

这种故意跌穿重要支撑线然后快速拉起的，往往是比较狡猾且比较凶猛的金主在拉升之前做的一次测试动作。测试什么？一方面是测试主力自己对该股的控盘权是否牢靠；另一方面是测试市场在恐慌突然来临时筹码的供应量。如果量价关系配合良好，则说明市场测试成功，主力心领神会，很快启动拉升程序。

如图 7-24 所示，603626 科森科技的 A 柱直接跌破 60 日均线，但第二天 B 柱止跌，第三天 C 柱就重新站上 60 日均线。

能够在 3、5、8 个交易日重新站上 60 日均线的，金主的实力都比较强大。如果 11 个交易日都没能站上 60 日均线，那就不是弹簧效应了。

对付这种弹簧效应的方法就是，在有效跌破 60 日均线时第一时间减仓，等 3、5 个交易日重新站上 60 日均线时，把减去的仓位再补回。

为什么要减仓？因为一旦有效跌破 60 日均线，就意味着跌破风险控制线。跌破风险控制线时，必须按照事先的计划减仓甚至空仓，而不是幻想会来一个弹簧效应。

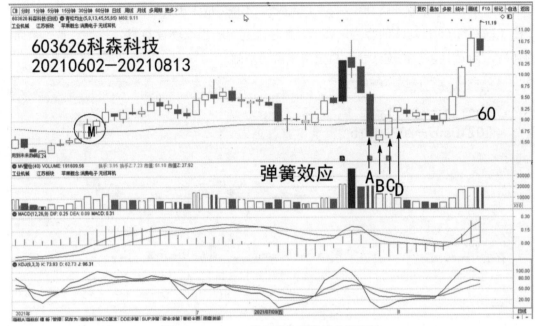

图 7-24　603626 科森科技弹簧效应模型图

二、风险控制

"一条均线打天下"的 6 个模型，依托的都是 60 日均线，买点也在 60 日均线附近。因此，6 个模型的风险控制线都是 60 日均线。如果买进之后，第二天或者第三天股价不往上涨，反而有效跌破 60 日均线，那就得执行风险控制原则，在第一时间进行"斩立决"，不管其后是否出现弹簧效应。

就像图 7-24 所示的科森科技，如果在 A 柱之前已经持有该股票，而 A 柱当天有效跌破 60 日均线，则在收盘前 10 分钟，一定要减仓或者清仓。这是原则，不管对错都要执行。如果其后股价重新站上 60 日均线，再买回来也不迟。

第四节　四步连环组合模型

一、四步连环组合模型的构成要素

四步连环组合模型是一个根据主力快速建仓、快速洗盘，达到快速拉升的一个实战模型，包含 4 个重要的构成要素。

第一个要素是有一波放量上涨。在这一波放量上涨的过程中，必须完成短期均线组上穿中长期均线组，短期均线组（5、8、13日均线）和中长期均线组（45、55、65日均线）有大于15度以上的夹角。放量上涨的幅度必须在15%以上、50%以下。如果第一波上涨幅度太小，则后续调整洗盘的空间太小；如果第一波上涨幅度太大，则有一次性透支行情的可能。如果第一波中有2~3个连续实体涨停板，则第一波涨幅可以适当放大。这个上涨的幅度与当时大盘的环境有关，也与当时该股所处的题材级别有关。如果当时大盘情况非常好，或者题材级别较高，则涨幅可以适当放大。第一波放量上涨时，量价一定要匹配，就是价格越高，量柱也越高，是有序放量，高价对应高量。因为第一波是主力建仓阶段，主力不断买入，推高了股价。主力不断放量买，说明主力的做多意志坚定，没有犹豫，动作干脆，行动利索。

第二个要素是第一波上涨后，接下来有缩量洗盘调整的动作。能够有序缩量更好。调整过程中出现MACD快慢线无限接近黏合状态或者出现死叉信号均可。洗盘为什么要缩量呢？调整的时候缩量，说明市场浮动的筹码不多，也说明市场对当前的价格比较认可。如果在洗盘过程中，股价下跌对应放出阴高量，尤其是首跌放量，说明主力控盘能力还不强，市场浮动筹码较多，接下来快速拉升的时机还不成熟。

第三个要素是调整至某个重要支撑线附近结束，KDJ出现金叉信号。这个重要支撑线可以是包括如谷底线、缺口线、左峰平衡线、13日均线、21日均线、34日均线或者60日均线在内的具有心理支撑作用的线。股价调整到某条支撑线附近时，价柱和量柱的实体一般会变得非常小，也就是价格的振幅和成交量都非常小，而此时KDJ出现金叉信号，这是调整结束的基础信号。

第四个要素是MACD见到金叉信号或者预判即将出现金叉信号时，此时为最佳买进信号。

以600371万向德农为例（图7-25）进行说明。

（1）第一波股价上涨50%左右，短期均线组与中长期均线组的夹角也符合要求（为便于视觉效果，可以用一根60日均线代替中长期均线组）。有A、B、C柱3个涨停板，其中B、C柱为连板，符合第一个要素的要求。

（2）洗盘的过程中呈现有序缩量，D、E、F三柱均为首跌缩量。调整过程中MACD出现死叉信号，符合第二个要素的要求。

（3）在调整到60日均线附近时出现3个小阳，并且H柱和I柱都有跳空开盘的动作，向上的指向性明显。当J柱出来后，KDJ出现金叉信号，符合第三个要素的要求。

（4）当J柱出来后，预判MACD即将出现金叉信号，符合第四个要素的要求。因此，在J柱当天可以买入第一笔。

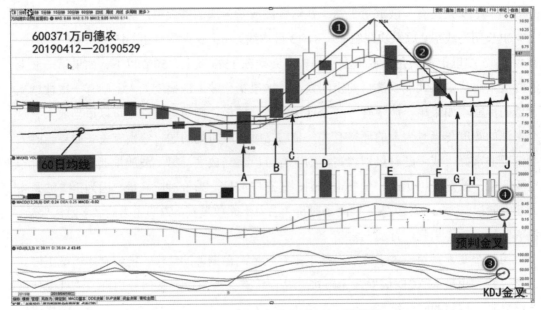

图 7-25　600371 万向德农四步连环结构图

而其后的走势恰如所料，如图 7-26 所示，K 柱跳空高开 1.5% 开盘，可以及时加仓。

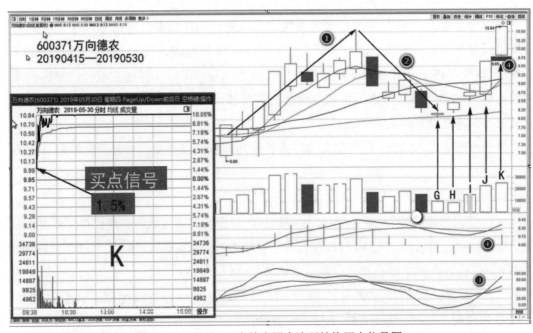

图 7-26　600371 万向德农四步连环结构买点信号图

因此，运用四步连环组合模型的关键在于提前预判 MACD 金叉信号，并根据相应
战法模型的要求及时介入。

二、4 个要素背后的逻辑

第一个要素背后的逻辑是为什么我们强调在第一波里有涨停板。这是因为在 A 股市场当前的交易制度设置中，涨停板代表市场人气和资金流向的一个极致行为。这个极致行为所蕴含的信息是该股主力及在主力引导下的市场合力有较强的攻击性。特别是放量上攻需要的是真金白银。放量上攻既是实力的体现，也是不顾一切快速建仓的信号。既然主力不顾一切放量建仓，那"好戏"就会在后面。

第二个要素背后的逻辑是为什么我们强调第一波必须有短期均线组上穿中长期均线组的行为。因为这是大乾坤转折点，只有在完成中长期上涨趋势确认的前提下，才会有接下来的快速拉升行为。这个趋势的转折点就好像一年中的立春。立春，就是冬季与春季的临界点、分界线。而且，我们强调短期均线组穿越中长期均线组时，需要呈现一定的角度，这个角度其实就是力度强弱的体现。但这个角度要比较适当才好。既不要太大，也不要太小，15 ～ 30 度为最佳。

第三个要素背后的逻辑是洗盘结束时需要得到重要支撑线的支撑。洗盘有度，适可而止，在重要支撑线附近得到支撑，既说明符合自然规律，也代表主力的操作具有计划性。有节有度有章法，不打乱仗，才是能办大事的主力、有能力的主力、有实力的主力。

第四个要素背后的逻辑是为什么强调在洗盘的过程中要首跌缩量、有序缩量。需要首跌缩量，一方面是主力想借助洗盘测试市场的浮力。早盘集合竞价阶段主力一般具有引导当天低开、平开或高开的控盘能力。如果主力引导低开，然后交由市场自由交易，往往能够反映市场多空双方心理的真实状况。如果在测试结果中发现首跌缩量，并且有序缩量，那就说明市场抛压并不是非常严重。另一方面是主力借助洗盘把盘面上的浮动筹码洗出去，为日后的拉升扫除障碍。

三、信号的确认与预判

这里要强调的是，KDJ 金叉信号和 MACD 金叉信号都是客观的，是就是，不是就不是，没有"是不是"。但在某些个股中，如果等到这两个客观信号可见时，股价已经一飞冲天，买进机会没有了。

以 600513 联环药业（图 7-27）进行说明。

第一个要素已经具备，即短期均线组已经上穿中长期均线组，第一波股价有 27% 的涨幅，并且有非连续的 3 个涨停板。

第二个要素也完整饱满：C 柱首跌缩量，在洗盘下调的过程中形成了由 D、E、F、G、H 五根柱子组成的"风吹草低"形态，并且调整到 13 日均线附近得到支撑。

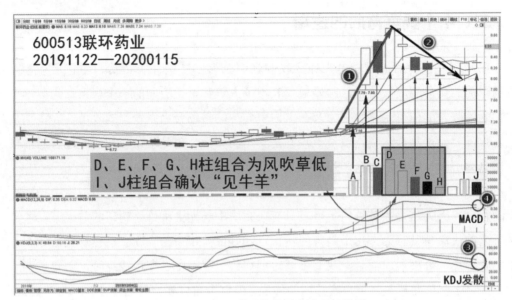

图 7-27 600513 联环药业四步连环结构图

第三个要素还没有形成。KDJ 还呈发散状态，什么时候出现金叉，还不好预判。

第四个要素是确定的。因为 MACD 在调整的过程中没有出现死叉，原有的金叉信号继续有效。

如果严格按照四步连环组合模型的要求，客观信号 KDJ 金叉信号还没有出现，此时应该耐心等待。

事实上，如图 7-28 所示，L 柱当天跳空高开，KDJ 金叉信号出现，因此 L 柱当天应该快速介入。

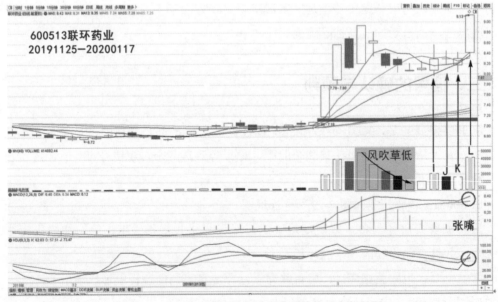

图 7-28 600513 联环药业四步连环结构买点信号图

四、风险控制

如果买进之后，股票的后期走势不符合预期，则需要控制风险。为防止风险的扩大，在买进时，就需要提前规划好风险控制线。

600371 万向德农在 J 柱买进（图 7-26），那么依托的防线应该是 60 日均线。如果 J 柱买进之后，K 柱不涨反跌，那么应该做好以 60 日均线为风险控制线的防守，其后股价在 60 日均线上方，则可以继续持有。一旦有效跌破 60 日均线，则需要快速清仓。

600513 联环药业的买点在 13 日均线附近（图 7-28），因此风险控制线就设置为 13 日均线，介入后不符合预期，那么应该在有效跌破 13 日均线时，快速"斩立决"，以防风险进一步扩大。

第五节　"分时五浪不涨停"定量模型

一、模型的基本构建

日 K 线内部的量价阴阳形态，就是分时结构。分时结构包括全天的价格走势及特定价格对应的成交量。一般的看盘软件，每一分钟为一根柱子，因此，分时结构里的基本元素就是以分钟为单位的量柱和价柱，这是量柱和价柱的最小单位。而其颜色，是由该分钟的最后一笔交易的多空比决定的。假如在最后一笔交易里，同一价格卖方的量多于买方的量，则交易系统中该分钟量柱和价柱的颜色显示为绿色；如果买方的量多于卖方的量，则显示为红色；如果买方的量等于卖方的量，则显示为白色。

分时五浪不涨停，指的是在某一天的分时图上，有明显的上升五浪结构（波浪结构），而当天却没有涨停的形态。出现这种微观状态的结构时，即便在分时图上量价关系匹配（价涨量增，高量对应高价），由于五浪结构已经完成，之后大概率会走向调整。

这种分时结构的调整本来属于微观级别，但因其发生的位置不同，后果也有相当大的差异。一般来说有两种情况。

第一种情况：由分时结构引发日线级别的调整，成为日线级别的转折点。当日 K 线的左侧有明显的压力，或者处于一轮行情的顶分形位置时，除了当天的调整，第二天还会接着调整，而且调整的力度和深度会很大。

以 300162 雷曼光电在 2021 年 8 月 5 日的分时图为例（图 7-29、图 7-30），在当天 9:30—9:35，走出了一个明显的"上升五浪结构"，但没有封住涨停。根据波浪结构原理，上升五浪之后，接下来会走下降 a、b、c 三浪结构。而实际情况是，接下来在 9:35—9:41，真的就走了一个标准的下降 a、b、c 三浪结构。

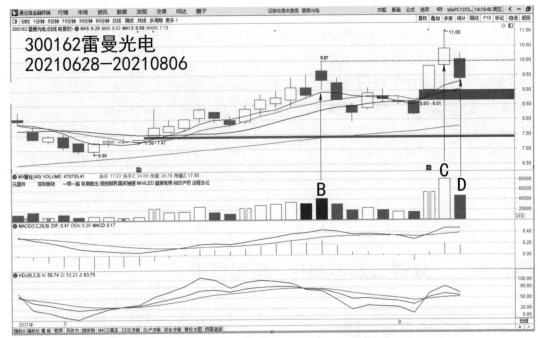

图 7-29　300162 雷曼光电日线级别 K 线结构模型图

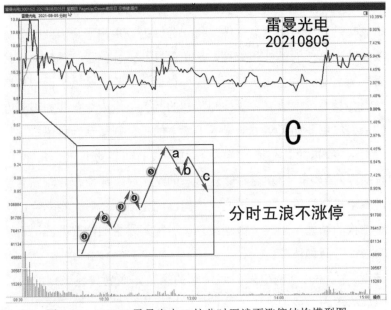

图 7-30　300162 雷曼光电 C 柱分时五浪不涨停结构模型图

第二天，D 柱直接低开（图 7-31），并且开盘后 5~15 分钟，分时结构为"倒三围"结构。凡是开盘之后 15 分钟内为标准的"倒三围"结构的，当天大概率为调整，因此根据早盘 5~15 分钟的分时结构，基本上可以判断该价格还将创新低。

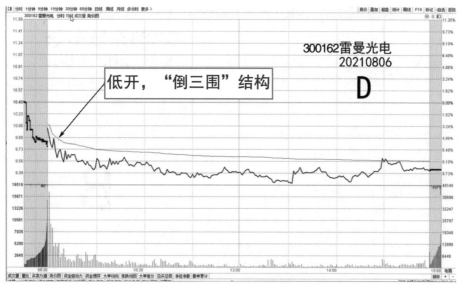

图 7-31 300162 雷曼光电 D 柱分时五浪不涨停结构模型图

因此在实战交易中，发现这种具有明显的上升五浪结构却没有封住涨停的，应该及时减仓，因为接下来就会有 a、b、c 三浪调整。

第二种情况：分时结构的调整后随即修复，不影响日线级别的继续上涨。当行情处于上升中继阶段，左侧没有明显的压力，则在当天调整之后，第二天仍有机会修复，日 K 线级别继续上涨。

以 300183 东软载波为例（图 7-32），B 柱在 2021 年 8 月 3 日的股价挑战左峰平衡线 a，形成假阴真阳的 K 线形态。B 柱分时图（7-33）中，出现了分时五浪不涨停。

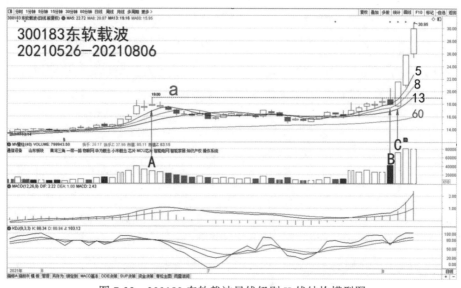

图 7-32 300183 东软载波日线级别 K 线结构模型图

图 7-33　300183 东软载波 B 柱分时五浪不涨停结构模型图

出现这种情况应该怎么办？理论上当天发现明显的分时五浪不涨停后，应该快速减仓。实际上，如图 7-33 中 B 柱分时结构所示，当天的振幅达 13%，即最高点为 +10.7%，最低点为 -2.3%。当天减仓以后，第二天要继续观察该股的动向。如果符合条件，应该把减去的仓位再买回来。

实际情况是，如图 7-34 所示，C 柱低开，但采用早盘停顿法观察 5~15 分钟。如果在 5~15 分钟内为"正三围"结构，就应该买进。当然，为稳妥起见，也可以分批买进，5 分钟时为"正三围"结构，则买进第一笔；15 分钟时还是"正三围"结构，则买进第二笔。

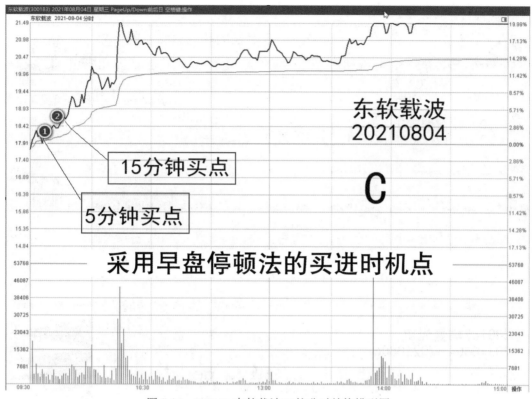

图 7-34 300183 东软载波 C 柱分时结构模型图

二、综合分析

为什么同样是分时五浪不涨停，雷曼光电和东软载波其后的日 K 线级别走势大相径庭呢？

我们先来看 300162 雷曼光电的走势图，从图 7-35 中观察如下内容。

一看趋势。从当下的大势看，60 日均线朝上，中长期的趋势确定朝上。

二看结构。C 柱放量过左峰 b。左峰 b 是在上涨趋势里形成的，因此属于"我峰"。

从一、二两条看，似乎并无太大的负能量。

三看左侧周期的压力。缩图看势，经过缩图可以明显看到，C 柱在这一天碰到了左侧 A 柱所在 a 峰平衡线，这就是遇到了历史周期顶部位置的压力。

四看筹码峰。如图 7-36 所示，C 柱对应的筹码峰已经上移。筹码峰上移，说明当天出现了巨额筹码交换，主力有可能出逃。

从三、四两条看，全部都是负能量。

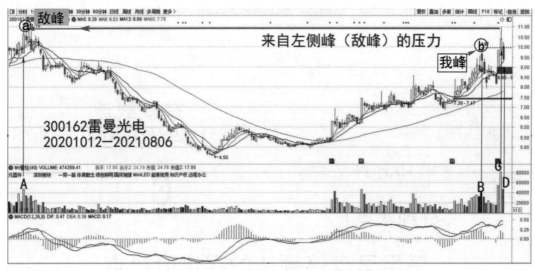

图 7-35　300162 雷曼光电左侧压力结构模型图

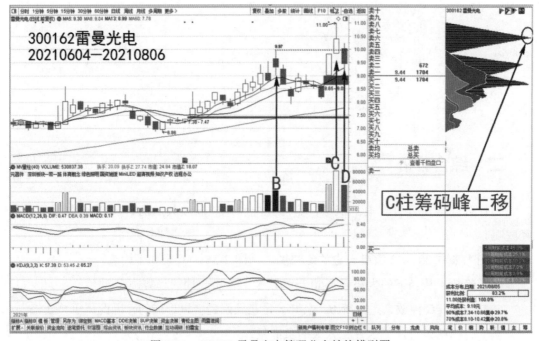

图 7-36　300162 雷曼光电筹码分布结构模型图

因此，在当天发现 C 柱出现上升五浪不涨停的分时结构后，应该大幅度减仓，甚至清仓，以避免接下来 D 柱的大跌。而万一在 C 柱时还没有完成出货任务，则在 D 柱跳空低开且开盘 5 分钟内为"倒三围"结构时，应该尽快出清。

我们再来看 300183 东软载波的趋势图（图 7-37）。

一是从趋势的角度看，60 日均线朝上，中长期的趋势确定朝上。

二是从结构的角度看，B 柱放量突破左峰平衡线 a，左峰 a 是在上涨趋势里形成的，因此属于"我峰"。

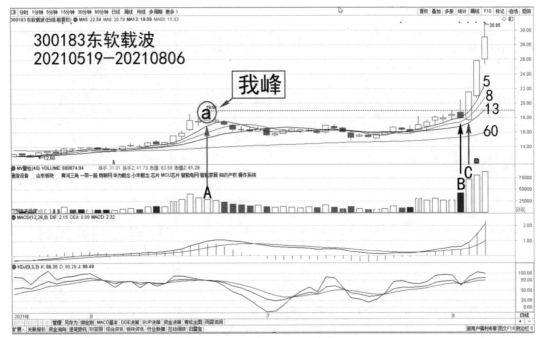

图 7-37　300183 东软载波趋势结构模型图

三是从周期的压力角度看，左侧的 a 峰为"我峰"，压力不大。左侧的远处没有明显的压力来源。

四是从筹码分布的角度看，如图 7-38 所示，当天 C 柱的筹码峰并未上移。筹码峰没有上移，一定程度上说明当天筹码交换的量能不大，主力没有出货。

以上 4 个指标都不含负面能量。B 柱分时结构出现五浪不涨停（图 7-33），源自左侧"我峰"的压力。一般来说，这种"我峰"的压力回调的深度有限。

因此，在 B 柱出现分时五浪不涨停时，对东软载波可以快速减仓甚至清仓。但当 C 柱在早盘 5~15 分钟之内走出"正三围"结构时，要迅速把在 B 柱减掉的仓位全部补回来。

区别对待分时五浪不涨停，动态掌握目标个股的技术指标，才能在高度不确定性的股票交易过程中掌握主动权。

总结一下以上两个案例，是否由微观状态的结构转折引发宏观周期结构的转折，涉及两个重要指标：一是左侧是否存在周期性的压力及压力的大小，二是筹码峰的分布情况。

根据实战经验，只要把握关键位置上的微观变化即可。比如，当股价运行到周期的中位线（50% 的位置）、周期顶部（左峰）、周期底部（谷底）、缺口（实缺）等位置时，就需要特别关注分时结构的细微变化。只有在这些关键的特殊位置上，微观结构的改变才可能会引发宏观大势结构的改变。而在其他非关键位置，不要过分看重分时的微观形态对股价运行方向的作用与影响。

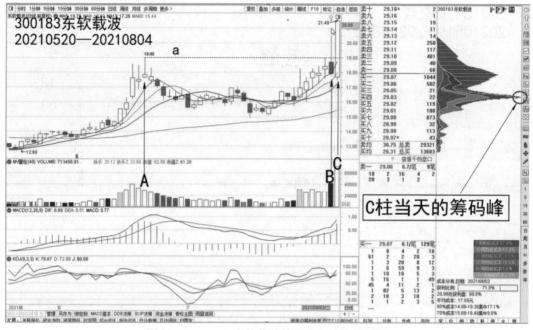

图 7-38　300183 东软载波筹码分布结构模型图

【即测即练】扫描书背面的二维码，获取答题权限。

第一节　识别游资的窍门

一、游资的特点

为便于实战操作，我们一般把市场上最聪明的主力和最有实力的主力称为"金主"。金主大致有 3 类：一是以公募基金、社保基金、保险基金、券商自营、QFII、部分私募基金为代表的机构；二是以来无影去无踪的市场热钱、部分私募、部分有实力的个体资金为代表的游资；三是长期入驻在某只股票中的庄股。

本节视频课程

扫码学习

机构一般是均线思维，所操作的股票符合价值投资的要求，股票形态沿着某条重要的均线徐徐上行，如同绿皮火车，速度慢，靠站停，上上下下，搭车非常方便。

庄股的特点是要么不拉升，要么一旦拉升就如同火箭发射，一般人根本无法"搭车"。庄股有两种：第一种是人弃我取，独钓寒江雪，奉行的是"越危险的地方越安全""越冷清的地方越干净"，专找问题股、垃圾股，如 ST 类炒作。其特征是低位快速收集筹码，然后连续拉升一字板，拉升得让你仰天长叹。第二种是长期入驻在某只股票，座右铭是"三年不开'涨'，开'涨'吃三年"。这种庄股一般与标的公司互为猫腻，由标的公司发出诸如资产重组、新技术突破等利好消息，然后拉升连续的一字板。

游资，专指市场上那些为追逐高额利润而在各金融市场之间流动的热钱。游资是证券市场上一股强大的力量，由于其组织形式的松散性、资金聚合的隐秘性，以及派系的多样性、速战速决的敏捷性，因而具有重要的地位。游资属于职业投机资金，一般借助市场热点引爆连续实体涨停板，聚焦市值规模较小的且不适合做价值投资的标的，也就是基本面一般或者较差的个股。

游资操作手法是避开机构聚集的标的和庄股染指的标的，聚焦小市值、基本面一般的个股，利用热点题材事件，突击拉升，分工合作，快速接力，用增量资金拉升涨停板，而且是连续接力的实体涨停板。市场把连续用涨停板拉升的个股称为"妖股"。游资是制造"妖股"的主要渠道之一，因此本章专门探讨游资的操作习性和如何搭上游资的便车。

二、游资操作标的启动前的信号识别

由于游资操作具有高度的隐秘性和灵活性，因此，要识别其启动前的蛛丝马迹有一定的难度。更重要的是，游资操作的标的也不一定能够完全地实现其最初的目的，半途而废或者无功而折的情况也时有发生。因此在搭车游资的标的，争取短期收益最大化的同时，其风险也是同步放大的。

笔者经过多年的跟踪研究发现，可以通过以下 7 个方面的数据和形态，来综合辨识游资操盘的标的。

（一）换手 Z

换手率是指在一定时间内市场中股票转手买卖的频率，是反映股票流通性的指标之一。计算公式为：

$$换手率 = 某一段时间内的成交量 / 流通股数 \times 100\%$$

换手 Z 就是真实换手率，已经剔除那些虽然是流通股却暂时不能参与交易的股票。

一般来说，次新股的换手率与换手 Z 是一样的；老股则有区别。刚刚上市的次新股和老股的换手率的多寡，其背后的逻辑有较大的区别。

在寻找游资操作的标的时，最直观也是最客观的标准是换手 Z。当然，这个换手 Z 指的是游资启动第一个涨停板（盘中涨停后又打开的也算）的真实换手率。

游资拉升涨停板当天的换手 Z，其良性数值范围一般为 10%~39%，除刚上市的次新股外，超过 40% 就比较危险，超过 60% 为死亡换手率。次新股的换手率，某一天的当天超过 70% 就比较危险了。

良性换手 Z 的数值范围分 3 种情况：（1）对于主板而言，涨停极限是 10%，换手 Z 在 10%~39% 即可，其中以在 15%~29% 为最佳。（2）对于创业板和科创板而言，涨停极限是 20%，因此换手 Z 在 15%~39% 为最佳。（3）北京证券交易所涨停极限是 30%，其换手 Z 的数值范围需要灵活确定。特殊情况下，如果第一个涨停板数值不符合标准，则在第二个涨停板时必须符合标准。

以 603196 日播时尚为例（图 8-1），该股在完成大乾坤转折后，有过一波三连板的上涨。E 柱之前是两个一字板，换手率低。E 柱本身换手 Z 是 37%，F 柱是 31%；经过第一波突击放量建仓后，主力开始洗盘，但洗盘以 60 日均线和下面的实缺为依托，收放有度。A柱的换手Z是20%，属于最佳区间数值。A柱虽然收盘前炸板，但当天换手率足够。结合E、F、A三柱的换手Z，基本上可以预判日播时尚属于游资操作的标的。但是，仅仅靠换手率这个单一的指标还不能完全肯定该游资马上就会拉升。

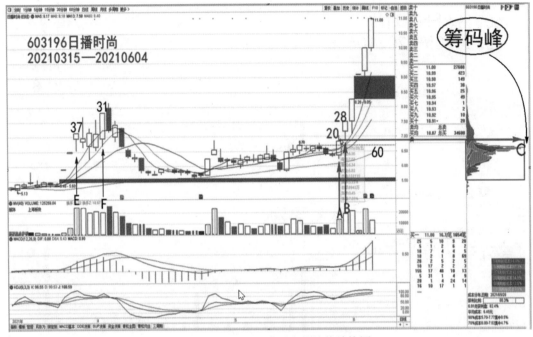

图 8-1　603196 日播时尚的趋势结构图

（二）筹码峰

筹码分布，是指不同价位上投资者的持仓数量的一种结构。筹码峰指的是在这个区域筹码的集中度最高，也就是大多数人的持仓成本在此。如果把筹码峰踩在脚下，则说明市场上大多数人已经获利。既然大多数人已经获利，那么上面的套牢盘就很少了，因此主力拉升时，来自上方的阻力就很轻了。

如图 8-1 所示，沿着 A 柱对应的价柱实顶（收盘价）往右侧画水平直线，可以明显看到筹码峰被踩在脚下。

（三）趋势与结构

一只股票，从形态上来看，必须完成底分形、小乾坤转折和大乾坤转折三部曲之后，牛熊分界线 60 日均线走平且徐徐上翘，股票的日 K 线在 60 日均线上完成了某种形态的结构，才有可能在接下来的时间里有一波快速的趋势上涨行情。不论是机构操作的标的还是游资操作的标的，在趋势问题上，都是一致的。

从图 8-2 看，日播时尚已经完成大乾坤转折，中长期趋势朝上。第一波股价有50%

左右的涨幅，然后经过三次回打 60 日均线。这种有两次或者三次回打 60 日均线的均线结构，震荡洗盘非常充分，具有较好的稳定性。

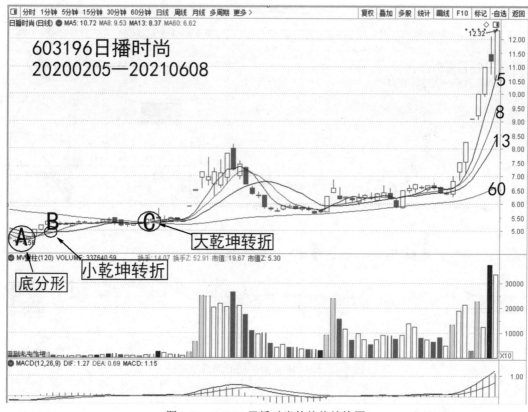

图 8-2　603196 日播时尚的趋势结构图

（四）财务指标

因为机构选股的原则就是必须符合价值投资的要求，因此那些盈利状况很好的标的基本上都有机构入驻。市场生存的法则迫使游资只能退而求其次，在收益为微利甚至亏损的标的中去选择攻击的目标。游资操作的标的，一般来说，其财务指标比较"难看"，完全不符合"价值投资"的要求。

如图 8-3 所示，日播时尚 2017 年至 2020 年，每股收益分别为 0.3890 元、0.1599 元、0.0367 元、−0.1980 元。2021 年第一季度每股收益为 0.0648 元，属于亏损与微利的范畴，因此，该股不符合机构投资者的选股要求，是奉行价值投资理念的机构所不屑一顾的。但正因为如此，才能成为游资的优选标的。

【最新财报】

最新主要指标	2021-03-31	2020-12-31	2020-09-30	2020-06-30
每股收益(元)	0.0648	-0.1980	-0.3121	-0.4066
每股净资产(元)	3.4463	3.4413	3.3305	3.2384
加权净资产收益率(%)	1.8700	-5.4400	-8.6200	-11.1700
每股经营现金流(元)	0.1610	0.3350	0.1440	0.0520
每股未分配利润(元)	0.7001	0.6353	0.5223	0.4277
每股资本公积(元)	1.5964	1.5964	1.5964	1.5964
营业收入(万元)	22008.09	82254.15	53759.53	31127.80
利润总额(万元)	2083.00	-8762.71	-9737.16	-12762.63
归属母公司净利润(万)	1554.79	-4752.21	-7489.69	-9758.77
净利润增长率(%)	194.46	-639.22	-9559.88	-499.63
实际流通A股(万股)	24000.00	24000.00	24000.00	24000.00
限售流通A股(万股)	——	——	——	——
总股本(万股)	24000.00	24000.00	24000.00	24000.00
最新指标变动原因				

【近五年每股收益对比】

年份	年度	三季	中期	一季
2021	——	——	——	0.0648
2020	-0.1980	-0.3121	-0.4066	-0.0686
2019	0.0367	-0.0032	-0.0678	0.0194
2018	0.1599	0.0871	0.0747	0.0694
2017	0.3890	0.2181	0.1328	0.0711

图 8-3 日播时尚 2021 年 3 月底财报

（五）机构入驻的数量

游资大多选择没有机构入驻的标的来操作，因为这样干净，不需要为机构抬轿。或者即使有机构入驻，但机构持有的股数占比很少，几乎可以忽略不计。

如图 8-4 所示，截至 2021 年 3 月底，基金、QFII、保险、社保、券商自营五大机构，在日播时尚的持股数量为零。

【按机构类型汇总】

指标/日期	2021-03-31	2020-12-31	2020-09-30	2020-06-30	2020-03-31
基金家数(家)	——	1	——	1	——
基金持股(万股)	——	3.11	——	44.53	——
占流通A比(%)	——	0.01	——	0.19	——
QFII家数(家)	——	1	1	——	——
QFII持股(万股)	——	100.00	100.00	——	——
占流通A比(%)	——	0.42	0.42	——	——
保险家数(家)	——	——	——	——	——
保险持股(万股)	——	——	——	——	——
占流通A比(%)	——	——	——	——	——
券商家数(家)	——	——	——	——	1
券商持股(万股)	——	——	——	——	29.70
占流通A比(%)	——	——	——	——	0.45
社保家数(家)	——	——	——	——	——
社保持股(万股)	——	——	——	——	——
占流通A比(%)	——	——	——	——	——

图 8-4 日播时尚 2021 年 3 月底机构持股情况

（六）十大流通股东中"自然人"占比

游资操作一般借助自然人账户。自然人账户的好处是资金来去自由，几乎不受约束。只要在操作的过程中不超越法律法规的红线，一般不会引起监管的注意。

如图 8-5 所示，2021 年 3 月 31 日的数据显示，日播时尚的十大流通股东中有 8 家为自然人。其中有一个自然人新进 219.73 万股，符合游资的特点。一般来说，游资操作的标的，其十大流通股东中"自然人"占比一般在 60% 以上。

●十大流通股东　截止日期:2021-03-31
前十大流通股东累计持有: 1.81亿股，累计占流通股比: 75.46%，较上期变化: 305.82万股↑

股东名称	股东类别	持股数(万)	占流通股比%	增减情况(万)
上海日播投资控股有限公司	其他机构	12651.50	52.71 A股	未变
王卫东	自然人	2907.00	12.11 A股	未变
曲江亭	自然人	1593.00	6.64 A股	未变
日播时尚集团股份有限公司回购专用证券账户	其他机构	280.41	1.17 A股	新进
王光坤	自然人	219.73	0.92 A股	新进
林亮	自然人	140.00	0.58 A股	未变
赵红武	自然人	99.43	0.41 A股	-0.44
赵荣	自然人	94.57	0.39 A股	-5.05
袁喜保	自然人	70.56	0.29 A股	6.17
李俊	自然人	55.00	0.23 A股	-31.00

较上个报告期退出前十大流通股东

瑞士信贷(香港)有限公司	QFII	100.00	0.42 A股	退出
李辉	自然人	64.00	0.27 A股	退出

图 8-5　日播时尚 2021 年 3 月底十大流通股东

（七）市值的大小

流通市值，指在某特定时间内当时可交易的流通股股数乘以当时股价得出的流通股票总价值，也就是流通市值。流通市值 Z，是指自由流通股的市值，自由流通股一般扣除了暂时不能参与交易的股票，如持股 5% 以上的股东、未解禁和承诺在一定时间内不减持的机构的持股等。

小市值的个股为什么会受到游资的特别青睐？因为需要用来操作的资金体量小，运作的时候，灵巧方便。根据统计，大部分游资操盘选择的标的的真实流通市值在 20 亿元以下，10 亿元以下更好。

日播时尚 A 柱这一天（图 8-1），收盘价是 6.83 元，真实流通股数，即流通 Z 是 6709 万股，流通市值为 4.58 亿元（6.83×6709=4.58 亿元），属于典型的小市值标的。换句话说，这一天控盘主力只要花费 4.58 亿元就可以把市场上所有能够流通的股票买下。

三、注意事项

确定了游资操作标的后，关于标的股票后续走势有几点注意事项，需要特别留意。

第一，题材能否持续发酵的问题。假如以上条件全部满足，也只能说基础条件已经具备了。至于涨不涨，什么时候涨，也需要其他条件配合。游资启动某只股票，首先必须借助题材热点的"东风"，才能成功。题材的级别越高，其持续性就越好，拉升的高度就可能是 7 连板、9 连板，甚至 11 连板。题材一般，市场承接力就会差很多，可能只有 3 个连板或者 5 个连板。

第二，需要当时市场情绪的配合。市场做多情绪高昂，则拉起来就顺利；如果当时市场情绪低落，游资也不会"霸王硬拉弓"。因为，把涨停板拉起来容易，但拉起来之后，总得有人承接。游资需要在相对高位成功换手脱身，必须借助题材的可持续性和市场情绪的一致性，才能功成身退，完美收兵。

第三，数据的滞后性和突变性。财务数据、机构持股数量、十大流通股东的构成等数据是每个季度更新一次，因此数据存在一定程度的滞后性。同时，流通 Z 这个数值也有可能随时发生变化，从而导致换手 Z 数值也会发生变化。这些变化都要留意，不可以刻舟求剑。

第四，游资类型的多样性。由于游资这个群体具有多样性，其资金量的大小、风险好恶、依赖路径等会有显著差异，因而其操作手法、操作习性、控盘能力等也会有较大的差别，需要读者在实践中去领悟和把握。

四、搭车游资的操作步骤

了解游资的操作习惯和辨识游资操作标的的标准之后，接下来的问题就是如何搭车，也就是如何择机介入的问题。

第一步，涨停板选股。到当天的涨停板里选股，因为游资启动是从涨停板开始的。尤其是那些左侧有涨停板，并且左侧就能证明是游资操作标的的，为最佳选择。我们把左侧有涨停板的称为前戏，左侧有前戏，说明准备充分。左侧没有前戏，并且 60 日均线没有走平，60 日均线上方没有完整的结构，突然爆出一个涨停板，这种是需要观察的。实战交易中，很多人就是因为第二天追高而被套的。因此对于没有前戏的涨停板，先放到自选股池里。其后，每天花时间瞄一眼，等它走完符合条件的结构和形态，在第一次涨停板的右侧，一旦再次冒出符合条件的涨停板时，就要准备搭车了。

第二步，确定趋势。检查目标个股对应板块是否完成大乾坤转折。因为只有趋势确定朝上、结构完成的形态，才能有确定性的上涨基础。

第三步，满足条件。查目标个股是否满足游资操作标的的所有条件。这些条件包括换手 Z、筹码峰、机构数量、十大流通股东、财务状况、流通市值 Z 等。这些条件，有些是数据说话，有些是形态要求，都是客观的。但是，这里有一个难点，就是对热点题材和市场主赛道的把握。一般人对热点题材缺乏敏感性，对市场主赛道的风口浪尖缺乏基本的认知。但它们相当于一枚炸弹的引信、一服中药的药引子，是不可或缺的关键因素。有它，则动；无它，则静。

第四步，实战试错。可以说，市场上不存在可以确保 100% 能够成功的模型，即使全部条件符合游资操作标的的标准，也存在诸多不确定性因素。因此需要试错成本。所谓试错成本，就是把操盘资金分成几个等份，对不同的标的进行试错，成功的，继续持股；失败的，第一时间"斩立决"。坚决反对孤注一掷的做法。即使是想集中火力重仓一个标的，也应该分步介入。符合预期，再追加仓位；不符合预期，则"斩立决"。

第五步，风险控制。如果股票持有后不符合预期则需要第一时间进行风险控制，符合预期则留股待涨。这个风险控制线的设置，不是事后再补上的，而是在介入之前就要有预案。至于怎么卖，还需要掌握其他知识点。

对付游资操盘的标的，针对不同的情况有不同的战法模型，这些战法模型本身并无优劣之分，也就是说，不存在这个好、那个不好的问题。建议反复操练一个具体的战法模型，才能熟能生巧。

但最终的实践效果，以成功的概率大小和收益率来衡量。其中与两个因素直接相关：一是使用者对模型使用的熟练程度；二是能否在恰当的时间段使用。什么叫"恰当的时间段"？游资操盘也是有情绪周期的，某段时间如过江之鲫，有段时间偃旗息鼓，不是每天都出来干活的。

第二节 决战右侧第二板定量模型

一、模型的结构形态与战法要领

决战右侧第二板定量模型，是搭游资便车的第一个模型。这个模型是一种组合结构形态，简称"决战第二板"。当且仅当在完成大乾坤转折后，在 60 日均线之上有过一波含有涨停板（至少一个涨停板，但最多不超过 3 个连板成为左侧板）的向上攻击段，然后股价回踩60 日均线，股价在 60 日均线之上完成某种结构后，再次出现涨停板，就是右侧板。这个右侧板与左侧板遥相对应，大致在同一箱体平台内。

本节视频课程

扫码学习

如果从左侧或者右侧涨停板的换手 Z 的数据可以预判其为游资操作的标的，则在右侧板出现后，要准备及时搭车。右侧第一板出现后，如果第二天跳空高开，就可以果断出手。

"左侧第一波"，也就是所谓的"前戏"，指的是游资在完成大乾坤转折后，会有至少一次以涨停板的方式来试探盘面动静的行为。左侧第一波里面含有试探性的涨停板，就是要把前戏做足。犹如放电影，大戏之前放一部小纪录片。

第一波攻击之后，原则上会来一个回打 60 日均线的结构，也可以是"下、上、下"中枢结构，还可以是打穿 60 日均线之后或者 3 日或者 5 日重新站上 60 日均线的"弹簧效应"结构。这是震荡洗盘的必需步骤。

当然，这个结构一定要凸凹有致，该凸的地方一定要凸，该凹的地方一定要凹。这个凸凹，是需要上下联动的，上面是价柱，下面是量柱。通俗的说法就是上涨要增量，下跌要缩量。

以 002699 美盛文化为例（图 8-6），60 日均线走平，前戏有 A、B 柱两个连续的涨停板和单个的涨停板 C 柱。其后 D、E、F、G 柱跌破 60 日均线，而 H 柱又重新站上 60 日均线，D、E、F、G、H 柱组合就是"弹簧效应"结构。

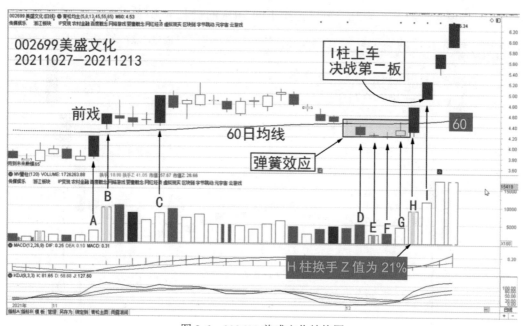

图 8-6 002699 美盛文化结构图

以 002943 宇晶股份为例（图 8-7），A、B 柱为前戏，然后两次回打 60 日均线的动作完成了"下、上、下"中枢结构。C 柱为右侧第一板。

结合游资操作标的辨识的 7 条标准，一条一条地来核实。

第一，C 柱换手 Z 为 11%，基本上满足要求。

第二，筹码峰被踩在 E 柱收盘价的脚下，完全符合要求。

第三，从趋势与结构看，大乾坤转折已经完成，在60日均线附近完成了"下、上、下"结构，符合要求。

第四，在财务指标方面，2019年每股收益为0.14元，2020年每股收益为 -0.06元，显然不符合价值投资的标准。

第五，2021年3月底的数据显示，五大机构均无持股，非常干净。

第六，十大流通股东中自然人有7位，符合自然人占比为多数的要求。

第七，C柱这一天收盘时的流通市值Z为9.88亿元，符合"小市值"的要求。

综合起来看，C柱这一天基本上可以预判宇晶股份为游资操作的标的。因此第二天，也就是D柱这一天，只要跳空高开，原则上要抓住机遇上车。

理论上，D柱跳空高开，在集合竞价阶段可以买进第一笔。这是试错的一笔，不能保证100%成功，因此资金分配在30%左右。

由于D柱属于第二板，属于连板，连板的第二板大多数情况下在早盘高开以后还有一个下杀的过程。这是主力的习惯性动作，临盘无须惊慌。如果短时间迅猛下杀，但股价不跌破零轴（上一个交易日的收盘价），则在股价上穿当日成交均线时，买进第二笔，这一笔确定性较高，因此，可以把剩下的70%的资金全部投进去。

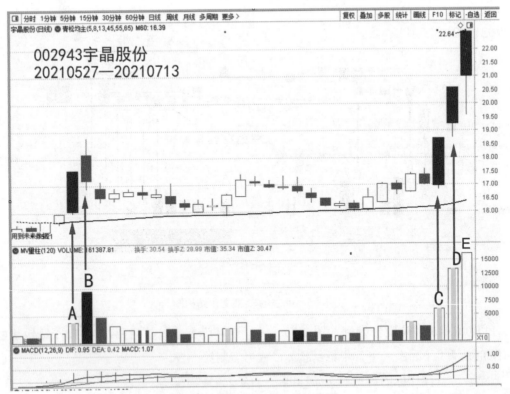

图8-7　002943宇晶股份结构图

当然，这里面还有一个细节，就是9:30开盘时，第一根分时的量柱一定要是红色的，同时，这第一根量柱一定要比上一个交易日封板量的那一根柱子高。

这背后的逻辑是什么呢？每天在分时结构里的第一根量柱，代表了当天集合竞价成交和集合竞价之后到9:31之间的成交量总和。如果这个总和比上一个交易日的封板量要多，说明主力做多意愿强烈。

图8-8所示为宇晶股份C柱的封板量M柱和D柱的第一根量柱N柱，可以明显看出N柱大于M柱。

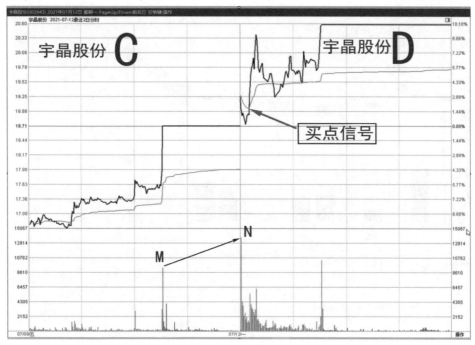

图8-8　002699宇晶股份C柱和D柱分时结构图

二、模型的思维逻辑

有人问：为什么说A、B柱为前戏，C、D柱为高潮？其背后的逻辑是什么？

答：世界上没有无缘无故的爱，熙熙攘攘，皆为利来。主力在A、B柱处用涨停板的分时试探一下市场的反应，然后用24天的时间做中枢，测试多空双方的实力。中枢结构非常漂亮，凸凹有致，上涨增量，下跌缩量，说明主力控盘有力，一旦时机一到，就会奋力朝上。奋力朝上的目的只有一个：拉出高度，拉出空间，然后卖出筹码，留下金钱。

法布尔在《昆虫记》蝉篇中说：4年黑暗中的苦工，1个月阳光下的享乐，这就是蝉的生活。我们不应当讨厌它那喧嚣的歌声，因为它掘土4年，现在才能够穿上漂亮的衣服，长起可与飞鸟匹敌的翅膀，沐浴在温暖的阳光中，陶醉在这个世界的欢愉中。

幸福是如此来之不易又转瞬即逝。蝉，如此这般，游资操作股票又何尝不是如此呢？

再看 601038 一拖股份（图 8-9），此股在 2019 年 5—6 月，A、B 柱连板为前戏，然后走了一个"下、上、下"中枢结构，D 柱起步，连续拉了 7 个涨停板。

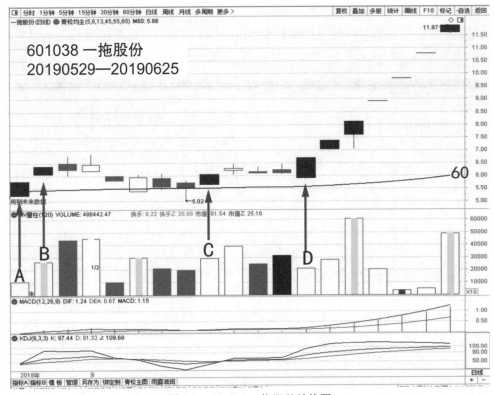

图 8-9　601038 一拖股份结构图

三、提高实战成功率的一些细节

决战右侧第二板定量模型能否成功，除了宏观结构、微观信号、左侧压力与发展空间等因素需要考虑，还有一个更为先决的前提，就是"外部环境"。多年的实战经验说明，决战右侧第二板要想取得成功，有以下几条规律可循。

（1）当天大盘指数，尤其是板块指数上涨而不是下跌，最好是温和上涨或者横盘。

（2）当天不能发生权重股普涨，因为权重股普涨则题材股连板机会显著降低。

（3）热点题材所在板块具有一定的容量，并且题材的级别较高，想象空间较大，标的企业能够从这个题材中获取实际性的经济效益。意外突发的偶然事件且不能给标的企业带来实际性的经济价值的，成功率则极低。

理论上，决战右侧第二板定量模型成功概率的大小受 4 个因素的影响：第一是自身趋势与结构基础；第二是大盘走势；第三是题材级别与热点持续性；第四是主力实力强弱与操作习惯。

如果不顾外部条件，逆向操作，会显著降低决战第二板定量模型的成功概率，带来巨大的风险。因此当个股所在的板块指数处于下降通道中时，最好不碰。同时，建议对企业的基本面进行考察，企业微利或者略有亏损不要紧。但如果有财务造假、财务急剧变脸、被证监会立案调查、即将有大规模解禁、大股东大手笔减持等负面消息，则千万不能参与。

四、风险控制

对决战右侧第二板定量模型来说，虽然在实战中满足条件时，胜算的把握较大，但仍然存在不可预知的风险。因此，事先做好风险控制预案是非常必要的。

决战右侧第二板定量模型操盘的目的是逮住当天的涨停板。但如果当天买进后没有封住涨停，就意味着有可能面临风险。因此，风险控制线建议设置在右侧首板本身价柱的 50% 的位置和实底的位置。一旦第二天有效跌破右侧首板本身价柱的 50%，则减仓 70%；一旦有效跌破右侧首板价柱的底部，则全部"斩立决"。

以 601038 一拖股份为例（图 8-10），D 柱决战第二板，D 柱当天没有涨停，因此不符合预期。此时，风险控制线应设置在 C 柱实体的 1/2 的位置。以 C 柱的 1/2 的位置画水平线往右延伸，其后的 E、F、G 柱均未跌破风险控制线，因此，不需要执行"斩立决"。

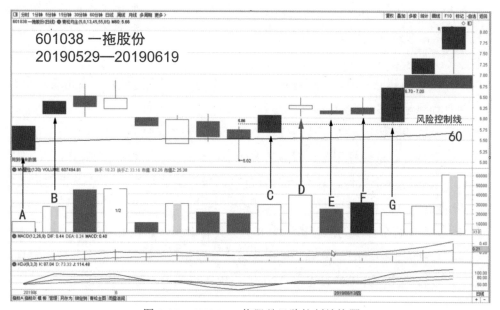

图 8-10　601038 一拖股份风险控制结构图

第三节 假阴真阳 123 贴身定量模型

一、模型的构成要素与介入信号

本节视频课程

扫码学习

因为这个模型涉及 3 个核心要素和 3 个支撑要素，所以命名为假阴真阳 123 贴身定量模型。

所谓"假阴真阳"，特指当天收盘价与上一个交易日的收盘价相比实际上是上涨的却被表达为绿色的价柱。

所谓"贴身"，是指在假阴真阳之后的第二天，紧贴着跟上的一种形态。要"紧贴"着跟上，意味着跟进后必须上涨，出手见红，否则"贴"上去就没有什么价值。

假阴真阳 123 贴身定量模型包含 3 个核心要素和 3 个支撑要素。

3 个核心要素包括：

第一，有涨停板（可以是 1 个涨停板，也可以是 2 个或者 3 个涨停板），而且涨停板为实体涨停板，不能是一字板。

第二，有假阴真阳。假阴真阳内部结构要健康，具体表现为每个价格低点，越往下，对应的量柱越短。

第三，假阴真阳之后有跳空高开。理想的跳空高开在 3 个点左右，超过 5 个点则不确定性增加。平开或者跳空低开则要开盘后观察 5~15 分钟，如果是"正三围"结构，也有可能成功，但不是"贴身"战法的首选。

3 个支撑要素包括：

第一，多头趋势已经确定。即短期均线组（5、8、13 日均线）已经完成上穿 60 日均线，并且均线呈现多头发散形态。

第二，从假阴真阳这一天起往左侧看到最近这一波的最低点，必须是首跌缩量。

第三，假阴真阳这根柱子附近对应的 KDJ 和 MACD 有清晰的金叉信号。

只要符合以上 6 个条件，这个组合就是"贴身"战法标准的模型。我们逐条检查 600812 华北制药的 3 个核心要素：

第一，A、B 两个柱子为涨停板（图 8-11），符合第一条核心要素。

第二，C 柱为假阴真阳，分时结构量波健康（图 8-12），符合第二条核心要素。

第三，D 柱跳空高开 1.8%（图 8-13），出现买点信号，符合第三条核心要素。

再看 3 个支撑要素：

第一，到 C 柱时，60 日均线明显走平且短期均线组已经上穿 60 日均线，多头趋势已经形成，符合第一条支撑要素。

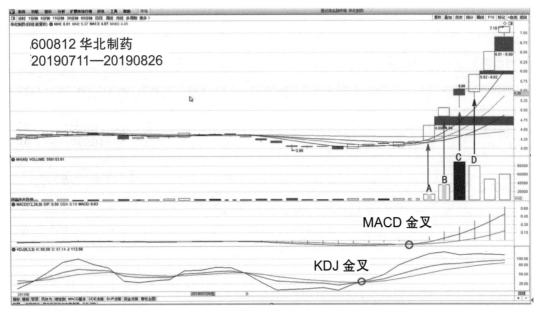

图 8-11　600812 华北制药假阴真阳 123 贴身定量模型结构图

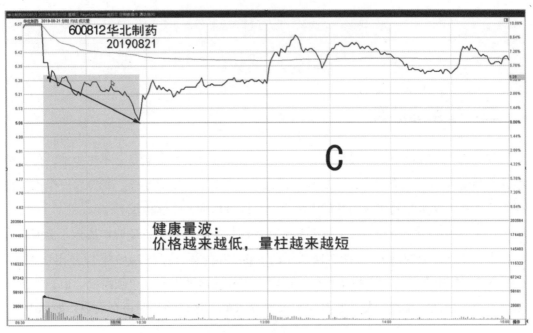

图 8-12　600812 华北制药 C 柱分时结构图

　　第二，从图 8-11 可以看出，价柱满足首跌缩量、量柱红肥绿瘦、红多绿少的要求，符合第二条支撑要素。

　　第三，KDJ 和 MACD 的金叉清晰可见，而且非常漂亮，符合第三条支撑要素。

　　核心要素和支撑要素全部到齐，则在 D 柱集合竞价跳空高开确定之后买入第一笔；开盘后观察 3~5 分钟，属于"正三围"范畴（价格线在零轴之上且价格线在均线之上运行），立马买入第二笔。至于第一笔和第二笔的资金分配问题，希望读者根据各自的爱好和风险承受能力进行妥善安排。原则上，风险承受能力大的，第一笔资金的比例可以相对较大；反之，第一笔资金的投入不要太大。

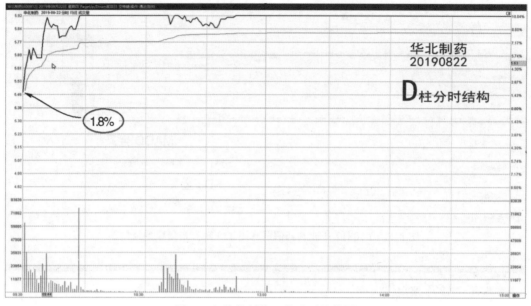

图 8-13　华北制药 D 柱分时结构图

二、模型的扩展

假阴真阳 123 贴身定量模型的 3 个核心要素和 3 个支撑要素是必不可少的。但该模型在实战交易中可能会产生一些变异的形态。比如，A、B 两连板，变异为一个涨停板或者三连板，就是在两连板的基础上减少一个或者增加一个涨停板。

如果只是减少一个涨停板，只要其他条件满足，仍然具有较高的实战介入价值。先看减少一个涨停板的例子。如图 8-14 所示的 300456 耐威科技，在 2019 年 12 月出现 A、B、C 3 个量柱的组合。与标准模型相比，假阴真阳柱的前面少了一个涨停板。但其他条件全部符合，因此，实战交易中也是可以及时介入的。这样的案例还有很多，如 2019 年 2 月的 300397 天和防务、2019 年 3 月 22 日的 002565 顺灏股份等。

但如果增加一个涨停板，就是三连板的情况下，不确定性显著增加，则有时候成功，有时候失败。实战交易中如果一定要介入，还需要结合其他条件，相对比较复杂，因此就不再举例了。

实战经验表明，优选两连板之后出现假阴真阳的标的去做假阴真阳 123 贴身定量模型，其成功的概率比减少一个涨停板或者增加一个涨停板要高。因此，建议优选"2 个

"连板＋假阴真阳"的标的来做。

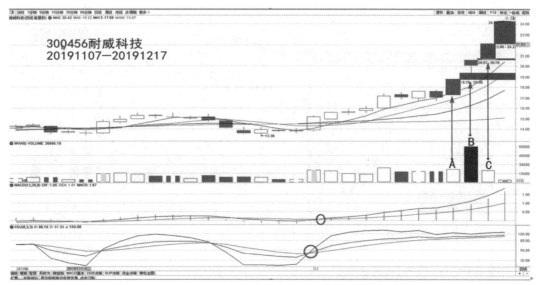

图 8-14　300456 耐威科技假阴真阳 123 贴身定量模型结构图

三、风险控制

由于不确定性是股票市场的本质属性，因此，就算模型满足全部要素条件，但同样会存在不确定性风险，如突发的系统性风险、突发的公司基本面恶化、大盘环境不支持等。不管什么情况，介入前，都必须设置好风险控制线，一旦不符合预期，必须在第一时间执行"斩立决"。

以 600570 恒生电子为例（图 8-15），A、B 连板，C 柱假阴真阳，D 柱高开，但最后 D 柱攻击失败，高开一分钟后就开始转折朝下。9:30 后根据早盘停顿法和"正三围"结构的要求，没有买进信号。如果在集合竞价阶段或者在 9:25—9:30 这段时间买进，那么当天就会被套。

出现这种情况时，当天买进不符合预期，建议在第二天开盘 5～15 分钟后，果断实施"斩立决"，以控制风险。对于风险控制，当断必断。即使错了，也要执行。

凡事皆有因果。恒生电子之所以不符合预期，主要问题出在 B 柱不是实体板。支撑要素也有瑕疵，无法满足"首跌缩量、量柱红肥绿瘦"的要求。至于"KDJ 和MACD 的金叉清晰可见"这一条，在假阴真阳的 C 柱附近，KDJ 信号死叉、金叉反复出现，不清爽，不干脆，比较乱；MACD 金叉又离得太远。

还有一点需要提醒大家：如果左侧有明显的压力，那么，即便核心要素和支撑要素都不缺，其上涨的空间也会非常有限。大家在选股时，一定要记得缩图看势，观察一下左侧是否存在压力，不能只看眼前的几根柱子。

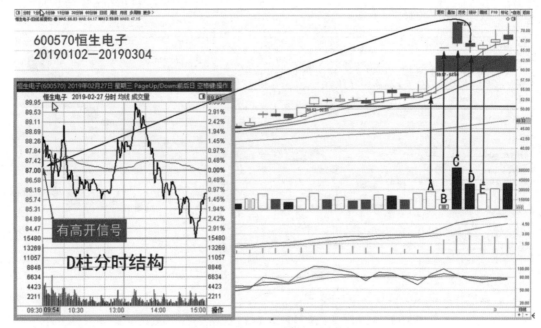

图 8-15　600570 恒生电子结构图

第四节　过峰烂板低捞模型

一、模型的构成要素

本节视频课程

扫码学习

　　涨停板是一种极限的攻击，主力用涨停板的方式突破左峰平衡线，是有备而来。我们要从行动的细节中，捕捉其下一步的动机与意图。一旦在细节上满足"临近左峰、强力突破、凶狠洗盘"的要件，那么，我们就可以及时进行"低捞"作业，搭上快速拉升的便车。

　　主力凶狠洗盘时，一般采用"烂板"或者"炸板"的形态。"烂板"，特指那些已经封板但盘中被打开，在收盘前又继续牢牢封板的分时结构。"炸板"，则特指那些已经封板但盘中被打开，收盘时无法再次封住的分时结构。如图 8-16 所示，左侧为"烂板"，右侧为"炸板"。有图有真相，两者的区别立显。

　　"烂板"或者"炸板"背后的逻辑有 3 条。

　　第一，可能是遇到左峰的压力，有一部分资金对未来的确定性把握不准，在涨停板上出货了，或者左侧峰的套牢盘解套出局。

　　第二，可能是主力在拉升起步阶段故意打开，以便快速收集筹码。

　　第三，可能是当天大盘尾盘跳水引发个股抛售。

"烂板"或者"炸板"之后，有两种信号值得关注。

第一，第二天低开幅度在 3% ～ 5%（低开不符合要求，但开盘之后 30 分钟之内能够下跌 3% ～ 5% 也行），而当天大盘指数是高开的，此时低捞的成功概率较大。

第二，第二天直接高开。该休整而不休整，就是强势的表现，此时适合追击（详见下一节"过峰烂板追击模型"）。

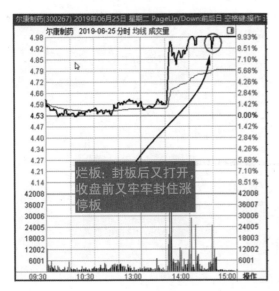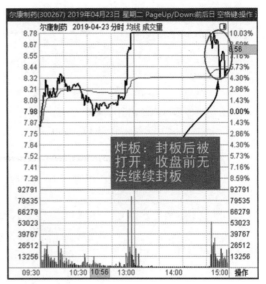

图 8-16　300267 尔康制药烂板与炸板分时结构图

二、模型的操作要领

细心的读者可能已经看到，这里的"烂板低捞"前面加上了两个字"过峰"。为什么要加上"过峰"二字呢？是因为多年的实战经验表明，只有在"过峰"时出现"烂板"，其后参与"低捞"的胜算概率才会较大。

这里所说的"过峰"，一般是指在上升趋势里过"我峰"，不是过"敌峰"。

"我峰"是在上升趋势中形成的左峰，"敌峰"是指在下降趋势过程中形成的左峰。过"敌峰"阻力太大，很难马上越过，而过"我峰"，则相对容易。

同时，这个"峰"，既可以是左侧峰也可以是隐形左峰。

以 300576 容大感光为例（图 8-17），该股 B、C 柱为涨停板，其中，A 柱为左峰且为"我峰"，a 为左峰平衡线。C 柱以涨停板的方式突破左峰平衡线 a。从图 8-17 中可以清晰地看到，C 柱的收盘价站在 a 线之上，并且 C 柱的分时结构明显为"烂板"状态（图 8-18）。D 柱低开 3.5%，并且在早盘 3~15 分钟价格线和成交均线呈现"正三围"结构，买点信号确认（图 8-19）。

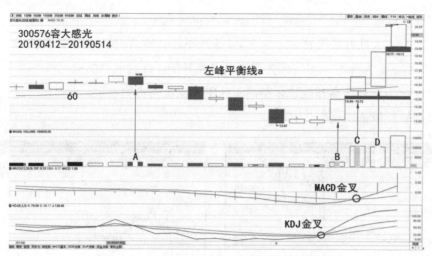

图 8-17　300576 容大感光过峰烂板低捞模型图

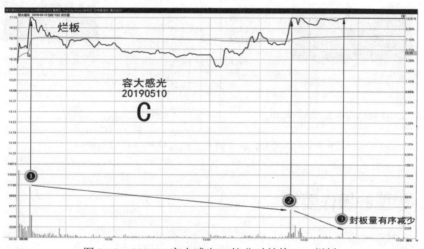

图 8-18　300576 容大感光 C 柱分时结构——烂板

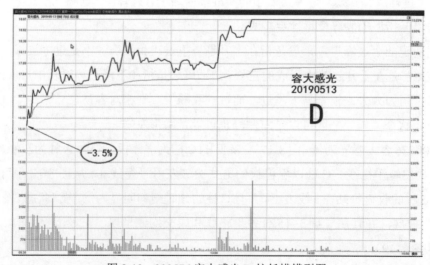

图 8-19　300576 容大感光 D 柱低捞模型图

但要操作好这个战法，必须详细了解 5 个关键信号及其背后的逻辑。

第一个关键信号是这只股票确认为游资操作的标的。具体过程不再细叙，详细见本章前面两节内容。

第二个关键信号是此时股价运行在 60 日均线附近的上方，并且 60 日均线已经走平且上翘多时。虽然股价有过跌穿 60 日均线的形态，但 8 日之内重新站上 60 日均线，这种形态为弹簧效应，力量倍增。这是进行"烂板低捞"的有利条件。如果上升趋势没有确立，则很难有主升浪的出现。

第三个关键信号是强力突破并把左峰平衡线踩在脚下。图 8-17 中，C 柱以涨停板的方式强力突破了左峰平衡线 a，并把 a 线踩在脚下。如果 C 柱的实体没有穿越左峰平衡线 a 且收盘价没有站上 a 线，则不符合条件。

第四个关键信号是 C 柱必须"烂板"。"烂板"既有化解左侧阻力的作用，也有主力测试市场浮力的意图。"烂板"过程中，越往下洗盘，成交量越稀少，说明市场浮动的筹码不多。

我们来看看主力是如何解决这个阻力并成功进行洗盘测试的。如图 8-18 所示，在 C 柱突破左峰平衡线 a 之后，上午 9:37 第一次封板，但一分钟后就顶不住压力，9:38 开始烂板。到 13:05 最低点，从涨停板上已经洗下来 7 个点，到 13:49 第二次封板，之后又开始烂板，直到 14:21 第三次才牢牢地封住。

这背后的逻辑是什么？一方面，来自左侧的套牢盘此时被解放，由于担心胜利果实可能被抢走，所以匆忙出货。另一方面，也有主力自身的意图，主力也想借此机会测试和观察市场的真实浮力，即无论散户怎么出货，自己都不出，以便观察市场浮筹的能量。从 C 柱分时图上可以清晰地看出，主力自己不出货，市场上散户的浮筹，其砸板的能量非常有限。

从整个烂板过程的成交量不难看出，越是下跌，成交量越是稀少。到 14:21 主力轻松封住涨停板，比较第一次封板、第二次封板和第三次封板量柱的高度可以看出，主力所需要用来封板的资金，一次比一次少。这说明市场向下抛压的力度逐渐衰竭，主力控盘的能力得到了市场的检验。

第五个关键信号是 D 柱必须低开，如果低开在 3%~5% 最好，如图 8-19 所示的 D 柱的低开。这是一个硬指标。D 柱这一天，也就是 2019 年 5 月 13 日，以 -3.5% 开盘，显得非常凶狠。为什么一定要低开 3% ～ 5% 比较好呢？其背后的逻辑是什么？

其实，主力有两个目的。一是以快速洗盘的方式，把持股不坚定的分子清洗干净，让那些想下车的下车。留在车上的，洗不出去的，往往对价格有更高的期待，属于"死铁"同盟军。二是利用某些搭车的机构的自动止损机制强行将其甩下车。一般来说，某些机构有一个不成文的规定，就是其动态止损点一般定在下跌 3% 或者 5%。主力就根据这个止损机制，直接把股价低开 3%~5%，让其自行平仓出局，同时把筹码收入自己的囊中。极端的情况下，还有更狠的，直接低开 6%~7% 的情况也有，但低开太多，弄不好会搬起石头砸自己的脚。因为如果引起市场过度恐慌，则有可能把股价直接砸到跌停板。要从地板上再次爬起来，那个难度就不一般了。因此，大部分主力洗盘一般定在低开 3%~5%。

当然，还可以借助 KDJ 和 MACD 这两个辅助指标来进行判断。如图 8-17 所示，在我们获得 5 个关键的确认信号之后，KDJ 和 MACD 也完成了金叉信号。KDJ 和 MACD 这两个指标，既可以单独使用，也可以辅助使用。换句话说，即便不看上面的价柱和量柱，仅仅凭借这两个一前一后紧挨一起的金叉信号，也是可以出手见红的。

同时，需要强调的是，突击左峰的时候，最好是 2 个连续板或者 3 个连续板。一个板则空间不够，4 个以上的连板则累计涨幅过大。而且，起涨点尽量选择靠近 60 日均线处，不要离开太远。超过 4 个连板之后的低捞，风险比较大，不建议贸然操作。

三、模型的扩展

第一种情况：低开幅度不达标怎么办？

在过峰的时候，没有跳空低开或者跳空低开的程度不够，但盘中打到 -3% 或者 -5% 左右的位置，是否可以视同符合第五个关键信号的标准呢？

对于这种情况，有时行，有时不行，相对比较复杂，需要灵活处理。

以 002119 康强电子（前复权）为例。该股前 4 个关键信号都已经达标，辅助指标 KDJ 金叉和 MACD 金叉也非常漂亮，只是第五个关键信号出现了一些变异。是如何出现变异的呢？

如图 8-20 所示，该股的 D 柱早盘高开，但高开不到 1 分钟便开始回调，到 9:34 的时候，已经回调到 -4.6%。我们从分时结构图可以明显看出（图 8-21），9:30—9:34，价格往下走，成交量却是有序萎缩。洗到 -4.6% 的时候，也没有放出大量来，说明市场浮筹较少，主力对测试的结果非常满意，因此旋即回升。

换句话说，这种不符合开盘跳空低开要求，但盘中下洗，达到 -5% 到 -3% 且量价结构健康，则可以视同第五个关键信号指标达标。

第二种情况：过隐形左峰可以视同"过峰"吗？

前面说到的案例全部为"过峰烂板低捞"，但在实战交易中，过"隐形左峰"的"烂板"是否可行？

答：只要符合条件，也是可以的。

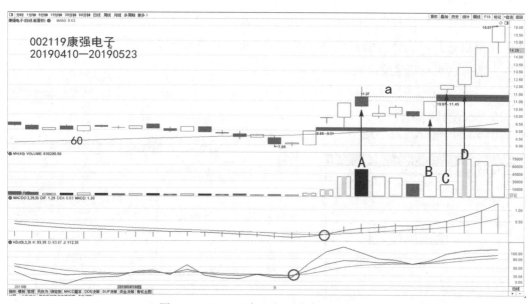

图 8-20　002119 康强电子过峰烂板低捞图

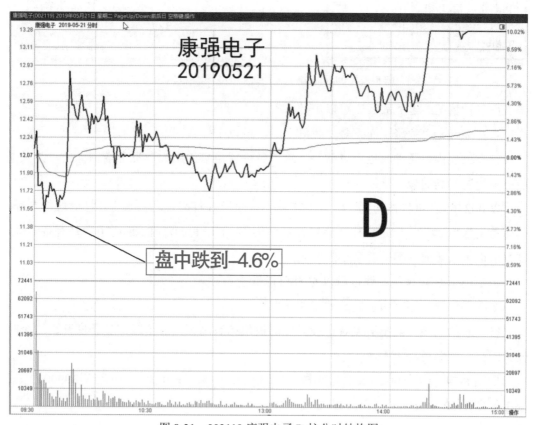

图 8-21　002119 康强电子 D 柱分时结构图

以 002666 德联集团为例，如图 8-22 所示，该股的 A 柱突破隐形左峰平衡线（缺口线）。由于"上行补缺如同过峰"，因此"隐形左峰"也是"左峰"。

A柱内部结构符合"烂板低捞"的要求：2020年2月6日，B柱低开4%，当天上证大盘指数高开，这就为低捞提供了绝佳的机会。B柱在开盘之后3~15分钟均为"正三围"结构，买点信号明确。

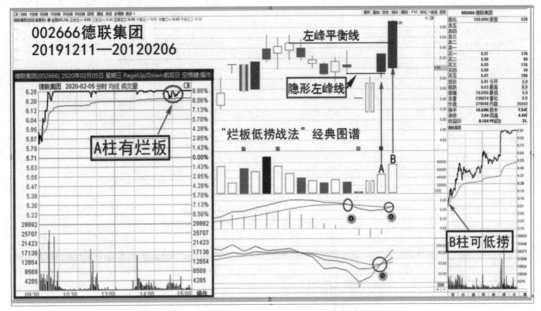

图8-22　002666德联集团过隐形左峰烂板低捞图

第三种情况：过"敌峰"可以干什么？

当左侧峰是"敌峰"而不是"我峰"时，可以干什么呢？

答：只要满足条件，也可以动手。这个条件就是必须用大量资金堆砌上去，并且量能必须超过左侧的最高量柱。

以002765兰黛科技为例，如图8-23所示，对于B柱来说，左侧的E柱对应的左峰，显而易见为"敌峰"。但是B柱为历史天量，超过左侧所有的量柱。说明主力是有备而来，拿得出银子来解放左侧所有套牢的筹码。

正是由于B柱舍得花钱，所以C柱可以低捞。

第四种情况：还有增加胜算的绝招吗？

答：有的。当大盘指数或者个股对应的板块指数高开，而个股却显著低开，这个时候去低捞，胜算更胜一筹。

如图8-24所示，002765兰黛科技在C柱这一天显著低开3%，而当天399001深证成指却高开20个点。

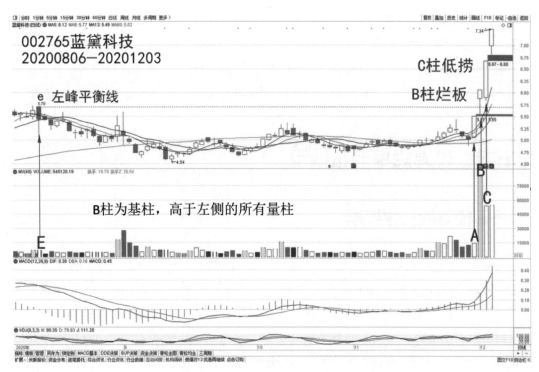

图 8-23　002765 兰黛科技过敌峰烂板低捞图

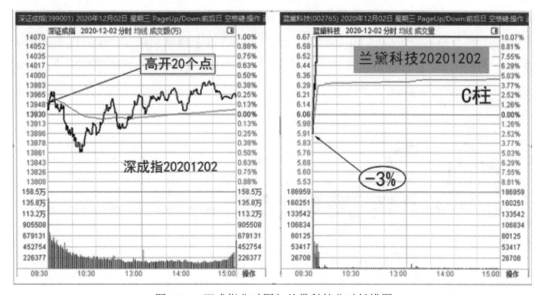

图 8-24　深成指分时图与兰黛科技分时低捞图

四、风险控制

风险控制是参与证券交易的必备动作。任何战法模型对胜算的把握都只是一个概率。因此，在使用模型时，必须做好风险控制预案。过峰烂板低捞模型的目的是赌低捞之后当天涨停。如果当天没有涨停，则其收盘价也要高于上一个交易日的收盘价。如果当天低捞之后，其收盘价比上一个交易日收盘价还低，那就凶多吉少了。

实战交易中，如果不符合预期，则需要执行风险控制纪律。风险控制线可以设置在低捞当天的开盘价。如果第二天股价有效跌破低捞当天的开盘价，就需要执行"斩立决"。

第五节　过峰烂板追击模型

一、模型的构建要素

当某只股票 60 日均线已经走平上翘，上升趋势确立，并完成了某种结构框架，在 60 日均线附近出现首板，而且这个首板属于对左峰的突破。由于突破左峰时有阻力，当天产生"烂板"现象。常规情况下第二天应该低开回踩，但却违背常规强势高开。当大盘指数当天上涨或者横盘，并且个股满足分时结构健康的相关条件时，则目标个股可能变得非常强势，因此可以在开盘后 5~15 分钟追击。由此形成的战法模型，就是过峰烂板追击模型。

以 000009 中国宝安为例（图 8-25），A 柱为左峰，左峰平衡线为 a，60 日均线已经走平上翘，并且股价围绕 60 日均线完成了一个缠论中枢延伸结构。B 柱用涨停板突破左峰平衡线 a，并且收盘价高于平衡线 a。B 柱的分时结构出现"烂板"现象。如果

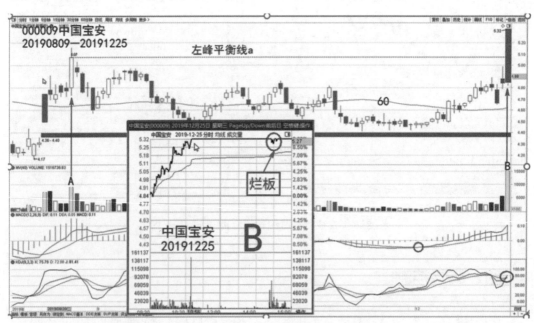

图 8-25　000009 中国宝安过峰烂板图

B 柱之后第二天低开 3%~5%，则可以用过峰烂板低捞定量模型对付，但如果第二天高开且高走，怎么办？

事实上，第二天，即 2019 年 12 月 26 日，中国宝安跳空高开 3 个点开盘（图 8-26）。根据开盘停顿法，开盘观察 3~15 分钟。

图 8-26　000009 中国宝安过峰烂板追击图

当天中小板指 399005 也是高开，而个股在 3 分钟内呈现"正三围"结构，股价已经上涨 4.5%，此时，就是最佳的"过峰烂板追击"介入信号。

"过峰烂板追击"与"过峰烂板低捞"，属于"孪生姐妹"，其背后的逻辑大同小异，但也存在细微的差别。

股票市场，凡事必须结合实践案例，不能空谈。离开具体个股空谈抽象的东西，往往没有实际价值。我们以 002177 御银股份为例，来揭示过峰烂板追击模型背后的逻辑。

如图 8-27 所示，左峰在 A 柱，A 柱之前有一个三连板，这是典型的前戏，凭借这3 个板，就可以初步预判这只股票属于游资操作标的。A 柱之后的调整开启了一个"下、上、下"中枢。由于多种原因，导致中枢延伸。其中，M 柱和 N 柱是两个"炸板"，即盘中封住了板，但其后被炸开了，没能再次封上。直到 B 柱才产生一个真正的突破并把左峰平衡线 a 踩在脚下的涨停板。涨停板 B 在盘中两度出现"烂板"现象。B 柱当天的换手 Z 为 22.4%，加上左侧有三连板的前戏，因此到 B 柱时可以确认该股的操作是游资所为。

在 B 柱这个涨停板突破左峰平衡线之前，60 日均线早就走平且微微上翘，趋势符合要求。在 A、B 两柱之间构筑的中枢内部，除 A 柱外，呈现出"首跌缩量、有序缩量；上涨增量、下跌缩量"的格局。B 柱出现之时，KDJ 已经完成金叉，MACD 金叉也即将形成。

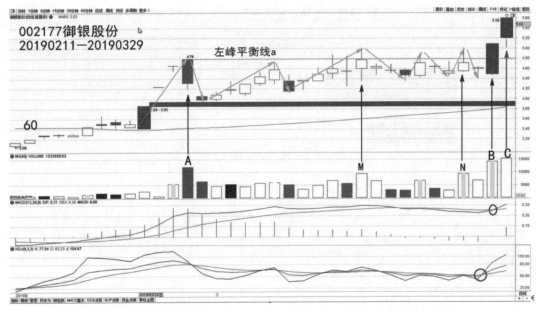

图 8-27　002177 御银股份过峰烂板追击图

上述这些积极的因素与"烂板低捞"战法的前 4 个关键信号是一样的。不一样的是第五个关键信号。"烂板低捞"（图 8-17）是第二天直接低开洗盘，而"烂板追击"（御银股份案例）是第二天高开之后再在盘中洗盘。差异在于一个低开，一个高开；相同在于都要洗盘。

如图 8-28 所示，御银股份在 2019 年 3 月 29 日，高开差不多 3 个点。短暂上攻之后，快速下洗，与开盘相比洗下来差不多 3 个点，在接近零轴处打住，做了一个双底，然后上行。

主力为什么在 B 柱烂板洗盘之后，还要在 C 柱高开之后进行洗盘呢？其背后的逻辑是一样的，即以日内震荡的方式实现快速洗盘，把那些持股不坚定的分子清洗干净，让那些想下车的统统下车，为后续的拉升扫清障碍。同时，也是通过下洗的方式，测试市场浮力的大小。如果下洗的时候，能够同步缩量（低点对应低量），则说明市场浮筹不多，可以放心上拉。

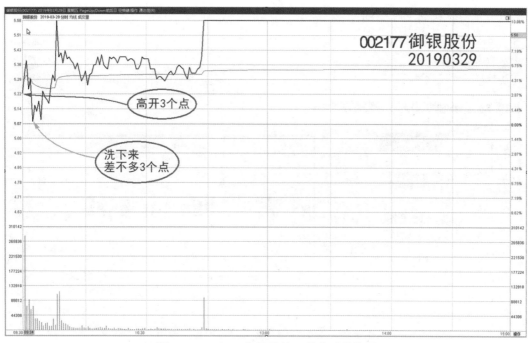

图 8-28　002177 御银股份 C 柱分时结构图

二、模型的扩展

虽然过峰烂板追击模型对一些指标进行了定量化，但实战交易中，仍然需要做一些灵活处置，否则，有时候就会失去一些机会。

比如，我们通常使用的早盘停顿法，要求在 9:30 开盘之后，观察 3~15 分钟再下手，为的是避免在集合竞价阶段冲动买进而开盘之后高开低走，遭遇被套牢的风险。但在实战交易中，对付这种过峰烂板追击模型，如果等待 3~15 分钟，股价已经涨停了。

比如，300378 鼎捷软件（图 8-29），60 日均线稳定朝上，B 柱涨停板突破并站稳左峰平衡线 a，B 柱过峰分时烂板，出现 KDJ 金叉，MACD 即将金叉，B 柱的下面还有 3 道实缺的支撑。各项前置条件都已经具备。那么在 9:25 发现当天铁定高开之后，可以在 9:25—9:30 用当天准备投入资金的 30%~50% 买进。剩下的资金作为机动，看 9:30 之后的情况再投入第二笔。

但实际情况是，9:30 之后，主力仅仅用了 2 分钟，就直线拉升封住涨停。如果使用早盘停顿法，根本没有机会下手，只能仰天长叹。

因此，为避免踏空，只能在集合竞价之后的 9:25—9:30，填单买进。拟定的价格最好要比当天的集合竞价多出几分钱，以确保即时成交。尽管因为分仓，只买进 30% 或者 50%，但总比完全踏空强。

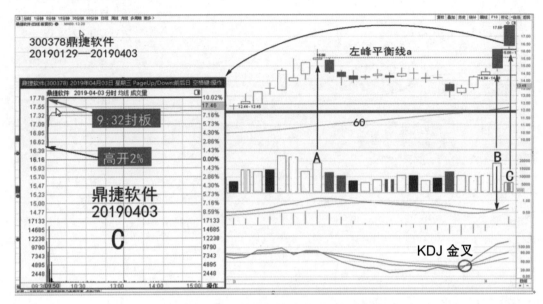

图 8-29　300378 鼎捷软件过峰追击结构图

当然，这里要强调的是，集合竞价高开在 4% 以内，并且预判当天大盘指数不会剧烈下跌，标的个股没有诸如大股东减持、大规模解禁等利空消息，才可以在 9:30 之前买进。如果当天高开超过 5%，则需要谨慎从事。

因此，为避免踏空，建议读者在把标的个股分析清楚后，在前置条件均已经满足战法模型要求的前提下，把资金分为几个等份，进行分仓分批次操作。珍惜机会，避免强势踏空。

与过峰烂板低捞模型不同，过峰烂板追击模型也适合机构操作的标的。

如图 8-30 所示的 601388 怡球资源的结构图，虽然 B 柱的换手 Z 为 18.55%，符合游资操作的要求，但查询其公开信息，2021 年 6 月 30 日的数据显示，该股股东中有 11 只基金，持有 1357.27 万股，数量较大，因此不能预判该股为游资所为。类似怡球资源这样的股票，属于机构操盘的范畴，过峰烂板时，也可以参照游资的过峰烂板追击模型来对付。只不过，机构操作的标的一般不会超过连续三连板。即便走主升浪，涨停板之间多半会有停顿的现象，比如 C 柱之后，停顿一天后再继续拉板，这是机构操盘与游资操盘不一样的地方。

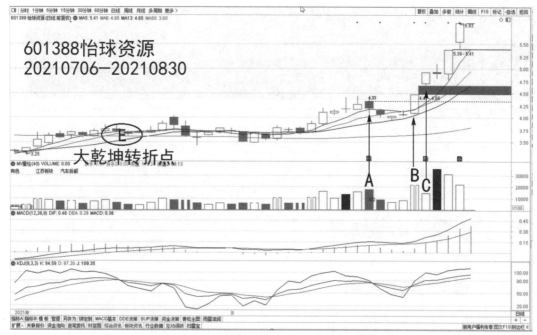

图 8-30　601388 怡球资源过峰烂板追击结构图

三、风险控制

　　风险控制是永恒的主题。任何模型都不可能保证百分之百能够成功。过峰烂板追击模型也一样。理论上，我们在决定追击时，是冲着涨停板去的，但如果当天没有涨停，那就有可能失败。因此在实战交易中，一旦追击进去，如果当天没有涨停，那就意味着第二天必须采取风险控制措施。

　　当天没有涨停，说明市场走势与自己预判的走势不一致。一旦发生不一致，就要向市场低头，第二天集合竞价阶段就要减仓一部分。留下一部分，在开盘之后观察 5~15 分钟，不论高开、平开或者低开，一旦在 3~15 分钟之内走"倒三围"结构，就要迅速执行"斩立决"，不要因为幻想变好而错失第一时间斩断风险扩大的机会。即便斩错了，也要斩。

　　【即测即练】扫描书背面的二维码，获取答题权限。

在线自测

扫描此码

第九章
相对底部常见模型

第一节　顺手牵羊模型

一、模型的构建要素

顺手牵羊模型，又称"数羊战法"，特指在相对底部，尤其是在小乾坤转折点或者大乾坤转折点附近，出现"量柱聚宝盆，价柱排排坐"的量价结构组合形态时，择机介入的一种模型。

本节视频课程

扫码学习

如果这种形态出现在相对底部，60 日均线还没有走平或者大乾坤转折还没有获得确认，则可能只有 15%~30% 的涨幅；如果这种形态出现在大乾坤转折之后，60 日均线已经走平，在 60 日均线之上有完整的结构，则有可能形成一波大涨，价格有翻番的可能。

首先，对"羊"做一个定义。我们把那些与前一个交易日相比，量柱的高度增加 1 倍以上且对应的价柱是上涨的阳柱叫作"倍增量阳柱"，这个倍增，可以是 2 倍，也可以是 3 倍，甚至更多。为了好记，也为了表达生动，我们把"倍增量阳柱"叫作"羊"。

其次，如何数羊？如图 9-1 所示，A、B、C、D、E 柱均为倍增量柱。A、B 柱之间的①为 5 日均线和 8 日均线上穿 13 日均线的地方，也就是小乾坤转折点。D 柱附近的②为大乾坤转折，也就是 5、8、13 日均线上穿 60 日均线的地方。因此，我们把 A 柱叫作"1 羊"，B 柱叫作"2 羊"，C 柱叫作"3 羊"，以此类推。这就是数羊。

数羊，不是以单独的倍增量柱为形态，而是以几个倍增量柱的组合为结构模型。"1 羊"与"2 羊"之间、"2 羊"与"3 羊"之间的价柱和量柱至少有一组"量柱聚宝盆，价柱排排坐"的量价结构，才能"数羊"。从图 9-1 中可以清晰地看到，2 羊与 3 羊之间有一个明显的"聚宝盆"（B、C 柱均为倍增量柱，但 B、C 柱之间的量柱都比较低，形成一个聚财的盘子）。"聚宝盆"对应的价柱，振幅较小，价柱实体都很短小，个体大小基本一致，因此我们把这种形态称为"排排坐"，就像一群小朋友坐成一排。

数羊还必须符合以下两个条件。

（1）1羊之后，其价柱不能有跌破1羊价柱的底价（1羊的最低价），否则1羊就死了。同理，2羊之后的价柱，也不能跌破2羊价柱的底价，否则2羊就死了，以此类推。

（2）2羊的收盘价必须高于1羊的收盘价，3羊的收盘价必须高于2羊的收盘价，以此类推。

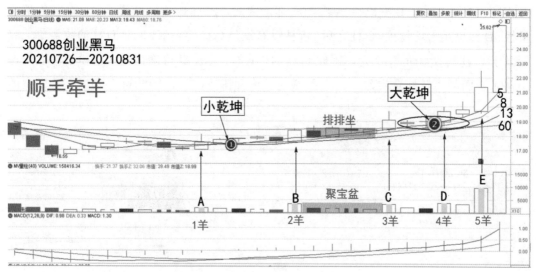

图 9-1　300688 创业黑马相对底部数羊

图9-1所示的创业黑马走势图中，A柱（1羊）之后的价柱，没有跌破A柱最低价，直到B柱（2羊）出现，并且B柱（2羊）的收盘价高于A柱（1羊）的收盘价，B柱之后没有价柱跌破B柱的低价，直到C柱（3羊）出现，并且C柱（3羊）的收盘价高于B柱（2羊）的收盘价，以此类推，D柱（4羊）、E柱（5羊）全部成立。

二、逻辑解读与买点信号

顺手牵羊模型的市场原理，其实很简单。从结构形态上看，主力常用的一招就是"倍量伸缩"。一只股票经过一段时间和空间的下跌，在相对底部，主力用倍增量买进，相应抬高了价格，遏制了股价下跌的势头。在相对底部出现倍增量大阳，可以有效激活市场人气。倍增量大阳之后，主力还需要进行市场测试，测试的有效方法就是主导开盘价。倍增量大阳之后，主力把开盘价弄成"跳空阴"，以此来测试市场恐慌盘的多寡及筹码的稳定性。主力把开盘价弄成跳空阴之后，自己并不向市场供应股票，也就是主力自己不卖也不买，而是观察市场的动静。如果任由市场自由交易，当天量能明显萎缩，与前一个交易日相比能缩量 1/3 或者 1/2，并且价格振幅也不大的话，则说明恐慌抛售的供应不足，市场筹码相对稳定。据统计，这种测试的时间以 2～5 天居多。主力通过测试，觉得量价结构符合预期，则很快就会用另一根倍增量柱来加以确认。其中，"量柱聚宝盆，价柱排排坐"的形态是主力控盘有度、收放自如的体现。

以 000877 天山股份为例（图 9-2），该股在 2016 年 12 月之前，主力已经经历了一个长达 10 个月左右的底部吸筹工作。2017 年 1 月 6 日出现倍增量 A 柱，但在其后的市场测试过程中，B 柱跌破 A 柱的底部，因此，A 柱是一只"死羊"。C 柱为倍增量柱，D 柱也是倍增量柱，C 柱之后，价柱没有跌破 C 柱的底部，同时 D 柱的收盘价 7.81 元高于 C 柱的收盘价 7.19 元。因此 C 柱的"1 羊"地位获得确认。D 柱和 E 柱之间，出现了下面的"量柱聚宝盆"，上面对应"价柱排排坐"，因此符合顺手牵羊模型的要求。

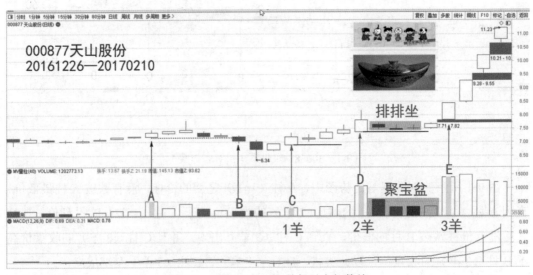

图 9-2　000877 天山股份相对底部数羊

对于顺手牵羊模型的买点信号，一般而言，1 羊出现之后，不建议立即买入，而是观察跟踪，等待 2 羊的出现。2 羊出现的当天也不可以追高买进。1 羊出现后，一般还需要 2 羊确认，在没有得到 2 羊确认之前，一般不是可靠的买入时机；在相对底部盘整阶段，1 羊被宰的情况经常发生。2 羊或者 3 羊之后出现"量柱聚宝盆、价柱排排坐"的量价结构形态，其后的上涨才可靠。如果 2 羊的收盘价低于 1 羊的收盘价、3 羊的收盘价低于 2 羊的收盘价，则说明向上的趋势未得到确认，临盘不能买入。

2 羊之后，只要 1 羊获得确认（不被宰），原则上在 2 羊之后的阳盖阴的当天可以买进。以天山股份为例（图 9-2），E 柱的前一个交易日为阳盖阴，当天收盘前 10 分钟，是可以买进的。买进之后，只要不跌破 2 羊的底部最低价，就可以一直留股待涨。一旦跌破 2 羊的底部最低价，则说明 2 羊被宰，一旦被宰，就得执行风险控制。

事实上，E 柱（3 羊）跳空上行，三阳开泰，开启主升浪，其后累积涨幅达 140%。

为了让读者看清楚这幅图，所以隐去了均线系统。事实上，天山股份在 2016 年 7 月中旬就完成了底分形、小乾坤转折和大乾坤转折三部曲，上涨趋势确认。B 柱跌破 60 日均线，做了一个弹簧效应，C 柱重新站上 60 日均线。D、E 柱之间构筑了一个漂亮的"量柱聚宝盆、价柱排排坐"，三阳开泰，其后涨幅达 140%。

大家留意，在 2 羊与 3 羊之间，形成了一个"量柱聚宝盆、价柱排排坐"的结构形态，这是顺手牵羊模型的一个必须具备特殊的形态。如果没有这个"排排坐"和"聚宝盆"，则不是标准的"数羊"，其后续的涨势会存在诸多的不确定性。换句话说，在顺手牵羊模型里这个结构不可或缺。

因主力操盘习惯的不同，"量柱聚宝盆、价柱排排坐"有可能是 1 羊与 2 羊组成的，或者是 2 羊与 3 羊组成的，也有可能是 3 羊与 4 羊组成的。据统计，以 2 羊与 3 羊组成的居多，其后上涨的确定性也很高。特别需要提醒的是，如果"量柱聚宝盆、价柱排排坐"是由 1 羊与 2 羊组成的，后续必须还有一组才可以动手。统计研究表明，仅有 1 羊与 2 羊组成的"量柱聚宝盆，价柱排排坐"，后续被跌破而夭折的可能性较大。

三、风险控制

如前所述，在 2 羊或者 3 羊之后出现阳盖阴时开始介入，万一买进后股价的运行方向不符合预期，则需要进行止损。风险控制其实在买入之前就要设置好靠山柱。"靠山不倒，我就不跑；靠山一倒，撒腿就跑。"如何设置靠山柱？很简单，在 2 羊之后买进的，2 羊就是靠山柱，因此就在 2 羊价柱的最低点画一条风险控制线。在 3 羊之后买进的，3 羊就是靠山柱，就在 3 羊价柱的最低点画一条风险控制线。后续只要不有效跌破风险控制线，则可以继续持有；如果有效跌破风险控制线，则实施"斩立决"。

前面讲了，这个模型一般用在相对底部是有效的。但股价经过一轮上涨，涨幅只要超过 50%，就不要去"数羊"了。山谷里的羊才是肥羊，山顶的羊就不要去惦记了。事实上，在相对高位出现了倍增量柱，一旦股价跌破这个倍增量柱，则意味着股价运行方向开始朝下走，因此相对高位的羊一旦被宰杀可能引发中期调整。

如图 9-3 所示的 600555 海航创新走势图中，A、B、C、D、E 5 根倍增量柱的底部均未被有效跌穿，并且这 5 根倍增量柱对应的收盘价都是一根比一根高，表示上升趋势延续，可以放心持股。而相对高位的倍增量柱（羊），特别是一轮涨幅已经翻番之后的倍增量柱，一旦其价柱的底被有效跌穿（被宰杀），则可能是中期趋势调整的信号，如图9-3中的E、F、G柱，这3根柱子的任何一根被有效跌破时，都是减仓甚至空仓的机会。图9-3中，F柱的收盘价低于前一根倍增量柱E的收盘价，就是一个强烈的调整信号。当然，还可以结合MACD的背驰信号及顶分形、小乾坤倒转、大乾坤倒转的信号来综合判断趋势的走向。

因此，务必记住一点：凡是已经处于相对高位、离当下最近的倍增量柱（羊）被有效跌穿，并且MACD产生背驰，或者均线系统同时被有效跌破，则即使股价还有短暂回升，只要股价不再创新高，则下跌趋势已经无法避免。

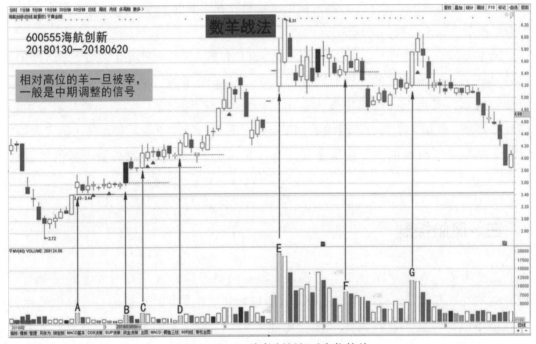

图9-3　600555海航创新相对高位的羊

这里必须说明的是，并不是出现符合条件的3只羊就一定走牛，三阳开泰之后行情马上夭折的情况也是存在的。因为对大多数个股来说，其走势的好坏，很大程度上还是依赖大盘整体走势。如图9-4所示，以603843正平股份为例，2017年3月，其结构形态完全符合顺手牵羊模型的构成要件，但从3月23日后迎来了趋势的反转。这是为什么呢？对比一下880003平均股价指数就知道了，正平股份三阳开泰之后没有走出一段趋势上涨行情的内在逻辑，是因为受大盘整体趋势的影响。所谓"胳膊拧不过大腿"就是这个道理，个股的走牛，在绝大多数情况下需要大盘指数的配合。

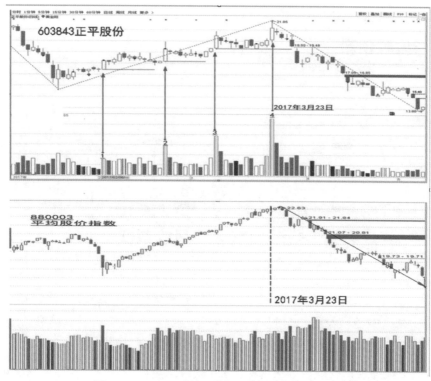

图 9-4　603843 正平股份与平均股价指数的对比

第二节　风吹草低见牛羊模型

一、模型的构成要件

本节视频课程

扫码学习

风吹草低见牛羊模型是这样一种组合，即在 5 个交易日内连续有序缩量，这 5 根量柱就像 5 级台阶，或者像风吹草低一样。之后，若出现一个确认信号，则模型成立，模型成立则可能出现一轮上涨。这种结构形态一般出现在"底分形 + 小乾坤转折"之后，也有可能出现在"大乾坤转折 + 首次回打重要均线"的位置。

以 300318 博晖创新为例，该股在 2021 年 7 月 21 日至 27 日有一组有序缩量的 5 根量柱 A、B、C、D、E（图 9-5）。量柱有序缩量，就像下楼梯，有节奏、有步骤地缩量，就像草原上风吹草低的样子。其位置正好发生在"底分形 + 小乾坤转折"的位置，其后紧接着就是大乾坤转折。有序缩量柱在 5 根或者 5 根以上，能够做到如此精美有度，是主力高度控盘的标志之一。后面只要获得确认的买进信号，赚钱是大概率事件。

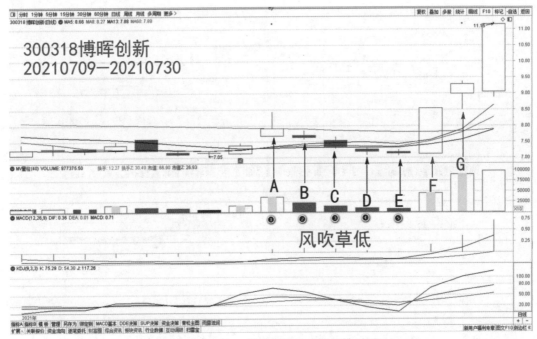

图 9-5　300318 博晖创新风吹草低模型图

　　这里的连续缩量，一般以 5 根为标准，5 根以上更好。特殊情况下，只要出现在大乾坤转折点附近，4 根也行。

　　从模型的定义可以看出，模型的构成要件包括：（1）位置要对。位置一般发生在小乾坤转折或者大乾坤转折附近，或者在完成大乾坤转折之后回打重要均线的附近。（2）在以上位置出现连续 5 根或者 5 根以上的有序缩量柱。（3）其后，必须得到确认信号。

二、模型的确认信号

　　前面讲了，仅仅有"风吹草低"的形态，不见得马上就能"见牛羊"。一定要确认信号。那么确认信号是什么呢？一般来说，确认信号有以下几种形式。

（一）以倍增量柱为基柱的确认信号

　　以 300318 博晖创新为例，如图 9-5 所示，A、B、C、D、E 柱为标准的风吹草低形态，F 柱就是"风吹草低"之后出现的倍增量柱。我们把"风吹草低"之后出现的倍增量柱称为"基柱"，基柱 F 出现之后，如果其后 3 日之内出现跳空高开，就是模型成立的确认信号，也是买点信号。因此，G 柱跳空高开，就是确认信号。

　　既然以 F 柱为基柱，则设定 F 柱为靠山柱，因此风险控制线就是沿着 F 柱的最低点画水平线。万一实战中买入之后不符合预期方向，则在股价有效跌破 F 柱的最低价时，就需要主动止损。

（二）以低调乾坤阳为基柱的确认信号

以 603707 健友股份为例（图 9-6），此股为次新股，连续的一字板开板之后开始有序缩量下跌，A1 区有一组有序缩量的风吹草低，A2 区也有一组。这个连续的有序缩量，说明主力控盘有度，打压洗盘有节奏。实战交易中有一组 S5T 的形态就不错了，这只股票居然有两组，质量当然很高，风险释放较为彻底。到 B 柱，出现低调乾坤阳（连续下跌之后，有一根价柱阳盖阴，对应的量柱却是缩量或者微增量，称为"低调乾坤阳"），C 柱跳空高开，确认了 B 柱的低调乾坤阳地位，C 柱当天就是风吹草低见牛羊模型的确认信号，也是最佳买进信号。风险控制线设置在 B 柱的最低价。

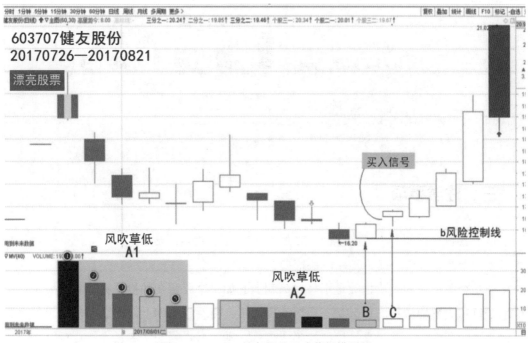

图 9-6　603707 健友股份风吹草低模型图

（三）以早春新芽为基柱的确认信号

"早春新芽"指的是一种组合结构形态。在连续的阴跌之后，在重要的均线附近（可以是 8 日均线、13 日均线、21 日均线、34 日均线、60 日均线等）出现一根十字星或者小不点儿红色的价柱，因此取名"早春新芽"，寓意严寒过后，乍暖还寒，但树枝开始冒出小小的新芽，接下来大概率是春暖花开。

以 300162 雷曼光电为例（图 9-7），A 组"风吹草低"之后，没有出现确认信号。

B 组"风吹草低"之后的 C 柱是一根小小的十字星，我们把 C 柱预判为"早春新芽"。
C 柱最终能否成为"早春新芽"，还需要后续的确认。确认信号就是其后跳空高开开盘。
D 柱 6.21 元开盘，比 C 柱收盘价 6.19 元高开 0.02 元。不管高开多少，哪怕高开 0.01 元，
也是高开。因此 D 柱的高开不仅确认 C 为"早春新芽"，同时也是 B 组风吹草低见牛
羊模型的买进信号。风险控制线就是 C 柱当天的最低价。

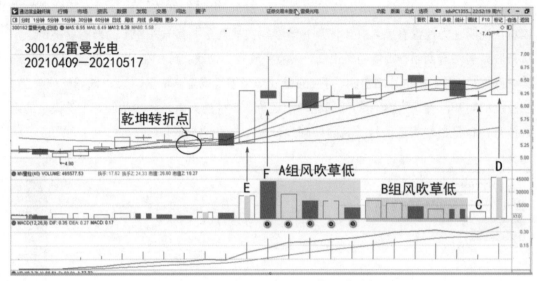

图 9-7　300162 雷曼光电风吹草低模型图

三、注意事项

这里要特别提醒，"风吹草低"之后，并非一定能够"见牛羊"。"风吹草低"形
态只是一个基础条件，能否走牛，还需要其他条件配合。

一是个股所在的板块指数是不是趋势朝上。如果个股所在的板块完成了底分形、小
乾坤转折和大乾坤转折，那么朝上趋势就确认了。板块趋势朝上，在这个板块里的个股
出现"风吹草低"，并且满足模型的确认信号，则其后走强的概率较大。相反，如果板
块指数趋势朝下，则个股即使有"风吹草低"，其后走牛的概率也极低。

二是个股不能出现明显的利空消息。比如，大股东减持、大规模解禁、被证监会立
案调查、财务状况急剧恶化等，遇到这种情况，即便有"风吹草低"，也是没有用的。

三是必须出现确认信号才能出手。如果确认信号没有出现，就凭主观想象事先介
入，那么成功的概率也极低。以 603557 起步股份为例（图 9-8），A 柱之前有一组
"风吹草低"，A 柱为倍增量柱，但 A 柱之后 3 日内都没有跳空高开的信号，因此，这个
"风吹草低"是没有任何价值的。换句话说，没有得到确认的"风吹草低"，是不能"见
牛羊"的。

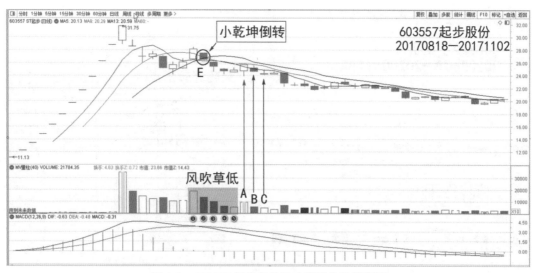

图 9-8 603557 起步股份风吹草低失败模型图

第三节 乾坤转折点的致富密码模型

一、模型的构成要件

乾坤转折，指的是趋势行情的确认。就一轮上涨趋势行情而言，必须经过底分形、小乾坤转折和大乾坤转折 3 个步骤的确认。小乾坤转折指的是当 5、8 日均线从下朝上穿越 13 日均线时，则为短期多头趋势确认。大乾坤转折指的是当短期均线组（5、8、13 日均线）从下朝上穿越中长期均线组（45、55、65 日均线）时，则为中长期多头趋势确认。为简单起见，我们常用 60 日均线代替中长期均线组。"致

本节视频课程

扫码学习

富密码"特指在大乾坤转折点附近出现以下情况之一，或者二者叠加时，该股其后或早或迟，大概率会有一波凌厉的主升浪。

（1）出现极品高量柱。极品高量柱，指的是某根高量柱与之后出现的缩量 1/2 的量柱的组合，如图 9-9 所示，A 柱为倍增量柱，也是一根高量柱，B 柱与 A 柱比，高度缩小 1/2，A、B 柱组合就是极品高量柱。

（2）出现"风吹草低"。一般来说，标准的"风吹草低"是由 5 根有序缩量的量柱组成的。但在本模型中，只需要 4 根有序缩量的量柱组合即可符合要求。

以 600859 王府井为例（图 9-9），极品高量柱 A、B 柱组合恰好在乾坤转折点附近。其后该股在 3 个月内，涨幅达 518%。

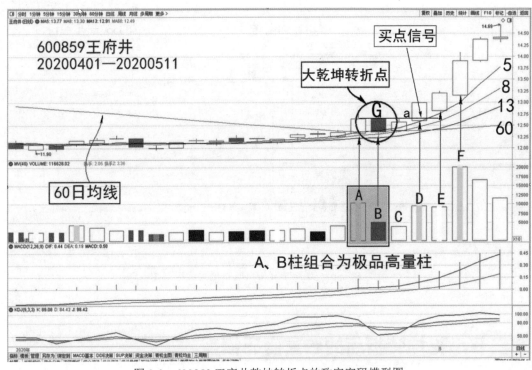

图 9-9　600859 王府井乾坤转折点的致富密码模型图

再看 600707 彩虹股份（图 9-10），该股在大乾坤转折点附近出现了 A、B、C、D、E 柱组合的"风吹草低"，F 柱为倍增量柱，G 柱为确认柱。这个"风吹草低"发生在大乾坤转折点附近，其后该股在 4 个月内涨幅达 204%。

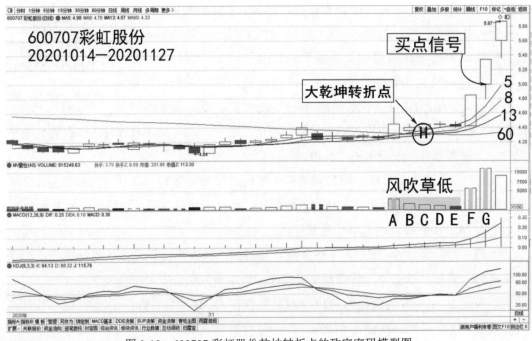

图 9-10　600707 彩虹股份乾坤转折点的致富密码模型图

二、买点信号的确认

由于存在极品高量柱和"风吹草低"两个致富密码，因此，要分别对待。

对于极品高量柱而言，高量柱之后的股价把高量柱的收盘价踩在脚下时，就是最佳买点信号。如图9-9所示，在高量柱A的收盘价12.64元画水平线a，其后的D柱在收盘前10分钟，可以预判其当天的收盘价一定可以站到a线之上，则可以大胆买进。

对于风吹草低见牛羊模型而言，如图9-10所示，按照该模型的买点信号确认原则，F柱为倍增量柱，其后的G柱跳空高开，就是买点信号。

三、模型的扩展

一般而言，只要个股出现在当下行情的主赛道，并且个股所在的板块指数已经完成趋势上涨的确认，那么一旦个股在乾坤转折点出现极品高量柱或者"风吹草低"形态，就要引起足够的重视。在实战交易中，出现致富密码后，有立马快速走主升浪的，也有还要经过一两个月才开始走主升浪的。因此，对于那些慢热型的走势，必须有相当的耐心才行，否则，容易被主力几个空头陷阱折腾出去，当真正的主升浪开始时，你又不在"车上"，就只能望着它一骑绝尘而去。

以300313天山生物为例（图9-11），该股在2020年7月初完成乾坤转折，

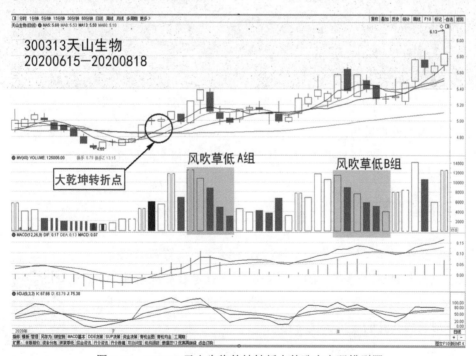

图9-11 300313天山生物乾坤转折点的致富密码模型图

在大乾坤转折点附近出现"风吹草低"形态，但其后并没有快速走主升浪，而是又来了一组"风吹草低"形态。有些人就是在"风吹草低A"出现后介入的，但没有料到其后又来一组"风吹草低B"，结果被洗下车了。该股其后用14个交易日涨了500%。

再看一个例子，000518四环生物在乾坤转折点的附近先后出现极品高量柱组合A、B，以及风吹草低组合C、D、E、F、G、H柱，这是两重密码的叠加，因此其后在J柱跳空高开确认风吹草低见牛羊模型时，就是最佳介入信号，其后该股在10个交易日内涨幅达143%。

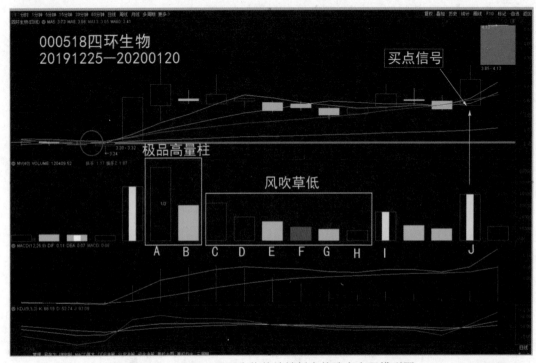

图9-12　000518四环生物乾坤转折点的致富密码模型图

因此，当在乾坤转折点附近先后出现两组"风吹草低"或者两组极品高量柱，或者"风吹草低"与极品高量柱叠加时，其后走主升浪的概率会更高。

四、风险控制

乾坤转折点的致富密码模型的风险控制线如何设置？原则上，如果以极品高量柱的信号买进的，风险控制线就是极品高量柱的最低价格线；而以风吹草低见牛羊模型为信号买进的，则以风吹草低见牛羊模型的确认柱的底价为风险控制线。

【即测即练】扫描书背的二维码，获取答题权限。

在线自测

扫描此码

参考文献

[1] 吴晓求. 证券投资学 [M].5 版. 北京：中国人民大学出版社，2020.

[2] 芦梅，管迪. 证券投资理论与实务 [M]. 北京：清华大学出版社，2019.

[3] 吴朝霞. 证券投资交易 [M]. 湘潭：湘潭大学出版社，2018.

[4] 高青松. 漂亮股票结构形态学理论篇 [M]. 北京：中国商业出版社，2019.

[5] 高青松. 漂亮股票结构形态学战法篇 [M]. 北京：中国商业出版社，2019.

[6] 高青松. 漂亮股票结构形态学实战篇 [M]. 北京：中国商业出版社，2020.

[7] 中国证券投资基金业协会. 证券投资基金（上下册）[M].2 版. 北京：高等教育出版社，2017.

[8] 证券考试命题研究组. 证券市场基本法律法规 [M]. 成都：西南财经大学出版社，2018.

[9] 证券专业资格考试命题研究组. 证券投资顾问业务 [M]. 成都：西南财经大学出版社，2018.

[10] 曹凤岐，刘力，姚长伟. 证券投资学 [M].3 版. 北京：北京大学出版社，2019.

[11] 证券从业人员资格考试命题研究组. 期货及衍生品基础（期货基础知识）[M]. 成都：西南财经大学出版社，2019.

[12] 比尔·威廉斯，贾丝廷·格雷戈里 - 威廉斯. 证券混沌操作法 [M]. 王柯，译. 北京：机械工业出版社，2016.

[13] 孟洪涛. 威科夫操盘法：华尔街大师成功驾驭市场超过 95 年的秘技 [M]. 太原：山西人民出版社，2016.

[14] 陈浩. 筹码分布 [M]. 北京：中国商业出版社，2002.

[15] 拉瑞·佩萨温托. 斐波那契交易法 [M]. 刘轶卿，译. 太原：山西人民出版社，2017.

[16] 拉尔夫·N. 艾略特. 波浪理论经典 [M]. 何平林，李艳玲，郭亦玮，译. 天津：天津社会科学院出版社，2018.

[17] 王培峰. 缠中说禅：教你炒股票 [M]. 北京：中国宇航出版社，2015.

[18] 龙红亮. 债券投资实战 [M]. 北京：机械工业出版社，2018.

[19] 黑马王子. 股市天经——量柱擒涨停 [M]. 成都：四川人民出版社，2016.

[20] 霍华德·马克斯. 周期 [M]. 刘建位，译. 北京：中信出版社，2019.

后　　记

本书获湘潭大学商学院教材出版资助。

本书在编写过程中得到了湘潭大学商学院金融系谭燕芝教授、王庆安教授、吴朝霞教授、龙新民博士、江剑平博士等同仁的大力支持，尤其是本书的篇章布局和内容的优化，皆有上述同仁的智慧。

上海某私募机构资深首席操盘手陈御明先生、北京某公募机构首席操盘手杨旭先生、财信证券高彬翔、中信建投肖帅、银河证券冯军、粤开证券谭艳华、中信证券孙博琛、华泰证券黄龙、中邮证券王俊炜等专业资深投顾在理论基础与实战交易分析框架模型设计等方面提供了切实的指导。

尹传璐、秦政伟、何花等弟子，漂亮股票学员李振亚等参与了本书的即测即练和全书的校对工作。

清华大学出版社为本书的出版提供了诸多帮助。

在此一并感谢。

由于水平有限，本书难免存在疏漏，恳请读者批评指正，如有指教请发至工作邮箱916841@xtu.edu.cn，不胜感激。

高青松

2023 年 1 月于湘潭大学

教师服务

感谢您选用清华大学出版社的教材！为了更好地服务教学，我们为授课教师提供本书的教学辅助资源，以及本学科重点教材信息。请您扫码获取。

>> 教辅获取

本书教辅资源，授课教师扫码获取

>> 样书赠送

财政与金融类重点教材，教师扫码获取样书

 清华大学出版社

E-mail: tupfuwu@163.com
电话：010-83470332 / 83470142
地址：北京市海淀区双清路学研大厦 B 座 509

网址：http://www.tup.com.cn/
传真：8610-83470107
邮编：100084